La thérapie psychanalytique du couple

Rue Petit Pont
St Germain des Près
avant St. Michel
à gauche

Dans la même collection :

Le travail psychanalytique dans les groupes. 1. Cadre et processus, par D. ANZIEU, A. BÉJARANO, R. KAËS, A.MISSENARD et J.-B. PONTALIS.

Le psychodrame : une approche psychanalytique (épuisé).

Fantasme et formation, par R. KAËS, D. ANZIEU, L.-V. THOMAS, N. LE GUERINEL.

Psychanalyse du génie créateur (épuisé).

La relaxation : son approche psychanalytique, par M. SAPIR, F. REVERCHON, J.-J. PREVOST, C. CANET-PALAYSI, R. PHILIBERT, A. CORNIER, S. COHEN-LÉON, P. FEDIDA.

Désir de former et formation du savoir (épuisé).

Chronique d'un groupe, par R. KAËS et D. ANZIEU.

Etre psychanalyste, par G. FAVEZ, D. ANZIEU, A. ANZIEU, N. BERRY, J.-B. PONTALIS, V.-N. SMIRNOFF.

Psychanalyse et langage, du corps à la parole, par D. ANZIEU, B. GIBELLO, R. GORI, A. ANZIEU, B. BARRAU, M. MATHIEU, W.R. BION.

Crise, rupture et dépassement, par R. KAËS, A. MISSENARD, R. KASPI, D. ANZIEU, J. GUILLAUMIN, J. BLEGER.

La thérapie familiale psychanalytique, par A. RUFFIOT, A. EIGUER et D. LITOVSKI, M.C. GEAR et E.-C. LIENDO, J. PERROT.

Le psychanalyste à l'écoute du toxicomane, par J. BERGERET, M. FAIN et coll.

L'expérience Balint : histoire et actualité, par A. MISSENARD, M. BALINT, J. GUYOTAT, M. SAPIR, R. GELLY, E. GILLIERON, R. GOSLING et P. TURQUET.

Le travail psychanalytique dans les groupes. 2. Les voies de l'élaboration, par R. KAËS, A. MISSENARD, J.-C. GINOUX, D. ANZIEU, A. BÉJARANO.

L'interdit et la transgression, par R. DOREY, P. PÉRARD, Y. ASSEDO, C. TROCHET, M. FOUCAULT, J.-M. REY.

La thérapie psychanalytique du couple, par A. EIGUER, A. RUFFIOT, I. BERENSTEIN et J. PUGET, C. PADRON, S. DECOBERT et M. SOULÉ.

INCONSCIENT ET CULTURE

Collection dirigée par René Kaës et Didier Anzieu

La thérapie psychanalytique du couple

Dunod

ISBN 2-04-015642-9
ISSN 0750-2397

Préface

par A. EIGUER

POUR UNE PSYCHANALYSE DU LIEN D'ALLIANCE

Le projet de cet ouvrage répond à diverses interrogations conceptuelles, cliniques et techniques[1]. Il essaie fondamentalement de remplir un certain vide : l'étude du couple d'un point de vue psychanalytique a été quelque peu négligée.

A l'heure actuelle, la famille élargie disparaît de l'horizon occidental pour être remplacée par la famille nucléaire et moins fréquemment par les familles vivant en communauté de couples où le lien d'alliance a la vie éphémère. Cette transition non encore stabilisée de la famille moderne suscite des conflits chez le chercheur même, le confrontant à ses propres choix et à sa propre moralité. Cette mouvance sollicite également la curiosité de l'homme moderne pour le thème du couple.

Mais cet intérêt légitime ne trouve pas de réponse appropriée dans la formalisation d'un modèle conceptuel construit «d'une façon dépassionnée». Le chercheur a du mal à travailler sans se laisser tenter par les glissements idéologiques, voire le dogmatisme ou l'engouement antirépressif. Est-ce dû au fait que la

---

1. Je tiens à manifester ma reconnaissance au Professeur Jean-G. Lemaire pour son soutien amical dans mon travail sur le couple. Je veux aussi remercier mes professeurs, amis et collaborateurs dont leurs recherches sur le groupe, le couple ou la famille ont été très éclairantes pour ma propre démarche ; entre autres à MM. les Professeurs D. Anzieu, Ph. Jeammet, R. Kaës, S. Lebovici, E. Liendo et A. Ruffiot ; à MMes les Professeurs O. Avron, N. Rausch et N. Zuili; à MM. les docteurs J.-P. Aubin, I. Berenstein, J.-P. Caillot, A. Green et A. Gallo ; à MMes les docteurs S. Decobert, M.-C. Gear et E. Granjon ; à Mr. G. Decherf, et à MMes M. Aubert et E. Lemaire-Arnauld.

passion, éventuel tissu constitutif du lien amoureux, ne laissera pas d'agiter l'esprit humain assoiffé de cerner les secrets du couple ?

Prôner la disparition du modèle traditionnel du couple, voire de tout modèle de couple, a aujourd'hui bonne presse. En effet, une certaine modernité laisse planer le doute sur la valeur de l'union sentimentale comme cela fut le cas, il y a quelques décennies, pour l'union maritale. Présentée par certains comme un reliquat de l'assujettissement au pouvoir religieux ou au pouvoir laïc (dans lequel on veut percevoir déjà les germes de l'état totalitaire orwellien), ou d'un assujettissement de la femme à l'homme, l'union sentimentale et conjugale apparaît à d'autres comme le dernier rempart contre le relâchement des mœurs. La prolifération de conflits conjugaux, ou plutôt leur expression plus facile par les conjoints, l'augmentation du nombre de divorces, stimulent certainement cette confrontation. La sexualité sortie de ses retranchements ne déchaîne plus le scandale. Elle est devenue, au contraire, affaire courante, entreprise de consommation où le sentimental laisse la place à l'efficacité orgasmique.

Cependant, toute moralité sexuelle, toute organisation du couple, traditionnelle ou anticonventionnelle, répondent à des lois qui dépassent l'air du temps. Que l'on veuille nous opposer un relativisme culturel ou historique, celui-ci butera néanmoins sur le constat des ethnologues : quelle que soit la variété formelle des liens d'alliance à travers le globe, ils «fonctionnent» partout de façon satisfaisante. La modalité du couple répond moins aux pressions du moment – la contrainte d'une culture concernant les modes d'approche entre garçon et fille, la nécessité d'un acte de mariage – qu'à *la sauvegarde de la notion de couple même*. Une preuve en est cette constatation statistique très récente en France : si le nombre de «naissances illégitimes» tend à augmenter, le nombre d'hommes reconnaissant un enfant comme sien progresse davantage. Face à la perspective de la naissance d'un fruit commun, le couple se réunit-il autant qu'avant et ce malgré la diminution du nombre de mariages[1] ?

1. Cf. M. Villac, M.-L. Lévy, L.-M. Jentel.

Devant cette pérennité du couple s'accommodant aux contingences historiques, réémergeant tel le Phénix, les constantes sont peut-être à rechercher ailleurs que dans l'aire du social : dans l'intimité de la relation, dans le fonctionnement inconscient partagé. C'est aussi pour cela que la psychanalyse est, croyons-nous, bien située pour répondre aux questionnements universels de la relation amoureuse.

Rappelons que l'Histoire de la psychologie de ce siècle commence avec une référence au couple. C'est la libido, c'est Eros plus que la représentation qui sont au centre de l'édifice freudien. «L'amour sexuel» crée le fonctionnement psychique et par ce fait il propose pour le sujet le mode inconscient de relation par excellence. La capacité de liaison et le lien psychique s'inscrivant dans l'économie érotique, il est étonnant de trouver le lien sexuel prototypique – le lien du couple et l'état amoureux qui l'instaure – occuper une place marginale dans la littérature psychanalytique. Nous trouvons, certes, de nombreuses références au thème chez Sigmund Freud, ou chez des auteurs post-freudiens (cf. la bibliographie de ce livre) ; mais rares sont les études qui incluent dans un même mouvement associatif une psychanalyse de l'amour, une métaphychologie du couple et une technique thérapeutique adaptée spécialement à cette relation.

Cela est dû principalement, selon nous, à deux facteurs. Le premier se rattache au sens fort délicat de l'état amoureux, le second aux formes actuelles de la pratique de la thérapie de couple.

En ce qui concerne l'état amoureux, il était habituel, et S. Freud le rappelle très explicitement, de laisser aux poètes la noble tâche de l'exalter. Un modèle psychologique adéquat ne pourrait jamais saisir les nuances de l'amour comme le poète y parvient depuis l'aube de l'écriture. Si tant est que le psychanalyste puisse maîtriser le sujet, il lui serait difficile d'éviter une paupérisation, voire un enlaidissement, de ce que les vers ont su si admirablement exalter. Espiéglerie de l'amour toujours fuyant et intense ?

Un autre écueil, théorique cette fois, se présente aussitôt. La notion de désir, par définition production autarcique du sujet et résultat des amours infantiles contrariées, se heurte à une difficulté majeure : comment penser un désir autonome chez l'un et l'autre des amoureux alors que l'amour serait connexion, communication ? L'amour scandalise ainsi la théorie. Car celui qui aime, vibre et souffre pour l'autre, affligé par ses failles et par ses blessures que l'autre seul saurait combler ou guérir. On ne peut, certes, investir un autre si l'on ne projette pas sur lui une partie de soi, mais l'objet d'amour n'est pas seulement un objet-écran, il est un autre en mouvance, un autre qui attend. Peut-être attend-il l'impossible, la suture, l'objet que l'on garderait ou l'être que l'on serait ? Édifice à deux que la possessivité veut masquer, lien réciproque que le conflit veut brouiller, l'amour interroge deux psychismes, sujet l'un pour l'autre, et *alter-ego* l'un de l'autre.

L'un des aspects les plus curieux de la littérature psychanalytique est le fait qu'au seul lien pervers est reconnu un statut relationnel : couple sado-masochiste, couple voyeuriste-exhibitionniste, couple homosexuel. On ne confère pas de statut relationnel au fétichiste, au transvestiste ou au bestialiste. Cela se comprend. Mais, que l'on essaie d'analyser la relation amoureuse en termes de couple, cela apparaît presque comme une transgression.

Face à ces difficultés, le psychanalyste doit-il se cantonner à une étude restreinte de l'état amoureux ? Ou, au contraire, doit-il essayer d'élargir son champ d'observation ? Cette dernière position a été au point de départ de cet ouvrage : l'étude de l'état amoureux et celle du couple ont été envisagées comme *une analyse de la dyade en tant que groupe.*

Repensant le couple à la lumière du travail du groupe, il nous est ainsi apparu que les difficultés pouvaient être, sinon réduites, du moins simplifiées. Cette option méthodologique – de la recherche d'un concept autre pour dépasser les contradictions et l'objectivation impudique d'un sujet si délicat – s'est avérée, en fait, un potentiel de reformulation de certaines idées acquises.

Peut-on imaginer cette option comme une voie nouvelle allant jusqu'à reformuler une théorie du sujet dont la clé de voûte ne serait plus l'auto-érotisme, et son aboutissement une conception solipsiste ?

En ce qui concerne les facteurs de désintéressement pour le thème de l'amour liés à *la pratique de la thérapie de couple* (la thérapie de deux partenaires ensemble), il faut préciser que les praticiens se réclament de deux courants : 1) celui de la thérapie systémique de couple ; 2) celui de la thérapie psychanalytique et groupaliste de couple.

Ce dernier s'intéresse au phénomène amoureux ; ce n'est pas le cas du courant systémique qui met l'accent sur d'autres caractéristiques du couple (comme le comportement, les normes et les règles, la suppression du symptôme), et se prive ainsi d'un éclairage fondamental : celui de la vie sentimentale.

La thérapie systémique de couple a certainement permis un développement de la technique, du fait notamment de son esprit pragmatique, qui a poussé les thérapeutes à inventer de nouveaux moyens d'intervention auprès du couple. Elle a aussi contribué à sensibiliser les praticiens de la santé mentale à l'idée du traitement conjoint pour aborder le symptôme personnel réfractaire à la thérapie individuelle ou pour traiter le conflit conjugal dont le récit fait par l'un de deux partenaires s'avère si fréquemment parcellaire, voire partial. Mais la pratique systémique mettant l'accent sur l'interaction comportementale et la réalité, appliquant une technique inspirée souvent des *méthodes behaviouristes*, néglige les phénomènes amoureux ainsi que la parole et l'activité fantasmatique. L'action est même totémisée, tellement on lui prête un pouvoir magique, au détriment du sensible, de l'émotionnel et de l'imaginatif. La thérapie systémique «s'égare» dans son application au couple car le couple est depuis toujours un lieu de parole.

Lorsque le conflit s'amorce, la manifestation la première et la plus tenace est le silence. Ne pas parler pour ne pas se montrer, pour ne pas se compromettre devant l'autre. Il est question, naturellement, de ne plus répéter le «je t'aime», mais aussi le «pourquoi je peux subitement te détester.» C'est comme si cette tendance naturelle du couple trouvait étrangement écho dans la pratique systémique. Il n'est pas justifiable, sous prétexte d'économie ou d'efficacité, de banaliser l'importance de la parole tant elle est fondamentale pour l'abord du conflit et de ses sources. Sans qu'ils le sachent, les conjoints ont soif de connaissance.

*

* *

Ce livre est l'aboutissement de recherches sur le couple datant de plus de quinze ans pour certains d'entre nous. Il traduit une sensibilité marquée par l'expérience de la thérapie psychanalytique de couple : pratiquement pour chaque cas, nous nous sommes interrogés sur l'origine de la relation, sur les forces inconscientes intervenant au moment du choix du partenaire et sur la teneur émotionnelle de l'engagement amoureux.

Ainsi la thérapie psychanalytique du couple peut-elle *se définir* comme la thérapie par le langage des deux partenaires traités ensemble et comme une totalité. Cette thérapie est inspirée par la théorie et la pratique psychanalytique du groupe. Elle cherche à développer la prise de conscience des liens inconscients engagés par le couple depuis le début de la relation, liens à la source des conflits et des malentendus, tout en facilitant le rétablissement de la circulation fantasmatique entre les conjoints. Sensible au déploiement transférentiel que son cadre typique permet (névrose de transfert groupal), la thérapie psychanalytique du couple étudie également les représentations d'objets transgénérationnels, les mythes qu'elles créent et les fidélités contraignantes qu'elles fomentent.

Deux des textes de ce livre sont consacrés au problème de l'état amoureux : celui d'A. Ruffiot et celui d'I. Berenstein et J. Puget. A. Ruffiot établit le fondement d'une compréhension du couple comme dyade. Partant des difficultés rencontrées par Freud pour établir les bases métapsychologiques de la réciprocité amoureuse, il propose la présentation du fonctionnement d'un appareil psychique dyadique («le grouple»). Puis recherchant à quel vécu le plus archaïque renvoie l'expérience amoureuse, l'auteur repère «une topique de l'amour».

Les idées sur l'originaire développées par P. Aulagnier, rencontrent ses propres thèses exposées admirablement dans *La thérapie familiale psychanalytique* (1981) sur le fond fantasmatique de chacun où s'inscrivent les représentations les plus primitives, non encore rattachées à un espace individuel (psyché pure non-corporelle). En appliquant ses idées à la technique, l'auteur admet dans certains cas des modifications intéressantes comme la participation des enfants aux séances en même temps que le couple : leur activité fantasmatique, même leurs rêves, en contrepoint avec ceux des parents, vont laisser résonner le fond fantasmatique commun.

Les organisations du couple marié, du couple d'amants et du couple d'amis mises en parallèle, I. Berenstein et J. Puget centrent leur intervention sur l'engagement amoureux comme un instant d'idéalisation qui cherche à atténuer la souffrance et les sentiments de détresse. Ces derniers rappellent l'état de détresse originaire vécu par le nourrisson, dont l'issue immédiate est pour lui le narcissisme, l'indifférenciation dans l'autre. A partir du concept fort intéressant de «structure des jumeaux», les auteurs envisagent l'état amoureux et le conflit. Celui-ci est rattaché à la désillusion pouvant suivre l'illusion conjointe. Le reproche est plus qu'un symptôme de la mésentente : par ses côtés «psychotiques», il est le cri de détresse de la gémellité déçue.

C. Padron nous propose d'aborder le couple par son inverse : le séducteur, présenté comme l'anti-partenaire. Une des découvertes de l'auteur est que Don Juan agit inspiré par le désir de briser, d'attaquer le lien du couple afin de dissocier les amants. Les prototypes de Don Juan et de Casanova – étudiés à partir de différentes versions littéraires, opéristiques et cinématographiques – précèdent la vignette de l'analyse de Jean, homme apparemment heureux de son mariage mais fantasmant de devenir un Don Juan frénétique. Son expérience de thérapeute de couples permet à C. Padron de trouver la source de tout conflit conjugal dans le lien mère-enfant. L'auteur expose plus loin comment chaque partenaire «cherche (dans le conflit) un gain de plaisir (...) comme d'une activité sexuelle.» La place des pulsions inhibées quant à leur but et celle de la désexualisation sont également étudiées.

S. Decobert et M. Soulé font part de l'expérience fort intéressante du traitement par un couple de thérapeutes d'un groupe de parents d'enfants perturbés. Ils découvrent qu'un des rôles impartis aux thérapeutes par le groupe est celui d'un couple mythique aux contours idéalisés. Dans l'interrogation du contre-transfert qu'ils font, la mise en valeur de la notion du «plaisir du fonctionnement» constitue un des points les plus originaux de leur observation. Cette forme de thérapie d'un groupe de couples, variante de la thérapie de couple, laisse imaginer de multiples «couplages» fantasmatiques entre cothérapeutes, et entre un cothérapeute et un participant du groupe. Les auteurs savent tirer partie d'une telle richesse expressive pour conclure sur les avantages du travail interprétatif sur le lien à deux et sur la théorie du couple.

Enfin, après une introduction où sont avancées trois notions de la métapsychologie du couple : la pudeur, la crainte du rapprochement et le combat entre deux narcissismes, j'analyse les apports de la théorie systémique et de la théorie groupale psychanalytique à la compréhension du lien d'alliance et de la mésentente conjugale. La différence des sexes en étant un des pivots conceptuels, la notion de «structure de couple» facilite la présentation de trois types d'organisations inconscientes de la dyade : œdipien, anaclitico-dépressif et narcissique. Étayée sur des exemples de cures de couple, la partie consacrée à la technique voit préciser les postulats généraux de la thérapie psychanalytique de couple :

1) L'établissement d'*un cadre* stable et régulier qui, défini au moment de la formulation du contrat, assure le bon déroulement de l'expérience.
2) L'utilisation de l'*interprétation* dynamique qui vise la prise de conscience et la recirculation fantasmatique. (Les paramètres de l'interprétation sont détaillés : ses motifs, *son tempo*, son objet, son but et sa formulation.)
3) Le centrage sur le *transfert*, qui saisit le mouvement le plus vivant de l'actualisation structurelle.
4) L'intérêt du travail sur la *résistance*, qui invite à la perlaboration.

En outre, ce texte aborde les objectifs de la thérapie ainsi que ses indications et ses contre-indications.

Table des matières

1. Le lien d'alliance, la psychanalyse et la thérapie de couple

par A. EIGUER

A Thérèse et Libert

«Les faiblesses de l'amour y passent pour de vraies faiblesses ; les passions n'y sont présentées aux yeux que pour montrer tout le désordre dont elles sont cause...»

(J. Racine, *Phèdre*, Préface, p. 747)

INTRODUCTION

1. AMBIGUÏTÉ DES MOTS, AMBIGUÏTÉ DANS LES CONCEPTS : COUPLE, CONJOINT, ALLIANCE, CONJUGALITÉ

L'abord de la psychologie du couple présente un certain inconfort intellectuel. Afin de le surmonter nous pensons que l'étude de la thérapie du couple nous pousse (plus que dans d'autres domaines) à l'imagination et à la capacité d'abstraction. Inconfort, car si notre esprit conçoit aisément la thérapie individuelle, en revanche il se sent gêné pour envisager le traitement de deux personnes, et notamment deux personnes de sexe différent ayant établi et consolidé une relation sentimentale. Chaque partenaire a forgé sa vie psychique pendant son enfance, c'est-à-dire bien avant la rencontre amoureuse ; l'objet-couple, cette nouvelle réalité psychique fruit de la rencontre, si tentés que nous soyons de l'admettre comme objet de l'analyse, ne doit pas nous faire oublier son apparition tardive dans la vie des sujets. Le couple est un produit de la vie adulte, un additif à une existence déjà faite.

Toute personne serait d'accord pour reconnaître l'importance du fait conjugal, et pourtant la langue ne dispose pour désigner ce fait que de termes empruntés à d'autres domaines. A ce propos, nous avons repéré deux types de problèmes :

1) Le mot est trop restrictif pour faire part de la nature du lien. Par exemple, l'indispensable différence des sexes des partenaires n'est pas soulevée par le terme «couple» (cf. *Le Robert*[1]).

2) Le mot est rattaché à l'institutionalisation sociale ou religieuse de la relation (l'acte du mariage) d'une façon impérative. Par exemple : l'alliance ou les adjectifs conjugal, marital, matrimonial. Les mots ont subi la pression de la règle sociale : faut-il, pour «être un couple», passer par un rituel qui consacre l'union?

Le thérapeute du couple se trouve-t-il dessaisi par les mots ? S'il veut délimiter son champ d'action, il ne lui reste peut-être qu'à prendre une position de combat où il aurait à défendre ce champ, se démarquant de toute surdétermination éthique. Une situation tout à fait centrale du débat en question est vécue par le couple dit «en ménage». La décision et plus tard la réalisation de l'acte marital pour de tels couples, ne se passe jamais sans émotion. Même au moment où l'idée du mariage est évoquée par l'un des partenaires cela peut susciter des remous, voire déclencher des conflits. Stabilité contre instabilité, pérennité contre caducité, consensualité acquise contre consensualité attendue (et à la fois consensualité contre refus de toute consensualité), désidentification contre identification à un modèle familial. Telles sont les contradictions dans lesquelles vont glisser l'homme et la femme, oscillant d'un partenaire à l'autre. Ce sont aussi des instances qui se jouent même chez le couple dont le choix d'une vie commune sans mariage est acquis. La maturité dans les idées, la solidité des arguments non-conventionnels ne suffisent pas à combler l'infantilisme du monde inconscient.

Et le thérapeute de couple, que fait-il de tout cela ? Va-t-il se réfugier derrière cette phrase «je suis là pour écouter et rien d'autre» ? Que fait-il par exemple s'il perçoit que derrière le refus de mariage existe une banalisation portée sur l'importance

---

1. L'esprit de cette recherche étant fondamentalement clinique, nous avons souhaité abréger l'introduction sémantique et méthodologique.

du lien amoureux lui-même ? Que fait-il s'il sent que l'acte marital suscite plus de craintes que le statu quo sans mariage, tel un sentiment claustrophobique insupportable ? Quelle attitude adopte-t-il si chaque intervention de sa part risque d'être réinterprétée par le couple comme une approbation du statut de couple non-marié, ou comme sa désapprobation ? Car l'enjeu transférentiel fait que les propos du thérapeute sont surdéterminés par le contexte fantasmatique du transfert. Et le transfert est habituellement dans ce cas surdéterminé à l'extrême : le thérapeute serait-il chargé «de faire la loi» ou d'imposer la bénédiction du mariage, dans un cas pour cautionner le désir sexuel (et le plaisir par des instances apparentées au paternel en sacralisant le couple), dans un autre cas pour entériner une loi anti-paternelle ?

La thérapie de couple représente, pour des personnes non mariées autant que pour ceux qui le sont, la mise en sollicitation d'une bénédiction inavouée nécessaire pour le couple mais brouillant souvent les cartes du transfert.

Que cherchent les couples en fin de compte ? *Leur demande serait-elle celle d'un deuxième et dernier rituel de mariage* ? «Mariez-nous enfin !» Acte vécu comme restituant, réinstallant la paix conjugale à tout jamais. Le thérapeute du couple serait-il ainsi situé plus près de la loi que du désir ?

L'espace blanc que laisse le code (les mots qui manquent) est de cette manière infiltré par l'incertitude des notions, par la maladresse des gestes thérapeutiques, vite comblés par le poids de la loi. Les mots pour désigner nos activités professionnelles apportent toutes les ambiguïtés et toutes les surdéterminations qui gênent ou tout au moins interrogent la pratique. On parle de couple, d'alliance ? On dit des conjoints, des partenaires ? On parle de thérapie conjugale ou de thérapie de couple ? Le compromis se joue dans les mots. Car tout thérapeute sera confronté un jour ou l'autre, à tel ou tel couple, qui le conduira à réviser ses affects contretransférentiels : une entorse à la Raison gît derrière une telle désignation. Quel effet lui produit la notion de conjugalité ? Quel méandre profond veut-il rectifier devant ces couples qui mettent en cause le mariage même ?

Réparer quoi ? Des êtres qui se déchirent parce qu'ils se sont mariés ou parce qu'ils ne savent pas bénéficier «des baumes exaltants de la céleste union maritale»?

C'est afin de combler ces lacunes intellectuelles, pour surmonter les ambiguïtés, pour se libérer de la désignation transférentielle que la démarche théorique sur le couple doit être approfondie. Et elle ne doit pas être précipitée quand elle ne sait pas lui trouver une réponse.

2. TROIS NOTIONS DE LA PSYCHOLOGIE DU COUPLE : PUDEUR, CRAINTE DU RAPPROCHEMENT, LES DEUX NARCISSISMES

2.1. Intimité et liberté

Dans notre civilisation le domaine du couple est un domaine privé. On observe que les amants récents se mettent à l'écart des amis et des parents. Ils restent réservés et changent d'habitudes. L'amour-transformateur, l'amour-guérisseur, l'amour-plaie-d'anciens-chagrins, l'amour-thérapeutique... Mille images se rattachent à l'amour pour signaler sa puissance, sa non-raison, son intimité.

Nous pouvons imaginer la fable mythologique suivante :

Un jour l'homme primitif s'aperçut de quelque chose dont il n'avait pas soupçonné d'emblée les conséquences. Il découvrit qu'il était différent de faire l'amour à l'abri du regard des autres ou en leur présence. Le plaisir que lui et sa compagne tirèrent de leurs ébats leur semblèrent infiniment plus grand parce qu'ils se cachaient. Avec le temps ils en prirent l'habitude, ce qui suscita divers commentaires des autres. Ces commentaires au contraire les encouragèrent à continuer cette pratique en secret : on dirait même que le goût du sexe en était ainsi augmenté : «c'est plus cocasse, plus intéressant d'attiser la curiosité des autres, sans cependant la satisfaire...» Avec le temps cette curiosité diminua car la pratique discrète de l'amour fut adoptée par le groupe. L'être primitif découvrit ainsi la part de plaisir que donne la pudeur. Petit à petit, il connut le sens de l'intimité à deux et vit tous les avantages qu'il pouvait en tirer. Ainsi par un même geste, la génitalité a pu émerger à nouveau, se redorant d'une nouvelle acquisition: le champ du partageable et en même temps du non-partageable. L'être primitif savait-il déjà qu'il est toujours question de partager son partenaire: avant l'engagement du lien, il (ou elle) a déjà aimé quelqu'un d'autre, son parent (mère ou père) ? L'être primitif comprit qu'il devrait se résigner à être le deuxième ou le troisième, jamais «le premier». Alors il lui a semblé qu'il avait au moins pendant l'acte secret et intime avec sa compagne l'avantage d'*être à deux.* La nouveauté qui avait instauré la privacité de l'acte sexuel eut des conséquences illimitées sur l'esprit humain. La pudeur, sentiment en négatif puisqu'il implique de la gêne, sut devenir le garant du couple. La pudeur même put prendre une autre importance[1] ...»

Cette fable traduit d'une façon imagée les écueils rencontrés par tout thérapeute de couple. Son «crime» serait-il de dévoiler une intimité gardée jalousement, et en même temps de devenir le témoin privilégié, celui qui cautionne le plaisir ?

Outre les fonctions que le corps social essaie de canaliser, les fonctions spécifiques du couple humain sont celles de l'épanouissement de la sexualité, d'un étayage réciproque, de la constitution d'un lieu habitable, signes majeurs de la vie conjugale. Cette intimité est exceptionnelle, elle n'apparaît dans aucun autre groupe humain. Intimité, «privacité» et liberté du couple vont ensemble. Elles naissent du renversement dans son contraire des *pulsions partielles exhibitionnistes*. Les pulsions sexuelles déclenchent aussi une activité refoulante qui crée une certaine gêne se traduisant à son tour en sentiment de pudeur et en une série de comportements d'évitement. L'espace privé est rarement ouvert, il fait la richesse du couple et nourrit les sentiments de fierté sur la nature supposée exceptionnelle de la liaison : «notre vie à nous est quelque chose d'unique». La pudeur veille sur la capacité de penser et de communiquer entre conjoints. Les pulsions exhibionnistes, subissant un refoulement et un renversement dans leur contraire, se dédoublent en un autre type d'investissement, cette fois anal. Le plaisir du secret, de garder à soi dans cet espace clos et de se garder soi-même en est la conséquence. Nouvelle conséquence encore de l'investissement anal : le renforcement narcissique mutuel ; l'analité sert en fait la cause de la non déperdition.

1. Citons A. France (*Mannequin d'osier*, p. 301): «Partout (...) les actes érotiques furent accomplis secrètement, afin de ne pas causer dans le public des émotions violentes et contraires (...). Ainsi naquit la Pudeur qui règne sur tous les hommes, et particulièrement sur les peuples lascifs.» Diderot (*Supp. voyage Bougainville*) est plus sévère : «Aussitôt que la femme devint la propriété de l'homme, et que la jouissance furtive d'une fille fut regardée comme un vol, on vit naître les termes ***pudeur, retenue, bienséance.***»

2.2. Angoisse du rapprochement et combat entre deux narcissismes

A côté des conséquences liées à la découverte de l'espace privé, deux forces peuvent être évoquées pour situer d'ores et déjà les conflits du couple : l'angoisse du rapprochement et le combat entre deux narcissismes.

L'angoisse ou la crainte du rapprochement peut être la cause du conflit[1]. Elle peut même survenir lorsque celui-ci est déjà engagé. Elle peut être ouvertement évoquée par tel ou tel partenaire, ou encore trouver des équivalents dans des sentiments «d'étouffement» ou des conduites de fuite. L'angoisse de rapprochement fait voir l'autre comme différent, distant et en même temps troublant. Il n'est pas rare que l'autre soit senti *comme l'agent de la pulsion* et comme la cause de tous les dérèglements qui risquent ainsi de perturber l'inertie du sujet (son équilibre narcissique). De cette manière, avant d'être reconnu comme l'objet potentiel de la pulsion, l'autre est vécu comme facteur d'excitation, comme la source même de la pulsion.

Ce type d'angoisse peut dériver et infiltrer des formes fantasmatiques d'un ordre un peu différent : *la dévoration*. L'autre est alors vu comme une bouche ouverte et avide, comme le tonneau des Danaïdes. Cependant lorsqu'il s'agit d'angoisse de rapprochement ce dernier fantasme s'ajoute, se lie à la pulsion comme moyen en fait d'atténuer la tempête émotionnelle. De notre point de vue le type de conflit produit par une voracité réciproque est noté tout particulièrement chez les conjoints fonctionnant sur le mode de l'*étayage* (non reconnu ou peu élaboré par les partenaires).

L'angoisse claustrophobique consistant en sensation d'étouffement à l'égard du lien, parfois doublée d'*angoisse agoraphobique* chez l'autre partenaire (angoisse où tout lien extérieur au couple est ressenti comme troublant), est voisine de l'angoisse de rapprochement. Vécu ici comme un lien sans alternative, on projette sur l'alliance des sentiments de castration ou des fantasmes d'étreinte intra-utérine alors qu'on s'attend à y retrouver la béatitude amniotique.

1. Cf. aussi J.-G. Lemaire, 1979, p. 218-235.

L'angoisse du rapprochement est ainsi l'expression révoltée – le «je ne veux pas» – de l'engagement imperceptible, inévitable et pourtant puissant qui soude les deux partenaires : «je ne veux pas ce que mon esprit cherche, la fusion.» Cette angoisse, symptôme fréquent de la mésentente permet de situer une autre force de la relation ; force «sans odeur ni couleur génitales» : *l'internarcissisme.* Elle est enfin la conséquence de l'entraînement dans le rapprochement constitutif de la relation[1].

Les problèmes conjugaux cités sont à situer par rapport aux deux univers personnels des partenaires, cette partie qui ne veut pas admettre la spécificité de l'autre. Un concept proche est celui du *combat entre les deux narcissismes individuels* (Satir et Liendo, 1980). Il est au centre du choix des conjoints et de la vie commune : chaque partenaire aurait envie d'imposer à l'autre le style, les principes de vie de *son* milieu et le modèle objectal inconscient qui lui sont propres. La confrontation est douloureuse car le narcissisme apparaît lié à une *dette* envers les propres parents et leur relation sentimentale. La conséquence est parfois la surdité et l'aveuglement de l'autre... C'est une tentative d'éviter le partage psychologique de fantasmes et de composantes du moi des deux partenaires.

La pudeur originaire, la crainte du rapprochement, le combat entre deux narcissismes nous ont donné l'occasion d'esquisser quelques composantes de la vie psychique du couple. Les traits fondamentaux des théories sur le couple vont être exposés dans les prochains chapitres : la théorie systémique et la théorie groupaliste psychanalytique. Présentont tout d'abord un cas où le conflit entre les deux narcissismes est particulièrement important.

2.3. Illustration : le combat entre deux narcissismes

Mr. Alexandre Schreïer vient me voir seul pour m'expliquer que le couple s'entend mal. Je note aussitôt une gêne chez lui, d'autant plus importante qu'elle ira en s'accentuant avec l'entretien[2]. C'est un homme grand,

1. Elle dérive aussi de la crainte de l'étranger, du bébé dans la première année de vie, étape fondamentale dans le trajet vers la relation d'objet.
2. Pour l'exposé des cas, nous adoptons la première personne du singulier. Les noms et les prénoms des cas sont fictifs. Plusieurs détails des observations ont été modifiés afin qu'ils ne puissent être identifiés.

imposant par son allure et son regard alternativement sévère et fuyant. Je ne trouve pas de raison cohérente à son attitude et j'imagine qu'il peut faire peur par moments ; je me propose de chercher une solution à la tension qui m'a si vite envahi. Mr. Alexandre dit que la mésentente est grave, il aimerait savoir quoi faire. Sa femme est une épouse jalouse et tyrannique. Elle interprète comme des visites à «une maîtresse imaginaire», ses absences à l'étranger pour des «raisons professionnelles», d'ailleurs rares et considérablement raccourcies ces derniers mois.

Puis il explique la démarche thérapeutique suivie par le couple : la femme est une malade psychique, dépressive, elle fait souvent des tentatives de suicide, certaines mêmes graves. Devant l'aggravation de son état, le médecin a «laissé tomber les bras», dit Alexandre. Le médecin aurait ajouté que seul «un travail au niveau du couple, source indiscutable des difficultés dépressives de Madame, permettrait une issue.»

Les conflits sont marqués par les reproches «insensés» que Madame lui adresse : ses déplacements, son désintérêt pour les enfants et pour la maison. Il ajoute avec difficulté qu'il voudrait divorcer, mais honteux et perplexe, il me demande si c'est ce qui convient. Il ne croit pas au changement de Madame. Là il est plus ouvert, il semble raisonner avec aisance. Je lui dis ne pas être la personne la mieux indiquée pour le conseiller. Puis il avoue à demi-mots, qu'il n'attend plus rien du couple ; sa femme l'a déçu : elle se refuse à parler la langue natale aux enfants (ils sont originaires d'un pays étranger), elle a changé de religion et elle n'en fait qu'à sa tête. Sa déception se mêle à la colère propre à quelqu'un qui reste impuissant devant la détermination de son épouse. Il ajoute un peu honteux qu'ils n'ont pas de vie sexuelle ; comme elle boit – ajoute Alexandre – il a perdu tout intérêt pour elle.

A la fin de l'entretien j'explique qu'il vaut mieux se revoir avec son épouse. J'adopte un «ton laconique» car je me souviens de nombreux entretiens de couple où la mésentente conjugale prenait une toute autre allure qu'en entretien individuel (avec un seul conjoint). Alexandre ajoute, comme pour se défendre, qu'il avait compris qu'il ne pouvait pas prétendre obtenir «une réponse concrète» de ma part. La gêne et la torpeur (pour lui comme pour moi) n'ont pas encore cédé. Je pense qu'il est venu me demander peut-être quelque chose d'important mais je ne sais pas quoi. C'est un homme discret à l'extrême. Je suppose que le plus important n'est pas encore dit. Piqué dans *ma curiosité* je me demande s'il s'agit d'une situation touchant la morale et le rendant coupable. En tout cas il semble très gêné par cette démarche auprès de moi et par le fait de dire son impuissance à une relation qui lui échappe, et sans sa femme dont il se sent le soutien indispensable.

A l'entretien suivant, les deux conjoints sont présents. L'initiative est prise aussitôt par Mme Anna, car elle a envie de «donner sa version des faits». Elle est certaine que le mari a déformé la réalité devant moi. L'accusé est alors Alexandre : insensible, il la refuse depuis des années, ni tendresse, ni approche sexuelle : c'est un homme incapable de la comprendre, seul son travail l'intéresse. Les enfants ont grandi sous sa tutelle, elle s'est occupée de tout ; par contre Alexandre ne sait pas comment cela s'est passé, «il ne les connaît pas», il ignore leurs goûts et leurs difficultés scolaires (quelle classe suivent-ils par exemple) ou leurs soucis personnels. Elle pense qu'ils ont peur de lui.

J'écoute silencieux Anna dessiner un tableau si noir de la personne d'Alexandre et de ses rapports avec les siens, que je me demande à quoi doit correspondre cette hargne. Comme je suis inquiet de son exaspération (exaspération dont ces notes prises longtemps après l'entretien sont une pâle traduction), j'avance une intervention pensant au sentiment d'exclusion qu'Anna a pu éprouver quand elle a su que j'avais eu un entretien avec son mari. Je lui dis alors que j'avais tenu à les voir ensemble car d'habitude nous aimons entendre «les deux points de vue» et aussi les réactions de l'un par rapport à l'autre. Mais Anna ne se calme pas, elle revient sur ses accusations mieux argumentées maintenant. Il s'ensuit un récit sur les voyages et les séjours de la famille dans différents pays, souvent lointains. Le déracinement a été la règle; l'indifférence d'Alexandre, le fait «qu'il est toujours dans la lune a tout compliqué», dit Anna. Puis, c'est à propos des amitiés communes que les reproches s'enchaînent, Alexandre étant toujours mis sur la touche. Bien entendu tout le monde lui donne raison à elle. Il n'a pas le droit de se défendre, de dire (ce qu'il fait timidement) que les amis ne connaissent que sa version à elle... Alexandre hésite, puis finit par se renfermer dans un silence, avec le regard ailleurs.

D'autres entretiens se caractérisent par le même type d'évolution. Anna est irréductible dans ses arguments. Si je souligne que sa force spirituelle rend Alexandre encore plus taciturne et plus froid à son égard que d'habitude, elle en profite pour revenir sur sa solitude au long des journées. Si j'insiste auprès d'Alexandre pour dire que sa mise à distance sollicite le reproche, voire la virulence d'Anna, plus qu'elle ne le calme, Alexandre s'enfonce encore plus. Si je leur fait remarquer qu'ils cherchent à vaincre «les angoisses de l'exil» en se combattant, ils prennent de plus en plus de recul l'un par rapport à l'autre[1].

Le thérapie de couple put néanmoins s'engager, chacun restant sur la réserve. J'avais sans arrêt une impression d'échec de mes interventions nombreuses autant que de mes silences. Anna retrouvait de nouveaux arguments et de nouveaux reproches. Il fallait que j'adhère sans condition à son point de vue. Elle

1. Pour énoncer cette interprétation j'ai pensé au fantasme du Paradis Perdu.

parla aussi de ses origines, de sa famille aux lointaines filiations anglaises, mais elle ajouta que son mari n'avait pas à lui reprocher de rompre avec sa propre famille et avec leur pays car lui-même ne maintenait pas de lien avec ses proches. (Le nom de famille d'Anna est un nom signifiant quelque chose comme douceur et harmonie.)

Petit à petit, je compris qu'Alexandre n'existait pour elle qu'en tant que cible, un écran projectif. En même temps j'attendais des réponses à des questions initialement posées. Je me disais, par exemple, quand vont-ils parler de la «dépression» d'Anna ou de son «alcoolisme» ? Mais les séances se succédaient et aucun ne parlait. Peu à peu j'ai compris que je ne le saurai jamais. Anna est-elle une alcoolique ? Quel type de dépression a-t-elle eu ? Pourquoi cela a-t-il nécessité tant d'hospitalisations? Je guettais cet aspect des choses, je ne savais pas s'il s'agissait chez moi d'une défense par jeu ou par plaisir intellectuel devant un tel flot de phrases dures à entendre ; mais cette curiosité occupait mon esprit dès qu'ils se présentaient chez moi. Le flou, l'incertitude, rendaient ces questions plus énigmatiques et plus attirantes à la fois (questions à l'extrême totalement secondaires pour la conduite de la thérapie de couple).

Je pensais qu'Alexandre avait déclenché cette curiosité et que la réponse dépendait de lui. Lassé, je finis par admettre (en associant avec d'autres propos comme le reproche permanent d'Anna à Alexandre sur le fait qu'il n'est jamais concerné par rien) qu'à l'évidence ni Anna ni Alexandre ne semblaient se connaître: leur relation était imaginative, un pur produit des désirs imaginés de l'un par rapport à l'autre. Anna résiste à toute justification, Alexandre dit que sa femme boit mais il ne l'a jamais vu boire. Chacun vit dans son monde à lui, dans sa coquille narcissique, se défendant et défendant on ne sait quelle réalité psychique ni quels objets à soi. L'important était de se rendre inexpugnable, de sauver son monde tout en attendant la considération de la grâce laudative de l'autre, mais la cherchant par la force (donc l'interdisant par avance).

I. LA THÉORIE SYSTÉMIQUE

Dans son application à la psychologie du couple, la théorie

systémique a été bâtie autour des critères majeurs de la théorie des systèmes : synchronie, interaction, circularité, préoccupation pour les phénomènes cybernétiques (homéostase et changement). Peu nombreux par contraste aux multiples aspects traités par les auteurs systémiques dans le cas de la famille, les apports de J. Haley (1963), V. Satir (1964), H. Dicks (1967), W. Lederer et D. Jackson (1968), et plus récemment ceux de I. Glick et D. Kessler (1974), A. Gurman et D. Rice (1975), N. Paul et B. Paul (1975) sur la thérapie de couple, ne se cantonnent pas aux seuls problèmes posés par la technique de la thérapie. Ils envisagent le fonctionnement du couple d'une façon large en mettant tout de même l'accent sur le couple dysfonctionnel et le couple en conflit.

1. LA DÉCISION DU MARIAGE A-T-ELLE ÉTÉ VOLONTAIRE (ASSUMÉE) OU OBLIGÉE (NON ASSUMÉE) ?

Un des fondateurs de l'École de la communication de Palo Alto, chef de file du courant dit «stratégique», J. Haley étudie «les thèmes formels du mariage» dans le chapitre consacré à la thérapie de couple, de son premier ouvrage (1963). Traitant de l'origine de l'union maritale et de son évolution ultérieure sous l'angle de la logique paradoxale, il dit notamment que les partenaires peuvent décider de se marier sans être convaincus au fond d'eux-mêmes de la solidité de l'union, et sans avoir grand espoir quant à sa durée. Cela se rattache au problème de la *définition de la relation* ou de la définition du caractère volontaire ou obligatoire de la détermination du mariage (concept clé du systémisme qui a eu le développement qu'on connaît ; M. Selvini-Palazzoli et coll., 1975).

Définir le lien implique une espèce de reconnaissance – dit J. Haley – du désir propre. Pour le sujet en conflit il est plus difficile de reconnaître que «le lien est volontaire», il lui est plus facile de dire qu'il est obligé de rester avec l'autre. Il est en même temps très dur d'admettre que la relation est maintenue par peur de l'après-divorce ou par honte vis-à-vis de l'entourage. Pareillement, il est plus facile de demander à l'autre pourquoi il a souhaité la vie commune que de s'engager soi-même dans une telle définition du lien. Tout cela se complique lorsque le couple a instauré une «éthique» de l'amour où le détachement (le désamour) est réprouvé, le doute, la déception étant considérés comme des agressions envers l'autre.

Cela dit, les auteurs systémiques n'utilisent que rarement l'observation des sentiments. J. Haley ne s'attarde pas non plus sur le problème fort intéressant de l'*angoisse claustrophobique* si fréquente dans le couple, dont il donne pourtant bien des exemples. Les désirs de s'éloigner l'un de l'autre sont négligés pour mettre en valeur les relations paradoxales : dire que l'on veut se séparer, se manifeste dans un des exemples du texte en opposition radicale avec la conduite du même sujet, qui tend à continuer le lien commun, comme si de rien n'était. Dans un autre cas, un partenaire ne veut pas accepter la séparation tant que l'autre la désire (pour changer entièrement de position le jour où l'autre ne veut plus se séparer). L'important est de relever le circuit stérilisant des antinomies ; l'alternance d'attitudes témoigne avant tout de la tendance à ne pas vouloir changer (homéostase).

2. L'INTÉRÊT POUR LE PROBLÈME DU POUVOIR CONJUGAL

D'après J. Haley, la convivialité du couple est régie par *trois manières de prescrire des règles* :
a) Celles que les conjoints décident d'un commun accord («par exemple, le droit du mari de sortir une fois par semaine pour rencontrer des amis».)
b) Celles qui ne sont pas mentionnées mais qui ont l'accord implicite des partenaires.
c) Celles qui sont niées par le couple mais qui sont évidentes pour l'observateur extérieur.

Mais les problèmes se compliquent devant un désaccord sur : a) La personne qui va établir officiellement les règles, b) qui va les appliquer, c) qui va les faires respecter. Il s'agit alors d'un autre registre bien plus vaste : celui des *métarègles*, c'est-à-dire des règles qui gèrent le fonctionnement des règles elles-mêmes.

En premier lieu, ces métarègles ont comme fonction de *réguler* les difficultés plus concrètes entre l'établissement et l'administration des règles. Un exemple est celui du couple qui se met d'accord pour qu'une décision ne soit prise qu'après une longue réflexion du mari. Ou encore une métarègle peut être établie (implicitement ou inconsciemment, dirons-nous) entre les partenaires pour éviter de se mettre d'accord afin de ne pas prendre une décision (par exemple, sur un achat concernant la maison), car en vérité ils ne désirent pas que cette décision se concrétise dans un acte. Comme on peut le voir par ces exemples, les métarègles n'attisent pas les conflits, et d'ailleurs elles ne les étouffent pas non plus. Elles gouvernent le comportement relationnel du couple, l'encadrant en quelque sorte.

En deuxième lieu, les métarègles renvoient au problème des *valeurs*, de la morale partagée par les deux partenaires, cette morale étant le produit d'un long travail d'adaptation réciproque. Les métarègles sont habituellement soutenues par des légendes au caractère allégorique – c'est ce que l'on appelle des *mythes* – où l'on peut voir «les méfaits» de la transgression.

La question des règles est rattachée au problème de la définition de la relation dans ce que J. Haley appelle la *relation symétrique* et la *relation complémentaire* (asymétrique). Le premier mode relationnel est, à l'évidence, plus égalitaire que le deuxième. Cependant, tout couple devrait fonctionner dans les deux modes et pouvoir ainsi l'admettre. Prendre des décisions d'un commun accord, au même titre qu'être prêt à secourir l'autre s'il est plus malheureux. Mais J. Haley, en bon systémique, met l'accent sur *la façon* dont ces règles sont mises en acte (c'est-à-dire aboutissant à des conduites). Pour lui, la symétrie et la complémentarité prennent plus de sens que l'éthique ou l'affect. Les membres d'un couple peuvent dire qu'ils se respectent..., mais dans les faits l'un des deux peut avoir un penchant *autoritaire* stimulé et cautionné par l'autre. De même la complémentarité se voit au niveau de la dépendance et, en général, dans la conduite de soutien affichée ou occulte (lien asymétrique).

Ainsi il aboutit à préciser les conflits du couple qui sont habituellement le produit des axes précédemment cités : règles-métarègles ; relation symétrique - relation complémentaire ; et définition de la relation – non définition de la relation.

Trois types de conflits sont ainsi dégagés :
a) Désaccord à propos des règles de vie commune.
b) Désaccord à propos de la personne qui doit établir ces règles.
c) Essais d'instauration de règles incompatibles entre elles ... notamment entre le niveau des métarègles et celui des règles.

Le premier type de conflit (a) est le plus simple et le plus facile à aborder. Le second (b) est plus compliqué, car il est plus facile de mettre en doute la valeur d'une règle de conduite, que de discuter à propos de la personne qui va «imposer une telle règle». Dans les couples en conflit, imposer une règle c'est assumer le mauvais rôle. L'autre risque de se sentir abusé, malmené.

«(...) Une femme, par exemple, peut rester indifférente devant le fait que son mari lui donne un conseil, et accepter ainsi que leur relation adopte un caractère complémentaire, à condition que le mari ait offert son conseil d'une manière correcte ou que ce soit elle qui l'ait demandé. En revanche, elle peut éventuellement s'opposer d'une façon obstinée à ce type de relation si c'est l'époux qui prend l'initiative (...). De même, il est possible que l'époux soit prêt à traiter sa femme d'égal à égal dans un aspect du lien ; et qu'à l'opposé il résiste si c'est sa femme qui l'exige[1] (...).»

Celui qui administre, conseille, aide ou introduit une norme,est généralement reconnu comme la partie forte du couple, ce qui peut agacer l'autre. Il est aussi fréquent d'observer que le plus faible *ordonne* à l'autre d'agir (donc il prend l'initiative et détient en conséquence un certain pouvoir).

Une autre cause de conflit marital est l'incompatibilité entre les métarègles établies paradoxalement pour résoudre les désaccords *entre* règles. J. Haley, en fin connaisseur du sujet, dit notamment qu'on ne peut pas éviter que la thérapie de couple fasse apparaître au grand jour des conflits et même des conflits orageux, néanmoins leur verbalisation est un progrès indéniable.

3. LIMITES DU SYSTÉMISME

Le texte de J. Haley nous semble rendre compte d'une façon claire de la position théorique et de la pratique systémiques. En premier lieu, nous pouvons signaler que cette position est dominée par l'abord du couple comme *dyade* et en cela elle est

1. J. Haley, *op. cit.*

proche de tous les autres courants de la psychologie du couple. En deuxième lieu, nous observons que les conséquences à long terme de l'interjeu relationnel intéressent peu l'auteur. Il en est de même pour les causes, mais il faut dire que cela est en consonnance avec la voie choisie par le systémisme, une voie qui se veut la plus courte en vue d'une action thérapique. De là aussi, le peu d'attention portée par le systémisme aux mécanismes de fonctionnement intime du couple. Le texte est d'ailleurs généreux en consignes techniques : des prescriptions du symptôme, d'autres prescriptions (actes et rituels à réaliser au foyer), la connotation positive (pas encore appelée de la sorte en 1963), surprennent par cette préoccupation pragmatique permanente. Pourtant les difficultés subsistent du moment que l'on veut réduire à l'agir, à ses contradictions ou aux relations paradoxales parole-agir, le grand problème du manifeste et du latent. Aucune place n'est ainsi laissée au souvenir écran, à la mémoire ; rien n'est dit sur le *transfert* par exemple, *qui est de toute évidence le mécanisme de répétition le plus formidable du passé refoulé dans le maintenant.*

Quel est l'élément synthétiseur le plus noble qui peut traduire le plus fidèlement l'ensemble du dit fonctionnement ? Le «comportement» en lui-même n'a rien de spécifiquement conjugal. Il en est de même des relations de pouvoir (*infra*) ou de la définition des rapports. Comportement, règles, métarègles apparaissent dans n'importe quel groupe. En échange, nous pensons que c'est l'*amour du couple* qui fonde et structure le psychisme du couple : tendres et sensuels, les sentiments éprouvés par les partenaires ne ressemblent en rien aux affects éprouvés dans d'autres relations à deux (S. Freud, 1921). Et c'est là un des points fragiles de l'édifice systémique. L'état amoureux devrait être au centre de toute réflexion sur le couple humain. Comme toute conception psychologique qui se veut exclusivement interactive, on aperçoit la difficulté dans laquelle se trouve le systémisme pour parler de l'amour du couple. Tel est aussi le cas du structuralisme ou de ses dérivés psychanalytiques où la question des rapports entre «éléments», c'est-à-dire rapports entre signifiants, ne laisse qu'une part minime aux représentations d'affect (A. Green, 1973). Pourtant celles-ci semblent irréductibles. Le contrat du couple, les règles, le jeu de la domination sont à l'évidence le produit de l'aménagement sentimental manifeste et latent des partenaires, ils sont *la conséquence* du rôle du prégénital, notamment du sado-masochisme, et de la différence des sexes, ce que le systémisme exclut de son analyse. La vie conjugale en est pourtant la conséquence par trop évidente.

La bisexualité est une question incontournable

Pour bien se distinguer d'autres liens humains, toute étude sur le lien d'alliance passe par là. La question de la castration de l'homme et de la femme, leur petite différence anatomique, est déterminante dans le désir d'union comme recherche de complémentarité. Plus encore, il ne s'agit pas d'une omission. Don Jackson (1970), autre fondateur de l'École de Palo Alto, met en garde, très précisément, contre une trop grande prise en compte des rôles sexuels. Il dit même que «le rôle» dans la famille (la mère, le père, l'enfant) «obscurcit les composantes du processus d'interaction, qui peuvent être les plus importantes» ; «l'assomption des rôles est simplement un sous-produit [de ces derniers][1].» Il précise que «les règles [systémisme] et les rôles correspondent à deux manières fondamentalement différentes [voire opposées] de considérer les données familiales.»

Les limites de l'approche de D. Jackson s'accentuent lorsqu'il ne voit que la finalité dans les comportements et dans les expressions les plus conscientes de l'identité sexuelle : par exemple, le rôle cliché de l'homme se montrant fort, contrôlant ses émotions, le rôle de la femme «sensible», restant au foyer. (La difficulté à se référer aux représentations internes de cette différence de sexes ou, ce qui serait plus accessible, aux identifications, est surprenante.) Ainsi, un thérapeute systémique ne prendra pas en compte la revendication d'un membre du couple, qui dirait «les hommes (ou les femmes) sont comme (ceci)» ou «tu ne peux pas comprendre que les femmes ne peuvent pas faire des efforts parce que tu es un homme». Il essaiera de saisir exclusivement le sens relationnel de tels propos, ce qu'ils peuvent provoquer chez autrui : par exemple, l'utilisation de

1. Entre crochets, commentaires d'A. Eiguer.

généralisations sur le rôle social de l'homme (ou de la femme) lui fera mesurer simplement le poids que le sujet donne à ses arguments, sa capacité d'impact, les conséquences inoculantes ; l'incompréhension qu'un partenaire veut attribuer à l'autre permettra au thérapeute de noter la propre insouciance du sujet (qui peut chercher ainsi à se cacher en prenant l'initiative du reproche).

Un thérapeute analytique ne sera pas en vérité insensible aux mêmes données. Mais il ne banalisera pas le fait que tout argument vient de quelqu'un qui est sexué, qui est différent ; ce qui change beaucoup les choses. Le sexe de l'émetteur infléchit tout acte, toute parole. (On ne pourrait jamais transposer tel dire de l'un à l'autre, car ce que dit l'un s'inscrit dans son être.) Que les personnes utilisent leurs différences à des fins défensives ou pour avoir la maîtrise de la relation, ne doit pas nous faire oublier que les différences existent. Bien au contraire leur utilisation à des fins manipulatrices est déjà une façon de les considérer tout en les annulant. La *castration*, organisatrice de l'identité sexuelle, de la différence psychique des sexes et du lien conjugal, est d'une certaine manière sous-estimée par les auteurs systémiques : ceux-ci supposent que l'identité se rattacherait à une statique narcissique de l'être. Nous croyons nous que l'être qui fonde l'identité sexuelle représente la variante la plus dynamique de cette identité. *L'identité sexuelle désespère de l'autre*, qui est fantasmé comme *complément inévitable*. Elle ne saurait en conséquence se penser sous l'angle solipsiste.

Un certain enthousiasme des auteurs systémistes devant la portée des découvertes leur fait escamoter toute la question de la génitalité. Le couple à conflits vit trop attaché à la lutte du pouvoir : pouvoir de décision, pouvoir d'affirmation ou d'introduction des règles, pouvoir de définition de la relation. Dominer ou être dominé, ne pas afficher trop ostensiblement son appétit de domination, disqualifier la position de l'autre, gagner ou se complaire dans des positions défaitistes, voilà ce qui est au centre de l'échange sado-masochiste mis en valeur par tous les subterfuges que citent les auteurs. Mais réduire le couple au seul déséquilibre sadico-anal alors que ce n'est pas son seul modèle relationnel est dommageable. En somme la génitalité commune vécue à la fois comme penchant favorable, comme vécu face auquel les échanges prégénitaux viennent à trouver refuge, comme lieu inaccessible ou comme lieu de fuite, n'est pas assez prise en compte. A ce propos cette phrase entendue d'une patiente en thérapie de couple laisse beaucoup à réfléchir : «L'important ce n'est pas que je veuille gagner en criant fort et que toi tu veuilles gagner en t'écrasant, mais le plaisir que cela nous cause...».

Il peut y avoir dans un couple des problèmes de domination phallique, de domination sado-masochiste, de domination par crainte de la séparation et enfin de domination omnipotente[1]. Seule une vision discriminée où la génitalité et la prégénitalité apportent un éclairage, peut éventuellement rendre utile les développements systémiques.

La *domination phallique* pourrait se présenter par quelques signes dont les expressions fantasmatiques (préconscientes, c'est-à-dire refoulées, ou inavouées) seraient : «Tu n'es pas capable de te faire aimer par une "nana" (ou un "mec") comme moi je le suis.» Ce sont des confrontations autour de la puissance phallique : plus efficace dans tel ou tel domaine réputé viril ; ou de la puissance utérine : faire de beaux enfants, par exemple[2]. Le surinvestissement des qualités propres au sexe montre la précarité de l'assise de l'identité sexuelle. Savoir prendre l'initiative ou construire une décision prend chez eux un caractère éminemment sexuel ou son équivalent symbolique.

La *domination dépressive* pourrait s'énoncer : «tu vois bien que je ne suis pas capable de vivre seul» ; «tu m'agaces avec ta sollicitude» ; «je ne peux jamais respirer avec toi» ; «vaincre ou tomber malade». Ce sont des confrontations autour de l'*abandon* dont on se défend en disant : celui qui est «fort» doit pouvoir se détacher de l'autre.

---

1. La domination a ses techniques de pouvoir, ses étendards, ses armes, ses mythes historiques et ses arguments toujours efficaces.
2. Voir également l'efficacité sexuelle prise comme argument de pouvoir, signalée par W. Pasini, 1982. Sensible à l'importance du phénomène phallique, J. Lacan (1958) a insisté sur son sens de faux semblant. Pour la femme face à l'homme, c'est «la nécessité d'être ce phallus en tant qu'il est le signe même de ce qui est désiré. C'est là l'origine (...) de son rejet en tant qu'être (...) à ce en quoi elle se doit de paraître.» Pour l'homme «il n'est pas lui-même (...) puisqu'il doit donner (à la femme) ce qu'il n'a pas, à un être qui ne l'est pas.»

Le cas Schreïer présente des exemples de *domination sado-masochiste et narcissique.* D'autres formules telles que : «j'ai de la mémoire moi» ; «je devine tes pensées»... montrent la non discrimination des identités des couples narcissiques (*infra*).

Comment peut s'imaginer la *domination génitale* ? Le couple qui fonctionne sous le primat du génital, si tant est qu'il soit possible de le rencontrer, n'aurait que rarement recours au jeu du pouvoir : la castration fantasmatique permet à l'un et à l'autre d'accepter sa propre castration au même titre que celle du partenaire. Plus encore l'organisateur du fantasme mutuel de la castration viendra là pour rassurer les amants de leur non-transgression, les consoler des défauts découverts chez l'autre, défauts qui sont renvoyés aux propres failles. Tout cela rend peut-être vains l'emprise et le pouvoir.

Failles et incomplétude sont à l'origine de la constitution du couple : recherche du sexe qui manque ou du maternel singulier[1]. L'emprise est en dernière analyse une tentative d'assujettir l'autre aux fins de rendre le lien figé et de soulager à tout jamais l'angoisse d'incomplétude. L'opposition pouvoir prégénital-puissance génitale nous aide à apprécier le couple dans sa diversité. Elle nous permet aussi de saisir le fondement économique et symbolique de la domination.

II. LA THÉORIE GROUPALE DU LIEN D'ALLIANCE

Sous ce titre nous présentons une conception du couple fruit des développements psychanalytiques sur les groupes (W. Bion, 1961 ; D. Anzieu, 1975 ; R. Kaës, 1976) et sur la famille (A. Ruffiot, 1981 ; A. Eiguer, 1978, 1982a,f). Dans notre perspective la relation du couple est envisagée comme une dyade, elle-même en voisinage avec d'autres relations dyadiques familiales.

Dans cette dernière, les ethnologues considèrent quatre types de dyades, ou de liens : le lien de filiation (père-enfant ou mère-enfant), le lien de consanguinité (frère-sœur, mère-oncle

1. *Infra*, chap. 3, la contribution de I. Berenstein et J. Puget. Voir aussi I. et R. Barande (1983).

maternel), le lien de l'avunculat (la relation entre un enfant, et un représentant de la famille maternelle, spécialement l'oncle), et enfin le lien d'alliance (mari-femme). Ces liens bien distincts ne sont pas interchangeables. Ils témoignent plutôt des fonctions particulières à chaque rôle familial et à chaque paire interactive. On peut dire d'une façon générale qu'en famille il n'y a que des liens et rien que ces liens là. Cette conception est en même temps groupaliste par l'imbrication relationnelle et fantasmatique qu'elle suppose. Autrement dit, nous ne pouvons imaginer une fonction maritale, celle de l'époux par exemple, sans la situer immédiatement dans un contexte plus ample : celui du mariage, celui du père et de la paternité, celui de la famille dans son ensemble. La «totalité gestaltiste» fantasmatique et transitionnelle laisse son empreinte à chaque signe du couple.

Devant l'histoire des familles, le *fait conjugal* est pour le reste «*un fait actuel*», le moment où cette histoire se réalise, se concrétise, se vit, dans cette longue trajectoire qui s'inscrit dans l'arbre généalogique. Il est la branche de cet arbre où tout un passé entre en scène : y sont présents les ancêtres, les objets inconscients, les mythes qui percent les réalités solides, les «fantômes» qui se transportent entre les personnes. Pareillement C. Lévi Strauss (1967) a mis l'accent sur l'importance du couple et sur l'acte du mariage (don d'une femme de la famille maternelle à un homme) précisément parce que non-évolutif : des quatre liens seul le lien d'alliance n'implique pas le passé ou l'avenir, il est pure actualité, il est la synthèse même de la parenté.

1. PRÉCÉDENTS DE LA NOTION DE LIEN

Pour mettre en valeur les atteintes que les liens humains peuvent subir par l'action d'une tierce personne, W. Bion (1959) a développé une intéressante théorie du lien. L'auteur se réfère tantôt *au lien à l'intérieur d'une même personne* (lien intra-psychique entre pulsion et représentation, entre représentations différentes, entre pensée et affect, entre le sujet et sa propre capacité de penser), tantôt *au lien entre deux personnes* (lien interpersonnel). Bien que ces deux champs se distinguent, W. Bion renvoie tout lien au *lien précoce mère-nourrisson.*

Les liens intra-psychiques ou les liens interpersonnels sont des liens inspirés par l'amour, donc par l'investissement libidinal. Celui qui attaque un lien ne peut pas tolérer cette inspiration affective. Il développe des sentiments envieux. C'est l'amour de l'objet, le plus souvent le désir de savoir ou la vie elle-même qui éveillent une telle envie. Il peut aussi s'agir d'une auto-envie, ce qui produit alors une altération des ressources spirituelles propres ou de la capacité de penser du sujet lui-même. W. Bion aborde de la sorte la notion de lien par son côté inverse, par son côté vulnérable. Cela voudrait-il dire que le lien est mieux appréhendé par le chercheur ou par le sujet lui-même lorsqu'il est en danger ?

Pour Bion le lien implique beaucoup de choses du point de vue phénoménologique. Néanmoins, son idée centrale réduit ces variantes au seul référent du lien entre deux personnes (mère-nourrisson) devenues deux composantes à l'intérieur d'une même personne : moi et objet interne. Pour retracer la genèse du lien, l'auteur insiste sur une variante d'identification projective, l'*identification projective de communication*. Dans le cas du lien primordial et prototypique mère-enfant, le nourrisson attend de pouvoir impressionner l'esprit maternel, pénétrer dans son intérieur pour faire appel à elle, à sa sérénité, à son monde fantasmatique. Bien qu'il puisse le faire par des moyens intempestifs, voire agressifs, il cherche en dernier ressort que sa mère s'identifie à sa douleur, à sa détresse, il cherche à provoquer en elle-même ce qu'il ressent lui. L'identification projective est utilisée devant le déplaisir et la souffrance infantiles pour ainsi s'en débarrasser. Le lien se réalise pleinement (la «boucle» se ferme) au moment où la mère éprouve à son tour l'affect que l'enfant essaie de lui transmettre, sans le rejeter, restant sereine et désirant malgré tout retrouver le sens ultime de l'appel de celui-ci. Un travail préconscient et conscient de transformation élaborative va se développer dans l'esprit maternel à la suite du déclenchement de l'identification projective de communication. Le lien serait en conséquence l'aboutissement du double procès d'une identification désirée côté enfant, et d'une identification agréée côté mère (fig. 1). Quelques conclusions s'imposent à l'égard des notes citées jusqu'ici.

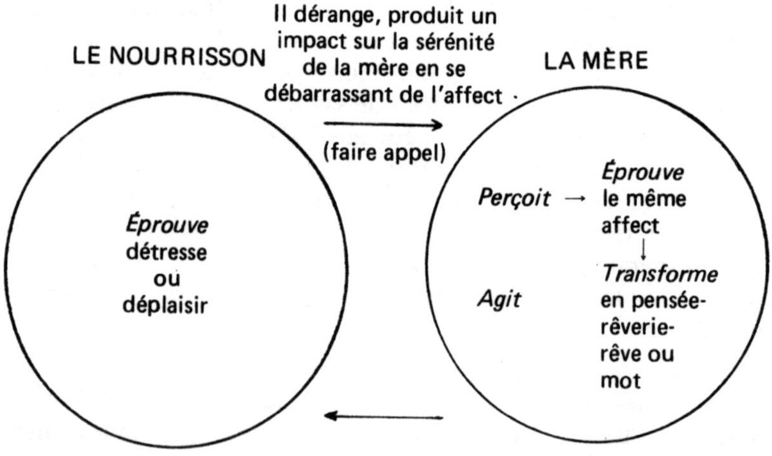

Fig. 1 – *La théorie du lien d'après W. Bion : L'identification-projective-de-communication-du-nourrisson et l'identification-introjective-de-la-mère fantasmante.*

a) Le lien fait penser à une relation où ce qui compte est la rencontre entre deux psychismes.

b) Le lien s'explique par l'identification projective voulant «déposer» un affect ou une représentation instable, et qui déclenche nécessairement un processus d'identification introjective chez l'autre.

c) Le lien exclut en revanche, l'utilisation de l'identification projective expulsive et massive, celle-ci s'avérant incapable de créer les conditions d'une relation d'amour et d'élaboration.

d) Le lien met en fonctionnement les processus d'identification, l'un répondant à l'autre en miroir. Ce qui est transmis cherche à retrouver de l'*identique* en face.

e) Le lien renvoie alors au narcissisme, déjà rencontré avec la composante de l'interpénétration psychique. Le narcissisme est au premier plan de l'élément identificatoire ; non seulement comme régression éprouvée ou recherchée mais comme tentative pour mettre deux psychismes en consonnance, «sur la même longueur d'onde».

f) De plus, le lien représente un investissement objectal, la pulsion trouve un exutoire, repérable et satisfaisant (quoique de façon incomplète, bien entendu). Nous voyons alors se profiler et entrer en conflit les deux aspects, narcissique et objectal. Si du côté du narcissisme il s'agit de tendre à la ressemblance absolue entre les vécus de l'un et de l'autre, du côté de l'investissement libidinal d'objet, il s'agira d'une satisfaction relative, et d'autant plus qu'elle se veut puissante, intense, immédiate. Le fantasme fera le reste. Fantasme qui s'inspire largement de celui de la mère. Mais cette substitution est celle du remplacement et donc de l'évolution du *désir* dans son accomplissement partiel, voie déplacement-symbole.

Dans la situation du lien mère-nourrisson, le point de départ est pulsionnel, l'enfant a faim, il se sent abandonné, il a peur de l'anéantissement. Ensuite, son moi utilise un mécanisme non-libidinal-objectal mais narcissique, qui tend à impressionner le moi de l'autre. Ce mécanisme n'est pas aveugle : il possède des capacités discriminatoires pour atteindre l'autre, là où il est sensible. Alors l'autre (la mère) est touché dans ses facultés élaboratives, donc libidinales mais passant par sa réceptivité identificatoire où se combinent des mouvements de l'ordre de la réparation de l'objet *et* des mécanismes fusionnels (donc narcissiques). La réponse maternelle sera ensuite *libidinale*, la pensée et le mot étant les produits de son investissement objectal.

Pour la mère il sera question alors de discriminer l'aspect narcissique lié au soutien réclamé par le nourrisson – l'étayage – («je suis là pour te comprendre et t'assister») de l'aspect objectal passant, par exemple, par la satisfaction de la pulsion partielle orale du bébé qui attend une voie de décharge. Elle tirera même un plaisir de cette séduction réussie.

Sur toile de fond du narcissisme, les nœuds libidinaux se renforcent. Le lien bionien est en somme la conséquence de tensions et de forces contradictoires.

D'autres auteurs, comme D. Meltzer (1975), D. Winnicott (1965, 1971), J. Bleger (1980) abordent la notion de lien et de relations dyadiques. L'*identification adhésive* est définie par D. Meltzer comme un *mécanisme précoce* d'investissement de la surface corporelle de l'objet qui tend à être défini dans sa tridimensionnalité. L'identification adhésive apparaît comme la condition préalable à la relation d'objet même. Elle ne comporte ni clivage, ni hostilité, ni sadisme, mais recherche d'un espace contenant (cf. tableau 1).

L'expérience d'adhésivité se veut chez D. Meltzer (1975) comme différente de toute autre expérience relationnelle : de l'identification projective étudiée par M. Klein (1952), de l'expérience de la constitution de la peau psychique d'E. Bick (1968). L'auteur l'étudie à propos de l'enfant autistique chez qui l'identification adhésive n'est pas efficace pour permettre l'inauguration de la relation à l'objet tridimentionnel. Il s'agit d'un processus répétitif, caricatural et extrêmement pénible. Meltzer suppose que *tout enfant* passe par l'utilisation de ce mécanisme mais d'une façon réussie et intégrée alors définitivement dans le psychisme. Chez l'enfant autiste, l'identification adhésive (donc comme concept psychopathologique) se caractérise par une *dépendance collante*. «Les fonctions remplies par les figures parentales sont considérées comme allant absolument de soi, à peu près comme nous pensons qu'il va de soi que notre main obéisse à nos intentions» (p. 238). A la différence des impressions dérivées de l'identification projective évacuative – impression délirante de connaître ou de voir à l'intérieur de l'autre – «leurs processus d'identification (des enfants autistes) semblent les conduire vers l'imitation étroite de l'apparence et du comportement de surface de leurs objets, beaucoup plus que de leurs états ou attributs mentaux» (p. 239).

«L'union ou unité mère-enfant» d'après Winnicott est à son tour le prototype de la relation illusoire dans laquelle l'un et l'autre se laissent submerger (elle précède la «relation mère-enfant»). Comme le «lien bionien», «l'union winnicottienne» est aconflictuelle et elle fait penser au *lien narcissique expansif* où chacun est l'étayage psychologique de l'autre. Le sentiment océanique et le moi-plaisir sont ici à l'œuvre (S. Freud, 1929).

D. Winnicott insiste pour dire que la relation primaire normale du bébé à la mère se passe sans frustration, ou tout au moins que ce n'est aucunement la frustration maternelle ou le sentiment de perte chez l'enfant qui favorise le développement (1965, p. 172). L'un et l'autre éprouvent l'impression exaltante d'enrichir le psychisme de l'autre, voire de le créer intégralement (illusion de la continuité mère-enfant).

Dans sa recherche sur le groupe, J. Bleger (1980) distingue *la sociabilité ou groupalité syncrétique de la sociabilité ou groupalité interactive.* Alors que la groupalité interactive est liée à la relation d'objet, dans la groupalité syncrétique les Moi non-moi individuels s'associent. Il s'agit «d'une non-relation dans le sens d'une non-individuation s'imposant en tant que matrice ou structure de base de tout groupe et persistant de manière variable sa vie durant» (p. 89). Bleger insiste pour dire que le syncrétisme se caractérise «par une indifférenciation où chaque individu ne se différencie pas d'autrui ou ne se trouve pas discriminé d'autrui. Autrement dit, il n'y a pas de discrimination entre moi et non-moi, ni entre corps et espace ni entre moi et l'autre» (p. 92). Le syncrétisme ne va pas sans affect ; il est accepté certes par les individus lorsqu'il est en équilibre avec la groupalité interactive mais il peut faire problème lorsqu'il se présente comme menace de destitution de l'identité personnelle structurée ou comme effacement de limites corporelles. Cela dit, le syncrétisme n'est pas seulement une désorganisation «mais aussi une organisation» (p. 95). Par exemple, l'appartenance à un groupe est un élément de cette sociabilité syncrétique.

Bien que clivés l'une dans l'autre, la groupalité syncrétique et la groupalité interactive ou intégrative sont en fait inséparables. Elles se repèrent dans les groupes informels et dans les groupes formels, se profilent même dans le lien mère-nourrisson (tableau 1).

2. LES NOTIONS SUR LA PSYCHOLOGIE DU LIEN PEUVENT ÊTRE REGROUPÉES EN DEUX ENSEMBLES

Si nous essayons de mettre en parallèle les contributions de Bion, Melzter, Winnicott et Bleger sur la relation dyadique,

Tableau 1 – *Ressemblances et différences entre des notions de nature essentiellement narcissique concernant la relation d'objet et l'établissement de liens ou de relations dyadiques*

	D. Winnicott	*W. Bion*	*D. Meltzer*	*J. Bleger*
1. Notion	Union	Ident. projective de communication	Identification adhésive	Syncrétisme
2. Lien naturel étudié	Lien mère-nourrison	Lien mère-nourrison	Lien mère-nourrison	Lien mère-enfant groupes
3. Mécanisme individuel ou relationnel ?	Analyse simultanée de l'enfant et de la mère	Mécanisme de défense individuel mais analysé avec la réponse simultanée de la mère	Mécanisme de défense individuel (n'envisage pas la réponse de l'objet maternel mais soutien qu'une dépression éventuelle de la mère empêche la transformation en identification projective.)	Analyse simultanée des participants au lien
4. Indiscrimination moi-non-moi	Absolue chez l'un et l'autre	Absolue chez l'enfant relative chez la mère	Absolue	Absolue
5. Sadisme	Absent	Très faible	Très faible	Absent
6. Ambivalence et conflictualité	Absentes	Absentes ?	Absentes	Absentes

7. Persécution	Absente	Absente	Très faible	Absente
8. Fantasmatique	Illusion préfantasmatique	Illusion préfantasmatique	Le lien n'est pas représentable	
9. Stade du développement ou structure	A la fois stade et structure permanente	*idem*	Compris comme un stade du développement	A la fois stade et structure permanente
10. Dérivés évolués	Espace et objets transitionnels	Fonction α du sujet	?	Appartenance aux groupes
11. Dérivés permanents ou occasionnels de nature psychopathologique	Fétiche-Mimétisme	?	Identification adhésive de l'autiste. Sentimentalité de surface. Perméabilité, mimétisme, dépendance collante à l'objet. Sensibilité à l'état émotionnel de l'autre	Phénomènes d'inquiétude étrangère
12. Pathologie où ce mécanisme peut éventuellement se manifester	Son échec conduit au faux-self	Son échec est à l'origine d'une prédisposition à la psychose	Autisme infantile ou personne à faux-self. «Le savant idiot»	Psychose, personnalité ambiguë

deux ensembles de notions peuvent être rapprochées : d'une part, «l'identification adhésive» de Meltzer, «l'union ou l'unité mère-enfant» de Winnicott, «le syncrétisme» de Bleger (tableau 1) ; d'autre part, «l'identification projective évacuative» de Bion ou de Meltzer, «la relation» de Winnicott, «la groupalité interactive de Bleger (tableau 2). L'identification projective inaugure le processus de la relation d'objet mais l'introjection plus ou moins définitive de l'objet bon est l'œuvre de la réparation (de la position dépressive)[1].

A l'intérieur de l'un ou de l'autre des ensembles il s'agit de notions proches mais pas forcément superposables (Meltzer dirait même que l'identification adhésive n'est pas du tout équivalente à l'identification projective de communication.) Pour ce qui concerne le premier ensemble, les apports de D. Meltzer, D. Winnicott et J. Bleger sont éventuellement à distinguer de la notion bionienne de lien dans la mesure où ils excluent le conflit, notamment le conflit entre l'amour et l'agressivité. Dans leur cas, ce sont plutôt des mécanismes ou des activités psychiques fortement liées au *narcissisme primaire*. Alors que chez Bion la notion de lien est à rattacher peut-être plus au *narcissisme secondaire*, une première esquisse de relation d'objet intervenant dans ce qui pourrait être appelé «le prélude au dégagement de l'investissement libidinal».

3. LE COUPLE : LIENS NARCISSIQUES ET LIENS LIBIDINAUX

W. Bion insiste pour dire que dans ses développements subjectifs, c'est-à-dire dans la mesure où le lien est intériorisé par le sujet, la situation que ce lien représente persiste, transformée, à l'intérieur du sujet (appareil à penser-pensée, capacité fantasmatique-fantasmes, etc.) La groupalité syncrétique de Bléger, ou l'union de Winnicott sont des processus psychiques qui restent également dans l'individu d'une façon permanente : les inspirateurs de toute relation dyadique.

A partir du remodelage des théories exposées par la théorie de

1. Le point de vue génétique ne s'applique pas à ces deux ensembles. On ne devrait pas dire, par exemple, que le premier ensemble traduise des «situations plus précoces» que celles du second, ou inversement.

Tableau 2 – *Ressemblances et différences entre différentes notions de nature essentiellement libidinale concernant la relation d'objet et l'établissement de liens ou de relations dyadiques*

	D. Winnicott	*W. Bion*	*D. Meltzer*	*J. Bleger*
Notion	« Relation »	Relation d'objet, dont l'expression primitive serait l'identification projective et la plus achevée la réparation		Relation interactive
Fantasmatique	Remplace l'objet par l'espace et les phénomènes transitionnels	Fantasme inconscient	Fantasme inconscient	Fantasme inconscient
Mécanisme individuel ou relationnel	Individuel et relationnel	Individuel	Individuel	Relationnel (interdépendant de fonctionnement)
Ambivalence et conflictualité	Présentes	Présentes	Présentes	Présentes
Discrimination moi-non moi	Présente	Présente	Présente	Présente
Pathologie éventuelle	Toute la pathologie névrotique	*Idem*	*Idem*	*Idem*

l'investissement libidinal d'objet, nous pouvons appliquer les idées sur le lien aux relations du couple. Ainsi, le lien d'alliance comporte-t-il deux types de relation, une première serait celle d'un *lien narcissique* dominé par l'investissement narcissique commun à toute liaison humaine et à laquelle contribueraient mari et femme. Le second type serait un *lien libidinal* dominé par l'investissement libidinal d'objet, fonctionnant d'une façon conjuguée et s'articulant entre partenaires à travers l'identification projective ou l'interaction. Les deux «liens» contribuent à la solidité et à la permanence de l'alliance[1].

Dans toute relation d'alliance, le narcissisme tend au syncrétisme, à l'«union», effaçant les limites entre les individus, débordant l'espace individuel : il est le résidu du narcissisme primaire toujours actif, en quête du semblable. Le lien narcissique de l'alliance se manifeste dans des formes élémentaires ou complexes. Du côté des formes élémentaires, nous trouvons *la fusion* (c'est le proto-cadre) de base de tout lien, «l'appareil psychique familial ou conjugal», comme pourrait le dire A. Ruffiot (1981). Du côté des formes complexes nous trouvons le *soi conjoint*, dont nous parlerons plus loin. Ses composantes sont : l'appartenance ou l'identité conjugale, l'investissement d'un espace habitable, comme la maison (une ou plusieurs), la trajectoire de l'histoire qui est peuplée de souvenirs et de signes matériels, l'idéal du moi groupal des conjoints, etc. (A. Eiguer 1982 b, f ; 1983 b). Bien qu'ils aient en commun le fait de consolider le groupe-couple, les liens narcissiques se distinguent des liens libidinaux d'objet par leur tendance à l'uniformisation. Les premiers représentent l'identification moïque à l'identique, les seconds l'identification de l'*autre inconscient* (objet parental ou transgénérationnel) à l'autre réel, dans un lien entre objets interne-externe.

Avec l'évolution de la vie conjointe, les liens libidinaux inspirent, voire «nourrissent» de leur expérience les liens narcissiques : ils apportent au préconscient partagé la *métaconnaissance*, un

1. Sous la plume de Freud et dans *Psychologie des foules et analyse du moi*, l'expression *lien(s) libidinal(aux)* revient à plusieurs reprises. Nous ne faisons ici que développer son idée originale. Chez S. Freud (1905, 1915), les rapports entre narcissisme et libido d'objet sont toutefois complexes : l'un peut se replier sur l'autre, comme l'investissement d'objet après le deuil du sevrage sur le narcissisme, entraînant un regain de l'auto-érotisme.

repérage sur gestes et sur paroles qui constitue une reconnaissance de l'un par rapport à l'autre. Normalement les liens narcissiques ne produisent pas des affects déplaisants mais plutôt des affets rassurants et contenants. C'est leur prévalence qui produit déplaisir et souffrance. Les liens libidinaux en revanche contiennent «les avatars» de l'interaction, de la sexualité conjointe, et de la loi. En outre la fragilité d'un couple peut s'exprimer par *le déséquilibre* entre les liens narcissiques et les liens libidinaux d'objet, ce qui peut produire deux situations différentes :

1) Soit que les liens narcissiques «envahissent» ou «parasitent» les liens libidinaux, comme chez les couples narcissiques, très fusionnés où les partenaires s'ignorent l'un l'autre – cela peut être le cas d'un couple avec un membre psychiquement malade. La discrimination qui apporte la «groupalité interactive» (J. Bleger) fait ici défaut (cf. A. Eiguer, 1983 b).

2) Soit que les liens libidinaux d'objet prennent le dessus sur les liens narcissiques, comme chez les couples où l'imago parentale, les «mythes» familiaux (I. Boszormenyi-Nagy et G. Spark, 1973) ou les «délégations» (de missions à accomplir) induites par des membres des familles d'origine (H. Stierlin, 1977) rendent le couple «transparent», *sans identité contenante*. L'identité-couple, désinvestie, «part en poussière», au bénéfice de l'Autre, trop idéalisé ou trop persécuteur. Par exemple les partenaires se laissent absorber par la représentation d'un grand-parent imposant, ou par le «fantôme» d'un ancêtre (N. Abraham et M. Torok) ayant commis un acte considéré répréhensible et éprouvé avec honte, ou par un désir familial qui les contraint à réaliser à leur insu un «acte salutaire».

Tout compte fait, lorsqu'il y a déséquilibre entre ces liens, les liens narcissiques et les liens libidinaux apparaissent dénaturés, caricaturaux.

4. SUR LE LIEN LIBIDINAL D'OBJET : PÔLES ET INTERRELATION

Le lien d'alliance vu sous le profil des liens libidinaux d'objet implique à la fois les investissements permanents d'objet de l'un par rapport à l'autre, et leur mise en scène et en actes (dans le sens du théâtre) par une interaction : le déclenchement réciproque d'attitudes et de comportements, la circularité, la rétroaction cybernétique.

Une interaction et deux pôles composent le lien libidinal objectal de l'alliance. L'interaction traduit l'aspect relationnel. Travaillés par la castration les deux pôles concernent l'aspect personnel et identifiable (identité sexuelle) du lien (époux-épouse), indispensable pour notre perspective théorique.

Le «pôle» signifie :
– identité sexuelle (je suis un homme ou une femme),
– fonctionnalité particulière (j'agis en tant que),
– permanence affichée ou instituée du rôle (je suis marié avec),
– mais aussi permanence à défendre à chaque geste et à chaque acte dans l'interaction,
– être investi fantasmatiquement comme tel (mari ou femme) par l'autre,
– être désigné et reconnu comme tel par les autres membres de la famille.

En conséquence, la régulation d'un rôle n'est pas le seul fait de l'individu acteur du rôle ni de sa capacité plus ou moins grande à assumer sa castration, il est aussi le produit des rapports entre ce rôle (et aussi ce lien) et les autres rôles (et les autres liens) à l'intérieur de la famille. Dans la famille, chaque personnage est comme le Dieu romain Janus, porteur de deux (ou plusieurs) visages. Ainsi le père agit comme *père* dans le cadre du lien de filiation, comme *époux* dans le lien d'alliance, comme *frère* dans le lien à sa sœur (consanguinité) et enfin comme *enfant* de ses parents (lien de filiation). En dernière analyse, cette diversité des rôles définit le sujet familial comme un *être multiple et contradictoire* ; ce sont les oppositions affectives, l'ambivalence des différentes positions, aimant l'un, rejetant l'autre, qui donnent au sujet familial son unité : une des caractéristiques de la génitalité est précisément de marquer les rapports familiaux par le sceau de la *diversité* ; cette diversité permet l'équilibre, les compensations. La solidité de l'organisation conjugale vient de compromis multiples. L'identité sexuelle reçoit de la castration dont elle est le produit toute cette souplesse. *Plus chacun est «plusieurs», plus il est lui-même.*

Si la théorie groupaliste du lien d'alliance essaie de reformuler la notion d'individu pour mieux souligner la diversité des fonctions de chacun des partenaires, le travail de l'identité sexuelle devient primordial dans le cadre des liens libidinaux (d'objet). L'identité sexuelle, dernier recours du couple, est la figure commune du groupe-couple. Fondamentalement, on peut dire que les liens narcissiques ressoudent l'union.

III. GENÈSE ET STRUCTURE

1. TYPOLOGIE DU COUPLE

Détacher des types de couple d'une pratique thérapique n'est pas évident. La plupart des couples apparaissent «sous leur plus mauvais jour» lorsqu'il est question de conflits. La gravité des accusations, le chantage, les menaces à peine voilées, la tenacité à défier toute logique, l'obstination à avoir raison malgré toute confirmation venant de la réalité, l'utilisation d'un mécanisme d'interprétation proche de l'interprétation des sujets paranoïaques, tels sont malheureusement les ingrédients assez courants de la vie conflictuelle des couples. Lors des rencontres avec le couple, et notamment des premiers entretiens, il est difficile de différencier le fait structurel du fait contingent, ou ce qui est structure et organisation permanente et stable, de ce qui est l'exaspération du moment. Cette réserve faite, nous allons dégager brièvement trois types de couple : chaque type pouvant englober des cas, disparates à première vue, mais ayant *une fantasmatique inconsciente groupale proche*. C'est dans ce dernier sens que notre typologie trouve sa raison d'être (elle traduit la structure inconsciente du collectif couple).

Les trois types de couple sont : 1) le normal ou névrotique, 2) l'anaclitique ou dépressif, 3) le narcissique. J. Willy (1975) a proposé une typologie proche de la nôtre : le type 1 ressemble à son «couple phallique-œdipien» ; le couple anaclitique-dépressif au «couple oral» ; le couple narcissique inclut des aspects des catégories «couple narcissique» et «couple sado-anal» de cet auteur. Pour préciser le concept de *structure permanente de couple* nous dirons que chaque structure est représentée par une modalité de conflit inconscient entre instances groupales et une modalité spécifique de fantasmes collectifs. Ainsi la structure inconsciente du couple se définit-elle :

a) *Du point de vue économique*, comme l'investissement réciproque narcissique et objectal (liens narcissiques et libidinaux d'objet) dont le clivage et l'équilibre des uns par rapport aux autres est nécessaire, de sorte que chaque type de couple présente une modalité plus ou moins stabilisée d'équilibre entre les liens narcissiques et libidinaux d'objet.

b) *Du point de vue topique*, par les rapports à l'intérieur du groupe-couple entre les objets inconscients convergents et l'organisation acquise du couple (*infra*, l'organisateur inconscient I). Différentes modalités de relations d'objets vont accompagner chaque type de couple (cf. tableau 3). De même, les rapports entre le soi conjoint et l'idéal du moi conjoint ne sont semblables qu'entre membres du même type.

c) *Du point de vue dynamique*, la «structure inconsciente du couple» se définit par rapport aux tendances pulsionnelles convergentes qui créent une «tension commune» (H. Ezriel, 1970) : le type de couple narcissique est dominé par des pulsions de déliaison et par l'angoisse de persécution ; le type anaclitique, par des angoisses de perte, et le type névrotique par l'angoisse de castration et la crainte du rapprochement émotionnel.

d) *Du point de vue génétique*, enfin, chaque type suppose des fixations historiques des partenaires assez proches, les modalités de collusion fantasmatique (J. Willy, 1975) conditionnant un champ psychique commun.

1.1. Le couple «normal», névrosé

Ce couple vit inséré intensément dans les liens libidinaux

présentant néanmoins des représentations et des identifications complexes de l'identité sexuelle (souvent inversée). Il constitue la masse des couples humains parmi lesquels une petite minorité a des problèmes et consulte. Les thèmes fondamentaux de la demande sont : les difficultés sexuelles (impuissance, dysorgasmie, éjaculation prématurée, vaginisme, etc.) ; les conflits ouverts où dominent la jalousie, la rivalité professionnelle (le pouvoir phallique, *supra*, p. 18) et quelques difficultés dans les échanges verbaux. Ils présentent par ailleurs des crises liées aux relations extra-maritales. Les problèmes sont clairement posés et l'insight y évolue facilement[1].

1.2. Le couple anaclitique

Le couple fondé inconsciemment sur la crainte de la perte, *couple anaclitique*, se structure pour dépasser le sentiment de détresse à la fois comme défense et comme organisation groupale (qui peut émerger chez l'un ou chez l'autre des partenaires provoquant des mésententes). *Comme défense*, la relation sert alors d'étayage en atténuant ou en freinant toute souffrance à l'un et à l'autre. *Comme organisation*, la relation permet de centrer les préoccupations, la conception de son monde (ses mythes) se donnant comme modèle l'idée d'accompagnement («Ensemble nous sommes forts»)[2].

Ces couples présentent des conflits autour de la fiabilité des personnes qui les entourent. A la différence des couples névrotiques qui parlent fondamentalement de leurs difficultés propres, chez les couples anaclitiques, d'autres personnes occupent et même envahissent littéralement le discours de l'entretien conjoint. Il est souvent question d'amis, de parents, d'enfants, qui abandonnent ou encombrent l'un ou l'autre des partenaires, ce qui provoque à certaines occasions des conflits. Ces couples

---

1. Dans la classification de «types du jeu commun inconscient entre partenaires», avancée par J. Willy, ce type de couple est appelé une «collusion phallique-œdipienne» et sa «thématique» est celle de «l'amour-confirmation-masculine.»
2. D'après J. Willy, la collusion fantasmatique serait ici de nature orale et la «thématique» amoureuse marquée par une intense «sollicitude réciproque». Nous avons observé de notre côté que la tristesse, l'échec, la souffrance, loin de les éloigner, provoquent un fort attrait mutuel.

sont très sensibles aux changements, de même que les couples narcissiques, mais à la différence de ceux-ci leur affect dominant est *la nostalgie* (alors que chez le couple narcissique ce qui domine est le ressentiment). Dans le couple anaclitique, le déséquilibre entre liens narcissiques et liens libidinaux se fait au détriment des premiers.

1.3. Le couple narcissique

Dans *le couple narcissique*, ou le couple à partenaire psychotique, le problème du pouvoir de domination est central. Le contrôle, le mépris, la mise en lumière des défaillances de l'autre, sont les aspects du profil interactif sado-masochiste. Ce sont des couples dont les partenaires «n'oublient pas» une parole, ou une phrase même dite bien des années avant l'entretien («j'aurais dû installer un magnétophone...»). Ils mettent à l'épreuve ce que dit l'autre pour en déduire souvent des intentions cachées négatives. La fantasmatisation est habituellement considérée comme une chose fausse ou erronée : signe en réalité de l'existence autonome de l'autre. Les couples narcissiques aspirent à la fusion totale. Lorsqu'ils présentent des troubles sexuels, il s'agit en général de difficultés graves de l'ordre de la «non consommation du mariage» ou de l'interruption très prolongée de l'activité sexuelle. Chez le couple narcissique l'acte sexuel est fréquemment *évité*, alors que chez le couple anaclitique les rapports peuvent être rares mais il s'agit de refus par *désintéressement* (chez l'un, ou chez les deux conjoints, cf. les Rampal, p. 54 sq.). Enfin, chez le couple névrotique le sentiment concernant la sexualité peut être le *dégoût*.

Chaque «type» de couple peut présenter des aspects de l'autre type, mais l'important est de noter la structure prévalente. Le cas des couples «pervers», lieu majeur de la réflexion sur le couple, illustre bien la distinction entre aménagement défensif et structure inconsciente, car on voit que certains de ces couples peuvent présenter des évolutions perverses (sexuelles, comportementales ou caractérielles) comme régression devant la castration réciproque (couple névrotique), et d'autres peuvent les présenter comme phénomènes structurels (insérés dans le groupe des couples anaclitiques : les défaillances sont exploitées par l'un et l'autre).

Nous avons insisté sur le fait que chaque lien d'alliance, normal ou «pathologique», implique des liens narcissiques et des liens libidinaux d'objet. Dans les couples narcissiques les premiers sont dominants alors que les deuxièmes sont exigus et assiégés par la logique narcissique devenue toute-puissante et tyrannique. De ce fait, les couples narcissiques ne supportent pas les différences entre les partenaires ou les nient. En revanche, les couples normaux-névrotiques en font un des pivots relationnels (complémentarité). Dans le couple névrotique, la différence sexuelle (même la bisexualité ou l'inversion sexuelle psychologique) cause soit des attraits, soit des rejets. Chez les couples dépressivo-anaclitiques, les différences fondamentales chez l'un et chez l'autre tournent autour des axes infantile-mûr, faible--fort ou dépendant-indépendant. Elles provoquent tantôt de la séduction réciproque, tantôt du désenchantement.

Une fois présentés ces différents types, nous allons envisager le problème génétique, à partir d'un concept de la théorie des groupes : l'organisateur inconscient du groupe. Structurés dès la première rencontre les liens narcissiques et les liens libidinaux d'objet vont prendre forme après la période initiale de l'engagement sentimental (A. Eiguer, 1983c).

2. LE CONCEPT D'ORGANISATEUR INCONSCIENT

«Se servir d'une seule âme pour être deux.»
Paul Claudel, *Journal*

Dans *le Développement évolutif du nourrisson*, R. Spitz (1965) a repéré des moments où tout le psychisme se polarise autour d'un élément intérieur (et extérieur) à l'enfant ; différents courants du développement s'intègrent au processus de maturation de sorte qu'apparaît une «nouvelle structure psychique» plus évoluée, ce qu'il a appelé *organisateur* (le sourire en réponse au regard de la mère, la phobie de l'étranger, le oui et le non). R. Kaës a repris (1974) le concept d'organisateur pour arriver à la notion d'«appareil psychique groupal», instance collective qui se construit à partir des organisateurs groupaux du psychisme individuel. Les fantasmes originaires, notamment le fantasme de scène primitive, les imagos et les objets internes, permettent de par leur nature groupale l'organisation de liens entre les individus. La synthèse et la maturation repérées par R. Spitz au moment de l'activité d'un organisateur individuel, semblent, d'après R. Kaës, se retrouver aux moments forts où le groupe est activé par ces formations groupales des sujets. D. Anzieu (1975) a appliqué l'idée d'organisateur au *processus évolutif des groupes informels* (non familiaux, comme la thérapie de groupe, le groupe de formation, etc.) Plus récemment, A. Ruffiot (1979) a appliqué les découvertes d'Anzieu à la *thérapie familiale*. Il s'est aperçu pertinemment que le groupe familial (groupe formel) évolue d'une façon assez proche des autres groupes mis en situation thérapeutique.

De notre côté, nous avons essayé d'utiliser (A. Eiguer, 1982f) l'idée d'organisateur en tenant compte de la façon dont R. Spitz, R. Kaës, D. Anzieu et A. Ruffiot ont traité ce concept. Nous avons appliqué l'organisateur inconscient à l'étude de la cohésion inconsciente de la famille non dans le cadre précis de la thérapie familiale, mais telle qu'elle se développe dans son *fonctionnement naturel*. Nous nous intéressons ici aux mécanismes qui donnent au couple sa cohésion. Ce groupe-couple est constitué par des individus qui possèdent une représentation inconsciente de ce groupe à l'intérieur de leur appareil psychique propre ; toutefois le couple doit souffrir de nombreux avatars pour trouver une entente et une solidarité qui lui soient spécifiques : c'est cet objectif qu'atteint «l'organisateur du couple».

L'organisation ne suppose pas l'absence de conflit : un même organisateur peut structurer la vie commune et simultanément activer les conflits. Cela constitue fréquemment un problème technique car, en traitant le conflit, voire en le réduisant, on risque de s'attaquer à l'organisation par ailleurs satisfaisante du couple. Nous allons étudier les trois organisateurs de la vie inconsciente du couple – le choix d'objet (choix du partenaire), le soi-conjoint, l'interfantasmatisation – en notant comment chacun structure *chaque type* de couple.

3. L'OBJECTOLOGIE CONJUGALE, INSTAURÉE A PARTIR DU CHOIX DU PARTENAIRE (L'ORGANISATEUR INCONSCIENT I)

Pour D. Anzieu (1975) à la différence des groupes informels, le *premier* organisateur du groupe familial est l'OEdipe. Par le double jeu de l'amour intense, incestueux,et de son interdit, la famille *prépare* le sujet à l'investissement d'un autre lien, lequel sera l'origine d'une nouvelle famille. Sur le plan personnel le choix d'un objet sexuel exogamique permet une issue convenable au complexe d'OEdipe et à l'interdit de l'inceste. Si l'angoisse de castration contribue grandement à la résolution de l'Œdipe (*la disparition du complexe d'Œdipe*), il n'en reste pas moins que seule l'identification au père propose une issue, identification qui naît pourtant d'un paradoxe : le surmoi (S. Freud, 1923) prescrit en même temps de s'identifier au père, et de ne pas agir comme lui quant au choix d'objet sexuel (la mère). Si une troisième dimension n'entre pas en jeu – l'introduction pour l'enfant de la distinction de niveau entre *la* femme et *cette* femme, ta mère – il s'agit bien d'un paradoxe !

Ainsi par l'effet d'une double contrainte paradoxale est donné libre cours à un désir qui détermine l'autonomie et l'investissement de l'exo-groupe. Le sujet a perdu sa mère (comme partenaire) mais il y a gagné la liberté (conditionnelle) de choisir une autre femme ressemblant à sa mère (M.-C. Gear, E. Liendo, 1974).

D'après Freud (1932), la fille reste longtemps attachée à l'Œdipe influençant son choix amoureux ; par exemple, dans l'objet partiel recherché chez un homme (son allure masculine, ce qu'il a acquis plus que son être total ; en d'autres termes des équivalents du phallus) ou dans le choix anaclitique d'un homme paternel. Bien que le choix du partenaire soit vraisemblablement plus complexe, son déterminisme a néanmoins une qualité organisatrice certaine : il aura une valeur proche des formations de compromis inconscientes, comme le symptôme ou le lapsus. Il comportera un soulagement économique et il agira à plusieurs reprises comme un mécanisme défensif. Nous pouvons estimer alors l'importance de ce choix pour la consolidation et l'organisation inconsciente du couple, l'un et l'autre des partenaires *inter-croisent* des objets inconscients ; la relation sentimentale se nourrit de cette trouvaille d'un partenaire qui, comme l'écrit S. Freud (1905), est une *retrouvaille* et en même temps l'*aboutissement de l'amour infantile*. Étant donné la valeur hautement résolutive, restitutive et symbolique de la rencontre amoureuse, la relation hérite de tous ces aspects et tend à se stabiliser, à se perpétuer.

L'objet inconscient de l'un s'entrecroise avec l'objet inconscient de l'autre, disons-nous, et les deux objets cumulés inaugurent «*un monde objectal partagé*», qui adopte ainsi une dimension organisatrice. Nonobstant, l'objet sexuel extérieur n'est pas tout à fait superposable à l'objet parental inconscient, il n'est pas non plus une réalité «inconnue». Il est entre les deux : ni tout à fait réel ni tout à fait fantasmé, il stimule alors la démarche du sujet pour combler cet «espace potentiel» (D. Winnicott, 1971) entre le fantasme et sa réalité, au moyen du «jeu transitionnel». Cet espace devient *l'espace* de l'état amoureux et de l'amour familial, de l'épanouissement de la vie imaginative, de l'humour, des échanges[1].

Si le primat de l'Œdipe domine le groupe de conjoints, et c'est cela fondamentalement que nous avons traité jusqu'à présent, il s'agit d'objets et aussi de *liens libidinaux entre les objets*. Un garçon «retrouve» sa mère : il adopte à l'égard de la jeune fille les comportements, les «attitudes amoureuses» de son père à l'égard de sa mère, et il attend de la fille les réponses semblables à celles de sa mère envers son père. Dans le cas de la fille, les choses se posent de façon plus ou moins analogue et précisons que, dans les deux cas, il s'agit bien sûr des fantasmes des jeunes concernant les attitudes ou les attentes de leurs parents respectifs. La relation amoureuse permet au fils l'identification au père qui désire la mère, qui est séduit par la mère, à un père qui

1. Signalons au passage que l'amour juvénile n'est pas non plus le calque de l'amour infantile. Il est aussi innovation. La mouvance de la deuxième phase de l'émergence pulsionnelle qu'est l'adolescence relativise tout déterminisme absolu voulant faire de la prime enfance un «moule pulsionnel» rigide. Les productions psychiques de l'adulte seront désormais le produit du *biphasisme* (M. Fain, 1982). Les choix éphémères de l'adolescence, les expériences sentimentales initiatiques joueront un rôle certain dans les orientations amoureuses de l'adulte.

«agit l'amour». Représentation de la *mère* associée à la partenaire (déplacement) ; représentation du *père*, objet d'identification, et enfin représentation du *lien-père-mère*, de l'interaction amoureuse, l'un désirant l'autre, l'un agissant par rapport à l'autre[1].

L'expérience des thérapies de couples névrotiques nous autorise à dire que le choix peut se réaliser sur quelqu'un qui est à «l'opposé», qui ne ressemble en rien (ni en traits physiques ni en aspects psychologiques) au parent de l'autre sexe. C'est son double opposé. Appelé aussi *choix défensif* (défense contre le choix d'objet hétérosexuel) il peut tomber dans la figure du parent du même sexe que le sujet, et ce dans la mesure où «père et mère configurent l'univers complémentaire des objets infantiles» (E. Liendo)[2].. Dans leur dialogue clinique à propos de la supervision d'un cas de thérapie conjugale, V. Satir et E. Liendo (1974) sont tombés d'accord pour signaler la fréquence du choix d'un partenaire ressemblant au parent du même sexe. Les auteurs proposent la formule suivante : «l'homme cherche comme objet sexuel ce que sa mère n'était pas et la femme ce que son père n'était pas.» Dans le premier cas ce serait «le père», et dans le deuxième cas «la mère». Cela ouvre bien des perspectives théoriques, nous dirons par exemple que ce que l'un des parents n'est pas, cela peut être son objet intérieur (grand-parental). Ce choix d'objet «homosexuel» peut ainsi recouvrir l'*Œdipe parental* inconscient (c'est-à-dire un partenaire fantasmatique trop investi du père ou de la mère : pour le cas de la fille, la grand-mère paternelle ; pour le cas du garçon, le grand-père maternel).

En analysant un exemple de couple en conflit, E. Liendo précise que le conflit est lié dans cet exemple au décalage entre l'attente

---

1. Du côté de la fille, identification à la mère désirante ; déplacement père-garçon, identification au lien mère-père.
2. Cf. l'idée que les distorsions de la différence des sexes sont à la base et de l'organisation et des conflits du couple névrotique. Normalement, les pulsions homosexuelles inhibées jouent un rôle social par l'acceptation de ***l'interpénétration***. Chez l'homme, c'est l'accueil de l'autre ; chez la femme, c'est le plaisir «de pénétrer psychologiquement» autrui. Dans tous les cas, c'est la possibilité de décentraliser le plaisir d'organe, même de l'éteindre, par une tendresse plus répandue. A l'opposé, une intense excitation homosexuelle déclenche la crainte de se laisser envahir par l'autre ou une frustration plaintive.

dans l'objet (ce qui est projeté sur lui) et sa réalité, ses réactions (rôle attendu et rôle accompli). Par la suite, après le moment de déception ou de revendication, on observe une étape où les comportements du sujet tendent à faire réagir l'autre afin qu'*il réponde* à l'attente de son objet interne. L'autre peut éprouver des sentiments semblables par rapport au premier, et aussi, comme lui, il peut essayer par ses comportements (chantages, actes, actings), que le premier «devienne» comme son objet parental inconscient (l'induction par l'identification projective). Ce couple souffre de la réminiscence du passé : ce passé est lié à l'idéalisation et au choix de l'autre en tant que support exclusif de l'objet fantasmé. Le présent du conflit du couple est le produit d'une interaction inspirée de ce passé.

3.1. Formes pathologiques du choix d'objet

Le modèle que nous venons d'esquisser est un modèle «normal» ou «névrotique».Il nous a été utile pour introduire la notion de monde interne d'objets partagés, un des organisateurs inconscients du groupe couple. Plusieurs modalités de choix de partenaire ont été repérés par les différents auteurs, en premier lieu par S. Freud (1914) lui-même, qui distingue :

– *Le choix narcissique* ; on cherche un objet qui ressemble : «a) à ce que l'on est soi-même, b) à ce que l'on a été soi-même, c) à ce que l'on voudrait être soi-même, d) à la personne qui a été une partie du propre soi.»

– *Le choix anaclitique* (propre au couple dépressif-anaclitique) dans lequel l'homme ou la femme vont à la recherche d'un partenaire leur permettant de trouver un étayage (mère ou père de l'enfance, étayage sur la pulsion de conservation). A la différence du choix œdipien classique, il ne s'agit pas ici d'une identification active et adulte au parent du même sexe dans la démarche amoureuse, mais d'une identification partielle et narcissique à l'attitude infantile du sujet lui-même. En fait, le choix anaclitique est un choix régressif par rapport à l'étape de dissolution du complexe d'Œdipe. S'effectuant, en de nombreux cas, au moment d'un deuil récent chez l'un ou chez les deux partenaires, il propose une relation complémentaire infantilisante pour l'un et réaccentuant le rôle parental pour l'autre. Tel l'exemple de l'infirmière qui épouse son malade ; tel aussi le cas de cet homme dépressif qui avant chaque accès tombait amoureux d'une femme différente, chaque fois elle aussi dépressive. Par ces liaisons, il essayait probablement «d'expulser» son désarroi (J. Guillaumin, 1979 ; A. Eiguer, 1983c).

– *Le choix «œdipien»*, en revanche est un choix plus adulte, propre aux structures névrotiques et «normales».

En utilisant cette formule presque inquiétante que le partenaire symbolise (ou est comme) un objet inconscient du sujet, un «morceau» de son monde interne, nous voulons accentuer l'aspect de «revenant» des dits objets parentaux (tableau 3). Dans le monde fantasmatique que construisent les conjoints, s'entrecroisent fantasmes, idéaux, désirs, pour se déposer ensuite, le cas échéant, sur la progéniture. Le fait qu'il n'y ait pas de relation «par le sang» entre les partenaires rend le lien «purement psychique», fortement psychique. (Un lien père-fils va de soi, en quelque sorte.) C'est peut-être pour cette raison aussi que l'alliance est un lieu d'un bouillonnement fantasmatique riche et complexe.

Tableau 3 – *Le premier organisateur (choix d'objet du couple) et la structuration du monde intérieur collectif d'après les différents types de couple.*

	Couples normaux ou névrotiques	Couples confrontés à l'angoisse de perte (anaclitiques)	Couples narcissiques ou psychotiques
Type d'organisateur : Choix d'objet	Œdipien direct ou inversé	Asymétrique ou par étayage	Symétrique ou narcissique
Objectologie conjugale	Triangularité. Imagos délimitées	Imagos collectives imposantes (mère phallique). Objet ancestral surmoïque ou idéalisé	Objet partiel. Confusion d'imagos.

3.2. Deux exemples de choix d'objet narcissique

Le couple Guillaume

Les Guillaume montrent une forme extrême de non-reconnaissance du désir dans l'engagement du lien. Leur fille, jeune étudiante, présente une schizophrénie ; hospitalisée depuis quelques années, elle leur donne du souci en les privant de tout plaisir personnel. La décision de thérapie familiale est bien accueillie par les trois membres de la famille. Pendant un des entretiens préliminaires, le thérapeute demande aux parents des précisions sur leur première rencontre, c'est alors qu'il entend le récit suivant venant du père :

«Qu'est-ce que j'ai trouvé chez ma femme ?... Comment j'ai connu ma femme ? Ouais... Çà c'est passé comme çà : ma femme et moi nous étions pensionnaires d'une même institution. Le pavillon des filles étant séparé du nôtre, nous n'avions aucun contact avec elles. Un samedi on nous a donné la permission de sortir. Les garçons ont alors décidé de sortir avec les filles, qui avaient aussi un jour de permission. Par l'intermédiaire du Directeur nous leur avons demandé si elles étaient d'accord. Les filles ont répondu «oui», et nous ont adressé une liste avec leurs noms. Après discussion nous nous sommes mis d'accord avec les copains pour prendre chacun une compagne pour la soirée. Nous avons pris la liste des filles, toutes des inconnues pour nous, et sans regarder nous avons l'un après l'autre mis le doigt sur la feuille. Là où notre doigt se posait était le nom de celle qui devait nous advenir comme compagne, c'était du hasard pur. Et mon doigt s'est posé sur le nom de celle qui par la suite est devenue ma femme. Je l'ai connue ce samedi-là.» Aucune note sentimentale n'accompagne ou suit ce récit.

Le couple Dutronc

M. et Mme Dutronc ont suivi une thérapie de couple pendant une courte période de deux mois et demi, à raison d'une séance par semaine. L'interruption du traitement a tenu plus à un revirement des conflits jusque là étouffés, qu'à un non-désir d'approfondissement. En fait, une période souvent suggestive pour les couples mûrs, *sans enfants*, a précipité la décision de ce couple déjà très éprouvé par sa mésentente : l'approche de Noël. Leur dernière dispute a concerné l'endroit où ils passeraient les fêtes: chez les Dutronc ou chez la mère de Mme Dutronc qui habite à l'étranger?

La vie conjugale était oppressante pour l'un comme pour l'autre, oppressante au sens le plus fort du terme. Lui ne tolérait pas «les extravagances» de sa femme. «Elle parle trop, me réclame des choses.» Et à lui de présenter une longue liste de griefs d'autant plus surprenants qu'ils datent de plusieurs années. Les quinze ans de mariage auraient été un enfer : «Vous savez, sa mère ne m'a jamais accepté.» Mme Dutronc répond qu'il se trompe : sa mère lui aurait manifesté de la sympathie à plusieurs reprises. «Il ne tolère pas qu'on parle patois toutes les deux»... Puis : «Qu'est-ce qu'on peut exiger d'une vieille dame de 80 ans ?» A son tour, M. Dutronc révèle son désaccord avec le fait que sa femme va se plaindre de lui à sa mère et aux voisins. Il ne tolère pas ses critiques. C'est pour cela qu'il lui a interdit de téléphoner à l'étranger (en son absence il bloque le disque du téléphone avec un cadenas). La liste d'interdictions et de menaces que présente Mme Dutronc est longue et incompréhensiblement acceptée par elle. Très calme et sûr de lui, le mari justifie son comportement : elle l'agresse sans cesse, elle le désapprouve. Et pour que le thérapeute ne pense pas qu'il est injuste, il remarque que chaque acte de sa part a été *la conséquence* d'un excès verbal de sa femme. Elle se plaint alors maladroitement, de son manque de tendresse et du fait qu'il passe beaucoup de jours sans lui parler («alors, j'ai besoin de m'exprimer, de parler à quelqu'un»).

Le mari ajoute aussitôt «ma femme ne sait pas écouter». Mme Dutronc semble avoir en effet une difficulté à comprendre. Par exemple, lorsqu'elle est particulièrement mise en valeur par le thérapeute – ou encore par son mari (ce qui arrive en vérité très rarement), elle prend cela comme un jugement négatif, comme si elle ne pouvait attendre des autres que des griefs et des reproches. Sans le savoir, elle attire le despotisme adroit et on dirait même éclairé de M. Dutronc qui trouve de cette manière un argument bien construit pour justifier son action. Aussi les revendications qu'elle énonce («il ne me donne pas assez d'argent pour la nourriture», «pour m'acheter une robe il faut que je fasse des économies») la mettent indéfectiblement dans une fausse situation. D'ailleurs elle est prisonnière de *l'éthique* qu'elle a acceptée et qui règne sur le couple : une bonne épouse ou un bon époux ne doivent jamais se plaindre et encore moins exprimer le désaccord d'une façon criarde ou répétée. Ce sont les mots qui reviennent dans la bouche du mari (métarègle). L'attitude injuste qu'on veut lui imputer est la réponse au manque de retenue de sa femme, dit-il. Ce qui est curieux, c'est la façon dont elle reste désarmée devant de tels arguments. Mme Dutronc adopte alors trois types de réplique :

1) Elle revient à la charge avec d'autres griefs moins bien articulés, se faisant ainsi ridiculiser «par manque de mémoire ou de compréhension».
2) Elle se montre très symétrique par rapport au désir de son mari. Ce qu'il fait, elle aimerait le faire. Lui, il se permet une sortie ou une dépense alors qu'à elle ces plaisirs sont interdits.
3) Elle commence à soupçonner d'une manière indistincte tous les amis et tous les proches de son époux.

Hormis l'aspect évolutif de la confrontation qui conduit à une telle paralysie, jusqu'à une nouvelle situation désarmante et sadique, la femme devient le dépositaire le plus efficace des préjugés du mari ; ainsi celui-ci finit-il par affirmer : «*Ma femme est une autoritaire. Comme toutes les savoyardes : ce sont des femmes dominatrices.*» A la quatrième séance M. Dutronc relate la rencontre avec son épouse :

«Je travaillais comme stagiaire dans une entreprise depuis peu de temps. C'était loin de chez moi et bientôt (à la fin de la période de formation) j'allais rentrer à la maison... Nous étions deux stagiaires un peu isolés et nostalgiques. Un jour, nous avons décidé d'inviter à dîner deux secrétaires de la maison. L'une des deux est devenue ma femme. Pourquoi elle ? C'est simple, l'autre stagiaire était grand et moi je suis petit. Le copain a pris l'autre secrétaire de 10 cm plus grande que ma femme. On s'est marié peu de temps après sans nous connaître vraiment.»

Le détachement affectif de ce récit est frappant, il coïncide curieusement avec le cas du couple Guillaume. Le combat disqualifiant et dur pour eux-mêmes pendant la thérapie de couple va se déplacer peu à peu sur le *transfert* : dans le fantasme transférentiel des Dutronc, le thérapeute est pris comme *le juge* qui va d'abord décider de ce qui est juste et de ce qui est faux ; il devrait ensuite donner un verdict sur le plaisir réciproquement annihilant. C'est la passion jalouse, côté mari, ou revendicative, côté femme, qui est à condamner. Le transfert ressemble ici à une forme déjà repérée en thérapie familiale : *la recherche d'un arbitrage* ; il porte la marque d'un objet surmoïque impitoyable projeté sur le thérapeute (A. Eiguer, 1981 c, 1982 b)[1].

Vers la sixième séance, le mari confirme comment lui-même et le couple sont soumis à *la fantasmatique d'un jugement suprême* (et là il dit quelque chose qui nous semble fondamental pour comprendre *et* le choix conjugal *et* sa tyrannie). Il ne sait pas pourquoi il a épousé sa femme. Mais elle vient d'une famille qui pendant «l'occupation» a collaboré avec l'ennemi alors que la sienne en a été victime...

Quel gâchis que de vouloir faire justice dans le lit nuptial ! Quel sinistre désir que de vouloir la femme et la condamner ensuite ! En somme, ce mariage est fait d'êtres qui sont «transparents», sans substance. Ils sont en conflit mais ils sont confondus : l'un fondu dans l'autre. Les destins familiaux transpercent

1. Nous avons rencontré parmi ce type de partenaires passionnels et narcissiques, un modèle de jalousie très imbibé d'homosexualité : l'homme est jaloux de la relation amicale de sa femme avec une autre femme (éventuellement un membre de la famille), et la femme l'est à l'égard du lien du mari avec un ami. C'est une jalousie qui s'adresse à l'investissement à but inhibé, donc non érotique et susceptible d'un compagnonnage sublimé.

ainsi leur intimité conjugale, destins familiaux qui en dernière analyse sont étrangers aux partenaires. L'occupation, la collaboration, la répression, la résistance sont présents tous les jours dans la prison qu'ils ont bâtie ensemble.

4. LE SOI CONJUGAL (DEUXIÈME ORGANISATEUR)

Comme pour les inter-relations objectales multiples qui vont donner naissance au monde intérieur groupal (liens libidinaux), le couple va structurer ses liens narcisisques sur une instance organisatrice : le soi conjugal. Défini comme la représentation, partagée par les partenaires, de leur couple dans une continuité temporo-spatiale, le soi conjugal finit par se constituer d'une façon permanente en *zone neutre* du psychisme groupal – et cela bien qu'il soit soutenu par des affects très intenses. Zone neutre, comme ce que J. Bleger (1967) dit du cadre et de la groupalité syncrétique : ils sont «muets» sauf qu'ils «parlent» quand ils sont mis en danger. Ainsi que la figure 2 le signale, le sentiment d'appartenance conjoint, l'habitat intérieur et l'idéal du moi conjugal, sont trois des composantes du *soi conjugal* (A. Eiguer, 1983c) (cf. aussi le tableau 4).

Tableau 4 – *Le deuxième organisateur (le soi-conjoint) et les différents types de couple*

	Couples normaux ou névrotiques	Couples anaclitiques ou dépressifs	Couples narcissiques ou psychotiques
Sentiment d'appartenance	Présent	Présent	Non partagé, sujet à des négociations, instable, confronté à l'inquiétante étrangeté.
Habitat intérieur	Présent	Présent, surinvestissement des objets-choses	Instable : labile devant crises, déménagements
Idéal du moi conjoint	Consolidé	Confusion sur moi-idéal du moi avec l'idéalisation	Confusion avec le moi-idéal narcissique ou avec le surmoi

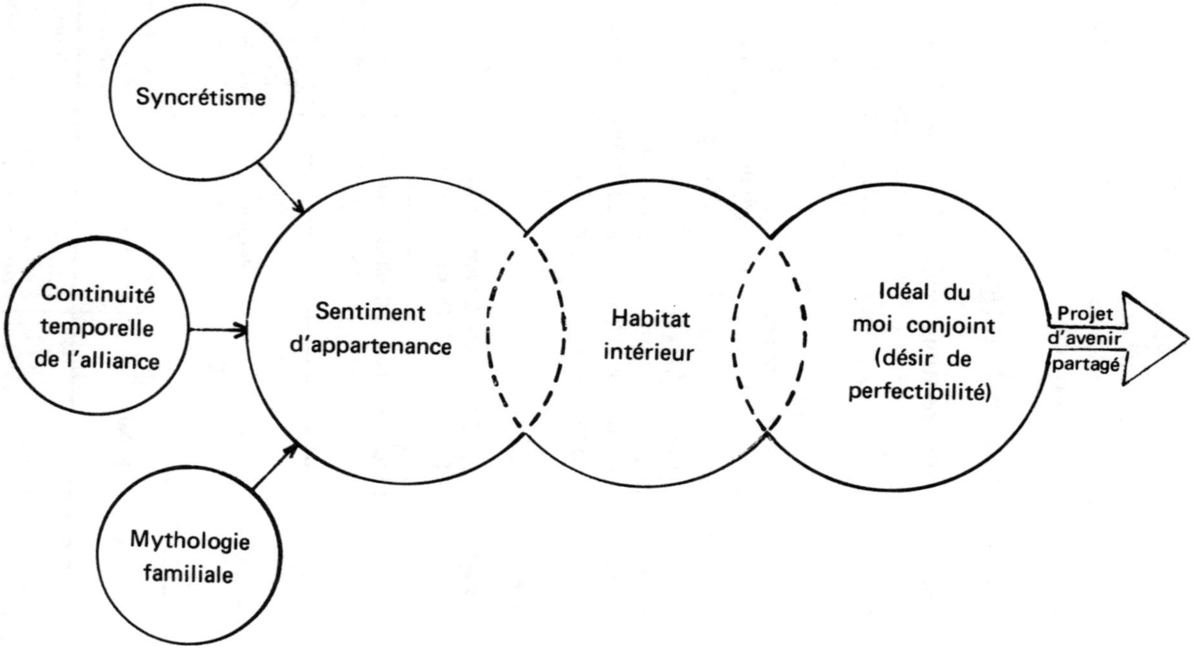

Figure 2 – *Le soi conjoint. Le passé, le présent et l'avenir et ses trois composantes.*

Observation à propos de l'habitat

M. et Mme Dutronc m'ont expliqué que leur maison grande et lumineuse était vide. Les meubles n'avaient pas pu être achetés en quinze années de vie commune. Seules quelques malles contenant leurs vêtements froissés font partie de leur décor intérieur. Mme Dutronc s'empresse de dire que c'est son mari qui a refusé d'acheter des meubles, puis la dispute s'engage au cours de la quatrième séance de thérapie de couple : «Vous voyez comme elle déforme tout : c'est elle qui n'a pas voulu.» Depuis des années ils ne sont pas arrivés à se mettre d'accord sur le style des meubles ; enfin Mme Dutronc, «avec les économies de mon dernier emploi», achète un meuble ancien. Ils constatent que le plaisir d'avoir cette précieuse antiquité n'améliore pas le confort. «Nous manquons de chaises, dit Mme Dutronc, il a voulu les faire lui-même, il ne les a jamais finies» ; même chose pour les autres meubles, «il m'interdit de les acheter, je n'ai pas d'argent propre pour le faire» (maintenant elle ne travaille plus). Le mari proteste : «le plaisir de faire ses propres meubles, elle ne le comprend pas» ; c'est pareil pour l'ordinateur domestique qu'il vient de s'acheter. Elle l'embête toujours, pose des questions... «Tu ne vois pas que je ne sais pas comment ça fonctionne», «Je veux aussi m'amuser avec *ton* ordinateur»... etc. Plus tard, elle révèle qu'elle ne désire plus de meubles, sous prétexte que c'est trop tard. «On ne va pas rester ensemble très longtemps, si l'on achète des meubles il va falloir les revendre tout de suite». Et elle avance aussitôt un deuxième argument : les meubles du séjour profiteraient à son mari et à sa famille d'origine qui serait trop souvent invitée. (La famille de l'époux ne vient pas chez eux simplement parce qu'elle n'a pas où s'asseoir...)

5. L'INTERFANTASMATISATION (TROISIÈME ORGANISATEUR)

L'intérêt pour l'interfantasmatisation groupale et familiale s'est manifesté par les mises au point des analystes inspirés de l'analyse de groupe (D. Anzieu, 1975 ; R. Kaës, 1976). Le concept de «collusion fantasmatique» introduit par H. Dicks (1967) et largement développé par J. Willy (1975) à propos du couple s'inscrit dans la même trajectoire. Aussi les liens libidinaux et les liens narcissiques du couple sont-ils inspirés par cette activité interfantasmatique, laquelle leur donne un sens, une congruité et une consistance.

L'*angoisse du rapprochement* qui se montre à première vue comme une force centrifuge, donc dissociative du couple, suppose en fait un consensus inconscient autour du primat de la *phobie de l'étranger* : l'un et l'autre «déposent» chez l'autre la source de l'angoisse. *Le combat entre les deux narcissismes* peut relever du même mécanisme. Par ailleurs, le syncrétisme des liens narcissiques, de même que les différentes composantes du soi familial, sont le reflet de cette interfantasmatisation. Les références partagées par les conjoints à la lignée, et les mythes qui en découlent, en sont un autre exemple.

L'interfantasmatisation s'est révélée assez importante à l'occasion de la présentation de nos exemples. Le couple Schreïer, chez qui le combat entre les deux mondes est par ailleurs très impressionnant, nous a montré le fantasme partagé «du Paradis perdu» et celui «du mystère-qui-n'a-rien-à-dévoiler». M. et Mme Dutronc vivent au présent un conflit entre oppresseur et opprimé, qui dans l'histoire familiale de chaque partenaire s'est joué d'une façon inversée. (La famille du mari avait souffert de l'oppresseur et la famille de l'épouse avait sympathisé avec cet oppresseur.) Il s'agit d'un conflit provoqué par un *retour du refoulé* des fantasmes collectifs. En synthèse, une même interfantasmatisation fonde la «troïka» du fonctionnement du couple : 1) elle est très active au moment de l'*engagement amoureux,* 2) elle détermine la *structure* typique du couple, et 3) elle origine le *mode conflictuel.*

L'activité fantasmatique de la famille et du couple, lieu de rencontre des fantasmes individuels inconscients de chaque membre, inspire l'activité fantasmatique *consciente*, c'est-à-dire la création d'un espace transitionnel d'échanges, d'humour, de créativité épanouissante, de récits concernant la propre histoire de chacun et celle des ancêtres (tableau 5.).

Le mythe occupe une place spéciale parmi les productions fantasmatiques : croyance partagée qui traverse les époques, il résiste à la critique, est soutenu par des légendes et des fables. Le mythe a habituellement une fonction d'étayage, mais parfois des fonctions pathogènes : il est à la charnière de l'interfantasmatisation et des conflits conjugaux (source de la mésentente), ou encore il a des fonctions défensives (rationalisations).

Le mythe évoqué par le couple Dutronc, «les femmes savoyardes sont autoritaires», représentation sociétale adoptée par le couple, remplit cette dernière fonction du mythe, fantasme conscient, de consolider un état de faits. Le conflit, à l'opposé du mythe, pivote autour de l'autoritarisme du mari et de l'acceptation passive de l'opprimée, la femme. Le conflit est *inverse* au mythe cité, comme cela a été découvert par les ethnologues pour le cas du *rite* dans les «peuples primitifs» (C. Lévi-Strauss, 1958-1967). Chez le couple Dutronc le fantasme inconscient collectif qui détermine le conflit passe par le *combat* entre les occupants et les collaborateurs d'un côté, les occupés et les résistants de l'autre. Ce combat, réminiscence tragique d'une histoire familiale pour chacun des partenaires, a originé le choix des partenaires qui ensuite s'est répété dans le lien sado-masochiste.

De très nombreux mythes adoptés par le couple sont d'inspiration culturelle ; certains expriment le combat entre les deux sexes («les femmes sont faibles» ; «les hommes ne comprennent rien au corps des femmes» ; «on s'est marié trop jeunes et quand on est jeune on ne sait rien de la vie» ; «les travaux de la maison...c'est facile» ; «les manuels, ça sait pas parler») ; d'autres sont des créations propres au couple («on n'aurait pas dû avoir d'enfants... depuis tout va mal» ; «on est si différents» – constat présenté comme raison de la bonne entente, pour un couple, des conflits pour un autre ; «je savais qu'étant d'origine différente, nous allions nous disputer au moment de l'éducation des enfants») ; d'autres enfin, sont des récits familiaux qui ont traversé les générations et prennent un caractère allégorique.

Tableau 5 – *Le troisième organisateur (interfantasmatisation) et les différents types de couple.*

Couples normaux ou névrotiques	Couples anaclitiques ou dépressifs	Couples narcissiques ou psychotiques
Fantasme originaire de séduction, de castration (et bisexualité). Fantasme de scène primitive «créatrice».	Fantasme de perte et de nuisance réciproque. Possessivité anale ou éventuellement orale (dévoration). Fantasme de scène primitive «desséchée» ou «corruptible».	Fantasmes d'interpénétration, d'encerclement, de dévoration, d'anéantissement, d'agrippement, de possession. Fantasme de scène primitive confuse : monstruosité infantile.

IV. LA TECHNIQUE DE LA THÉRAPIE PSYCHANALYTIQUE DE COUPLE (Th. A. C.)

> «Il n'est pas nécessaire d'aller chercher les fantômes très loin. Il suffit de les faire sortir de nous-mêmes.»
> «Personne parmi nous ne demeure dans le corps vu par les autres, mais dans l'esprit qui parle on ne sait d'où. (...) Avec cette divine prérogative des enfants prenant au sérieux leurs jeux, nous répandons le merveilleux qui est en nous sur les objets avec lesquels nous jouons, en nous laissant enchanter.»
>
> L. Pirandello, *les Géants de la Montagne,* 2e acte.

La thérapie de couple doit se distinguer de la consultation conjugale, de la thérapie courte du couple, du conseil conjugal ou d'autres formes d'entretien clinique de conjoints (R. Marti, 1980 ; G. Rucquoy, 1976). Son trait distinctif fondamental est l'élargissement du champ transitionnel conjugal bâti au fur et à mesure des séances par le processus et à partir du cadre très particulier énoncé au début de la thérapie. Ce champ se caractérise par une densité dans les émotions et dans les fantasmes, et par un travail sur le transfert et par la perlaboration (élaboration de l'élaboration).

1. LES OBJECTIFS DE LA THÉRAPIE

Nous allons présenter de façon résumée quelques objectifs de la Th. A. C. (définis souvent après coup) :

1) *Essayer de diminuer la part du narcissisme au service du sadisme et de l'empiètement* chez chaque partenaire en conflit, pour laisser s'instaurer un nouvel équilibre entre les liens narcissiques et les liens libidinaux. En d'autres termes, la thérapie vise à réduire les identifications projectives utilisées par l'un et par l'autre, souvent simultanément, en transformant projection en introjection : acting manipulatoire en pensée, et non-dit et escamotage en parole («définition de la relation»).

2) Bien que la suppression des *conflits* soit utopique (à la limite cette «suppression» étoufferait toute vie de relation), le processus thérapique cherche à atténuer la souffrance,

l'épuisement, le désespoir des conjoints, liés au conflit comme tout un aspect déstructurant de l'intégrité personnelle, conséquence fâcheuse de *toute confrontation*. Parallèlement, le conflit du couple peut évoluer vers des formes plus génitalisées : rivalité, jalousie, etc.

3) Tout cela implique que *le travail de prise de conscience* sur les *«organisateurs inconscients»* est primordial. Tôt ou tard le choix d'objet, la découverte des objets fondateurs du couple, l'organisation «soïque», l'histoire du lien, seront abordés par le couple.

4) La cure présente un *déploiement transférentiel* qui devient peu à peu le centre de l'analyse groupale.

5) Un autre but de la Th. A. C. est *l'analyse des mythes et des légendes familiales et conjugales.*

La prise de conscience sur son propre sadisme, et toute découverte sur l'histoire partagée du couple, retentira sur le psychisme individuel lequel sortira éventuellement plus contourné, mieux défini. La Th. A. C. ne renforce pas la fusion conjugale, elle restitue à chacun ce qui lui revient : tant de choses «déposées» dans l'autre sous forme d'attentes, d'espoirs infantiles, de missions, d'inductions permanentes de comportements et de sentiments, «retourneront» par l'action thérapique vers le personnage qui agit, le délégateur. Ainsi l'autre ne sera-t-il plus un outil fétichisé ou un symptôme visible de la pathologie de chaque partenaire mais simplement un objet d'amour.

1.1. «Les trois prétextes»

Afin de résumer les objectifs de la Th. A. C. en les articulant aux moyens techniques, nous parlerons, à la manière d'une introduction, des «trois prétextes du travail thérapeutique».

– Quand on croit s'occuper de l'*interaction*, en fait ce n'est pas de cela qu'on s'occupe mais des souvenirs, du moins implicitement.

– Quand on croit s'occuper des *souvenirs*, en fait on s'occupe du transfert sur le(s) thérapeute(s).

– Quand on croit s'occuper du *transfert*, en fait c'est du couple même que l'on s'occupe – de ses objets internes organisateurs. («On», le thérapeute et le couple.)

Pourtant il ne faut pas penser qu'il est vain de s'occuper de l'interaction, des souvenirs ou du transfert ; au contraire, dans chaque séance, chaque séquence mérite notre plus grande attention, pour permettre précisément la transformation et donner corps au processus. Tel est le cas de l'illustration suivante.

1.2. Une séance

Il s'agit de la neuvième séance d'une thérapie familiale. Pour la première fois les deux garçons et la fille (anorexie mentale) sont absents ; le couple de thérapeutes, nous l'appelerons M. le thérapeute et Mme le thérapeute[1]. La présentation inquiétante des parents nous a poussé à passer outre à la règle énoncée au début de la thérapie sur l'exigence d'une présence bigénérationnelle de participants. Le résultat s'est avéré positif.

M. et Mme Rampal expliquent (c'est la première occasion) qu'ils ne font plus l'amour depuis quatre ans. Par manque d'intérêt. Ne se plaisent-ils plus l'un à l'autre, se demandent-ils tour à tour ? En tout cas, M. Rampal dit n'avoir plus l'envie d'aller vers sa femme, qu'il soupçonne d'indifférence envers lui et *il attend*. Il attend infructueusement qu'elle fasse le premier pas. Mais pour décourager toute explication, il ajoute qu'il en a été ainsi depuis le début de la relation. Mme Rampal se défend aussitôt pour dire que «normalement» la femme *doit* rester à attendre l'initiative du mari. Celui-ci ne tarde pas à expliquer que ce n'est pas ce qu'il souhaite et que sa femme le sait très bien. Il argumente que s'il prenait l'initiative, il ne saurait jamais si elle a *vraiment* un désir. Cela déclenche un accès de colère chez son épouse qui répète des propos déjà avancés mais non moins percutants : «Il ne m'aime pas. Il n'aurait jamais dû se marier. Il est comme sa sœur (décrite habituellement comme une célibataire endurcie, sèche, sans charmes et menant une vie monotone).» Mme Rampal pleure encore devant M. Rampal qui reste silencieux, accablé. Elle évoque ensuite (avec un air de reproche) le père de M. Rampal que celui-ci voit une heure tous les jours. Tout en affirmant n'être pas jalouse, elle parle de la mère de son mari en termes très positifs[2].

1. Nous devons remercier Mme Martine Aubert de son application dans la transcription des notes de cette séance.
2. Le fantasme collectif qui domine ce début de séance est celui de scène primitive... Les enfants ont-ils pressenti que les parents voulaient parler de leur sexualité ? Est-ce pour cela qu'ils ne sont pas venus (pour ne pas voir) ?

Mme R. : Tu as été vraiment très malheureux quand elle est morte. Si je mourrais tu ne serais pas aussi malheureux. D'ailleurs, si je meurs, je ne veux personne sur ma tombe. Il faut aimer les gens quand ils sont vivants et non pas quand ils sont morts. (...) J'aurais voulu te modeler à ma façon, que tu sois comme je le voulais, un esclave. (...) J'aurais voulu que tu sois un *homme*.

M. R. : Un homme, un esclave ?

Mme R. : Oui.

M. R. : C'est sans doute pour ça que je n'ai jamais voulu passer mon permis de conduire.

Mme R. : Oui, tu n'as pas passé ton permis de conduire ; quelle honte pour moi, pour mon amour propre. Ce n'est pas être un homme que d'accepter d'être assis à côté de moi pendant que je conduis.

Mme le th. demande à *M.R.* de préciser ce qu'il voulait dire à propos de son refus de passer le permis de conduire.

M. R. précise qu'il s'y est refusé parce que sa femme le lui commandait, voulait le forcer à apprendre à conduire.

Mme R. nous étonne aussitôt : «Je ne pouvais t'aimer que lorsque je t'avais mis plus bas que tout. J'aurais voulu te piétiner souvent si j'avais pu. Lorsque j'avais été très méchante, que je t'avais fait pleurer alors seulement je pouvais t'aimer et être gentille. La première année de notre mariage a été un enfer, presque invivable (...). Tout cela parce que tu ne m'aimais pas comme je le voulais.»

Mme le th. : Qu'est-ce que vous auriez attendu de votre mari ?

Mme R. (avec un regard de petite fille coquette) : Qu'il me dise que je n'étais pas trop vilaine. J'ai toujours eu besoin d'être rassurée sur mon physique.

M. R. : Cela me semblait évident puisque je l'avais choisie. C'est qu'elle me plaisait comme elle était. (Tout le monde rit.)

Mme R. évoque ensuite l'amour de son père (déjà décédé) pour elle et l'alternance d'amour, de haine et d'adoration. «Un jour il buvait et il pouvait me battre, le lendemain il ne buvait pas et tout le monde était heureux. Quand il fumait à midi, je savais que le soir il aurait bu. [Ainsi] je ne pensais qu'à lui, (...) je ne vivais que par mon père. Un jour qu'il avait bu, je l'ai giflé (...)» Elle parle alors très émue de sa mère, regrettant de la sentir lointaine (silence). Elle évoque à ce moment-là le frère de son père, venu soutenir la mère et *de qui elle est tombée éperdument amoureuse* : «Je lui en ai voulu, à ma mère. En fait, mon petit frère, c'est le fils du frère de mon père. C'est avec lui que maman l'a fait. Je la comprends maintenant : la vie qu'elle avait avec mon père (!). Elle a dû souffrir. Je ne lui en veux plus.»

Suit un récit du drame qui pour les uns et les autres et surtout pour le petit garçon a signifié la liaison quasi-incestueuse de la mère de Mme Rampal, d'autant plus que son petit frère «ignorait» la véritable identité de son géniteur. Mme R. évoque l'hostilité que cette liaison a déclenché entre sa propre famille et celle de l'oncle, marié et père de deux enfants : secrets à demi-voix, intrigues et de fréquents reproches en ont été les effets.

A l'occasion de la mort de l'oncle (qui est resté longtemps l'amant de sa mère), la cousine voulant rétablir la vérité, lui a écrit une lettre «très gentille et conciliante (en fait, j'étais au courant de la chose) ; puis le jour de l'enterrement cette même cousine est venue chercher mon petit frère qui était de notre côté pour qu'il soit avec l'autre partie de la famille (c'était une façon de le reconnaître comme le fils de mon oncle).»

M. le th. s'adresse alors à M. R. en lui demandant quels furent ses sentiments à «la *découverte*» de la famille de sa femme[1].

M. R. balbutie une réponse et finit par dire «j'ai assimilé». Puis il avoue qu'effectivement il n'imaginait pas que «tout cela pouvait exister». Tentative de distanciation et de maîtrise : «J'ai travaillé dans un service social et je me suis aperçu qu'il y avait des situations bien plus compliquées encore et je me suis dit que c'était la vie...» Enfin il reconnaît qu'au début il avait été impressionné. Ensuite que ce type de problème a éveillé en lui une certaine curiosité.

Mme R. : Je suis très compliquée pour toi. Je n'ai connu que des extrêmes: l'amour, la tendresse, le drame, la souffrance, dans ta famille c'était le calme.

M. le th. : En fait, vous dites des choses semblables tous les deux. Monsieur préfère le calme et Madame vient de nous montrer les dangers de la sexualité, le risque qu'il y a à satisfaire ses envies comme cela a pu se passer avec la mère (à Mme R.). Vous Madame, vous avez voulu peut-être nous montrer le drame de l'infidélité, de la naissance d'un enfant hors du mariage, du reproche des uns contre les autres. Mais autant *vous*, Mme R., que *vous* M. R., semblez *vous associer* pour condamner en quelque sorte la vie sexuelle des autres, des majeurs, des parents[2].

Mme R. réagit d'une manière ambiguë comme si elle retirait «les pions du jeu». «Ce que je veux dire c'est que chez moi ce n'était pas calme.» Ultérieurement seront évoqués les problèmes du couple, leurs différences d'origine qui ne semblent pas si nettes. Mme Rampal dit aussi avoir aimé

1. Cette intervention a trois objectifs : 1) solliciter la participation de M. R. qui est trop exclu, 2) vérifier l'hypothèse concernant son déplaisir, voire son dégoût, devant cette histoire d'inceste, touchant sa femme, 3) viser à étudier ses propres fidélité et rapprochement incestueux.
2. Nous pensons également à leur propre abstinence sexuelle.

son mari : «Même si j'en avais eu l'occasion, je n'aurais pas voulu faire ma vie avec un autre.»
M.R. : C'est réciproque. Je n'aurais jamais pu imaginer de vivre autrement.
Mme R. : Qu'est-ce que j'étais en train de raconter là (regardant les thérapeutes en souriant d'un air confus) ; je n'aurais jamais dit tout cela si les enfants étaient là...

Le fantôme de l'oncle hante le couple. Le double secret de filiation et d'inceste soutient le désintéressement sexuel, mais aussi l'illusion d'un amour absolu et inatteignable. Deux séances plus tard, les membres de ce groupe familial avaient l'impression, presque la certitude, que l'équipe de cothérapeutes était composée de personnes à morale sexuelle *douteuse... dissolue.*

2. INDICATIONS ET CONTRE-INDICATIONS

A lui seul, le recensement des indications et des contre-indications mériterait une longue étude, d'autant que la simple énumération des indications ne suffit pas à exposer toutes les raisons dans la sélection des indications de thérapie. Les modalités techniques sont aussi très variées d'après l'*urgence* de la situation à envisager ou d'après la coexistence d'*une analyse* chez l'un ou chez les deux membres du couple. Nous pourrons donc envisager, d'après le type ou l'urgence de la demande, soit un *processus court*, limité dans ses ambitions, soit un *processus long*, sans limite de terminaison.

2.1. Indications d'une thérapie brève

Alors qu'une thérapie longue est déconseillée, les indications d'une thérapie brève se posent pour les cas suivants (J. Lemaire (1971) les nomme contre-indications relatives de la Th. A.C.) :

1) *Imminence de dissolution du couple.* Un certain nombre de cas se présente à la consultation en recherchant d'une façon plus ou moins manifeste une solution de dernière heure avant le divorce. Certains ont même commencé la démarche légale (*sic*). Dans ce cas, il est préférable d'envisager un travail court (entretiens conjoints ou thérapie de couple de courte durée). Ces couples risquent en effet d'utiliser le cadre thérapique pour prolonger la relation : ce que nous leur offrons avec la Th. A. C. représente en soi un renforcement du mariage et ce

même avec une technique très épurée, évitant par exemple toute induction d'un avis en un sens ou un autre. A certaines reprises il nous est arrivé d'expliciter notre point de vue, cependant nous pensons que le problème de l'induction reste entier[1].

2) *Thérapie ou psychanalyse d'un des partenaires.* Ici nous préférons écarter la thérapie de couple longue pour éviter l'apparition d'un transfert parallèle qui jouerait un rôle négatif par rapport au transfert analytique ou qui annulerait toute valeur au travail de couple. Cette réserve ne s'applique pas si le conflit de couple complique l'analyse, compromettant sa poursuite.

3) *Impossibilité de maintenir un contrat de durée indéterminé*, pour des raisons de départ du couple ou de travail. Et cela même si nous nous apercevons assez vite dans les entretiens préliminaires de la résistance liée à ces démarches (figure 3).

4) «*Crise aiguë*». La thérapie brève s'adapte mieux à l'urgence que la Th. A. C. Par exemple, crise survenue après «la découverte» d'une liaison extra-conjugale ; nombre de crises aiguës éclatent après la «révélation» d'un secret : escroquerie de l'homme, identité cachée chez l'un des deux (adoption par exemple).

2.2. Indications de la Th. A. C.

1) *Couples à conflits relationnels et de communication* (cas Dutronc, Lucas, Schreïer). Les conflits devront être admis par les partenaires. Dans ce cas l'abondance des non-dits, les malentendus, les difficultés expressives touchent de plus en plus d'autres secteurs de la vie conjointe, au point de confronter le couple à une mé-connaissance réciproque. Jean-G. Lemaire (1971, p. 168) signale que la reconnaissance de la réciprocité des interactions conflictuelles n'est pas une exigence absolue pour une indication de thérapie de couple. Ces couples-là sont certainement les mieux adaptés au traitement, mais le couple

1. Quelques-unes de nos *formulations* méritent d'être citées ici. Nous pouvons dire au couple que notre fonction n'est pas de conseiller sur la décision de divorce, en ajoutant, par exemple, qu'un des buts de la thérapie est de permettre de parler sur leur passé commun, chose qui les laissera ensuite décider eux-mêmes du divorce éventuel. Cette formule s'adresse aux couples qui veulent jeter un trait sur leur union pour renforcer leur détermination dans la démarche du divorce qui, au fond, est assez dubitative.

présentant un certain degré de résistance à la prise de conscience lui semble pouvoir bénéficier d'une Th. A. C. à condition tout de même que dans l'entretien préliminaire la résistance cède en partie et qu'un principe de demande s'installe.

2) *Troubles sexuels et mésentente sexuelle en général* (même si le trouble ne se manifeste que chez l'un des deux partenaires).

3) *Thérapie des parents lorsque la thérapie familiale n'est pas réalisable*, par empêchement de l'enfant (souvent un enfant-problème réticent).

4) *Difficultés psychopathologiques d'un membre du couple*, associées à une mésentente conjugale. La Th. A. C. peut être particulièrement utile lorsqu'une thérapie individuelle suscite des sentiments hostiles de la part de l'autre partenaire ou lorsque une thérapie individuelle ne progresse pas. La conscience sur l'existence de conflits de couple est cependant indispensable pour que l'indication de Th. A. C. soit posée. Nous pouvons trouver d'autres exemples :

a) Le cas du patient d'abord difficile, paranoïaque, caractéropathe, alcoolique, qui évite le traitement. Traiter «aussi son partenaire» est parfois mieux accepté par lui, car cela lui permet de «confirmer» (tout au moins pendant le temps de la mise en route de la thérapie) son idée (projective) sur la responsabilité de l'autre dans la mésentente conjugale et nier ainsi ses propres insuffisances.

b) Le cas du patient qui au contraire assimile la position de *faible*, de *victime habituellement culpabilisée*, mais possédant au fond un art de la maîtrise de la relation (*dépressif*). Il peut s'arranger pour que toute la vie conjointe tourne autour de sa souffrance et ainsi exercer un pouvoir sur les décisions.

c) Le cas du patient qui *absorbe masochiquement les crises relationnelles* ou autres sous la forme de symptôme de façon à atténuer ces crises.

d) Le cas du couple dont un des partenaires souffre d'une psychose *maniaco-dépressive*. Le conjoint dit sain peut alors être associé au processus de traitement du dit malade, car l'équilibre du couple dépend à la fois de la maladie de l'un, de sa guérison, de sa non-maladie et de sa non-guérison. En effet, le lien se construit fréquemment sur la sécurité et la stabilité du membre dit sain, qui reste le seul à supporter les accès du conjoint. De là, la difficulté à accepter par l'un et l'autre des conjoints l'évolution favorable de la maladie cyclique (actuellement mieux traitée médicalement que par le passé). Le membre sain perdant sa fonction d'étayage et la satisfaction narcissique qu'elle comporte. En outre lorsque la maladie évolue par des accès maniaques, la tonicité et l'hyperactivité hypomaniaque intercritique ou même l'excitation de l'accès sont vécues étonnamment comme un signe de puissance, comme «la vie» même, un «remède contre l'ennui, contre la dépression», qui peut éprouver d'ailleurs le membre sain. Tout cela montre la complexité du problème, la *complicité réciproque* dans le maintien de la maladie et les bénéfices personnels et relationnels qu'elle implique. Cela explique également qu'après l'amélioration du patient l'équilibre précaire que la maladie comportait étant rompu, le couple tombe dans une période de mésentente.

e) Le cas du couple *sado-masochiste clinique ou d'autres perversions patentes* (M. Colin, 1980). Les cliniciens du couple négligent généralement l'importance de la perversion patente. La perversité dans les comportements et la «perversion» inconsciente sont en revanche prises habituellement en considération (A. Eiguer, 1980 c, 1982 g). N'oublions pas que les phénomènes passionnels et de perversité peuplent littéralement les séances de Th. A. C.

f) Les cas dont les conflits aboutissent au *désir de divorce* constituent une demande fréquente. A part la situation, citée plus haut, du couple ayant déjà entamé une procédure et pour lequel, vu l'imminence de la dissolution du lien, il est déconseillé de commencer une cure, les autres cas (où le divorce est seulement évoqué) peuvent être traités. Le problème technique le plus délicat demeure celui des conjoints qui attendent – cela plus ou moins dit explicitement – que la thérapie évite le divorce : «Vous êtes notre seul salut (le salut du mariage) avant le divorce». Mais la liste des indications (ou plus proprement dite des demandes ne s'arrête pas là (figure 3). Il est aussi certain

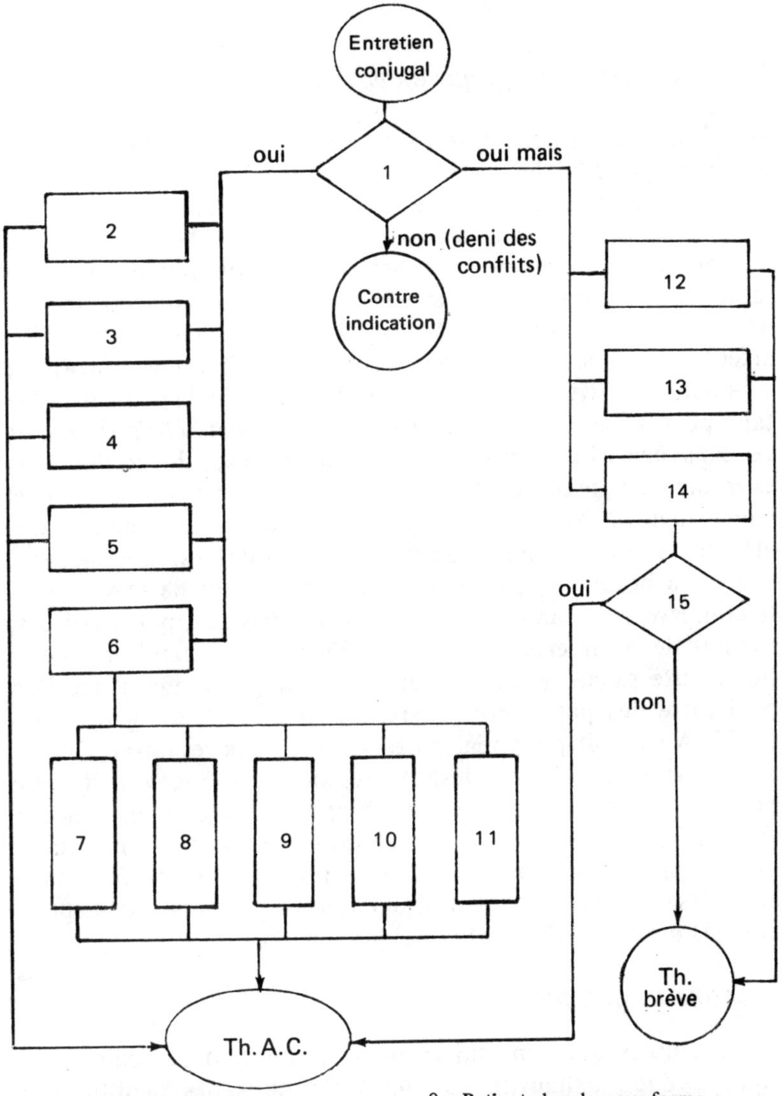

1. Conflits reconnus ? Y a-t-il demande ?
2. Troubles communication
3. Mésentente sexuelle
4. Menace dissolution du lien
5. Pathologie d'un enfant qui refuse de participer à Th. fam.
6. Pathologie d'un conjoint (ou des deux)
7. Patient d'abord difficile
8. Patient absorbe sous forme de symptôme la fantasmatique collective
9. Pathologie limite dépressive
10. Pathologie psychotique
11. Couple pervers clinique
12. «Crise aiguë»
13. Divorce imminent
14. Partenaire en cure analytique
15. Thérapie individuelle compromise par les conflits du couple ?

Figure 3 – *Indications et contre-indications de la thérapie psychanalytique de couple. (Th. A.C.)*

que l'objet de la démarche ou la demande mérite un travail de précision pendant le (ou les) entretien(s) préliminaire(s). Nous pensons qu'une des tâches de ces entretiens est de les préciser. Si habituellement, dans un entretien individuel préliminaire à une analyse, la demande inconsciente est couramment insaisissable, elle l'est encore plus en Th.A.C. A la demande consciente de chaque conjoint il faut ajouter celles inconscientes ; et les attentes et projets secrets de chacun sur la thérapie concernant soi-même, l'autre et le couple (J. Lemaire, 1971). Il est pourtant possible de cerner *un carrefour de projets et de désirs*, et ce sans agir d'une manière immodérée avec le couple : par exemple, en présentant nos impressions sur les demandes concordantes. Nous savons du reste que le dévoilement des attentes n'est pas nécessaire et même qu'il est angoissant ; chacun a besoin de garder en secret un aspect de sa stratégie. Il conserve ainsi une impression de maîtrise et, pourquoi pas, un souffle de liberté personnelle. En vérité, il faudrait que le thérapeute sache se laisser «utiliser» : il est fréquent que l'un ou l'autre des partenaires cherche à tirer parti de sa situation en Th.A.C., soit pour régler des «vieilles affaires» avec l'autre, soit pour le culpabiliser devant «témoin» ou «juge», soit enfin pour le posséder (voire l'assujettir) davantage. Peu importe, l'instabilité naturelle de toute relation sentimentale, l'insécurité qu'on éprouve sur la qualité de sa propre capacité à se faire aimer (sa castration), font des conjoints des êtres désespérés et prêts à utiliser n'importe quel moyen.

3. CADRE ET INTERPRÉTATION

Les exemples qui vont suivre ne se présentent pas comme un compte-rendu exhaustif de tous les propos des membres du couple en thérapie et leurs interprétations. Ils visent surtout à illustrer de façon pédagogique notre conception de l'interprétation.

3.1. Exemples d'interprétations

a) Revenons au *couple Schreïer*. Dix mois après le début de la thérapie la cuirasse narcissique a en partie cédé. Dans une séance, Mme Anna reproche à M. Alexandre d'être «trop positif en tout» : pour lui tout va toujours bien à la maison. Il n'est jamais inquiet ou préoccupé, même si «le plafond lui tombe dessus». Alexandre réplique une première fois en disant qu'elle est toujours mécontente et se demande ce qu'il faut faire pour qu'elle soit heureuse. Mais aussi il avoue son impuissance et, n'ayant rien pu faire pour elle, il dit qu'il a dû laisser tomber les bras (reproche implicite au thérapeute ?).

Anna : Comment veux-tu me voir heureuse si je n'ai pas de mari, tu pars le matin, tu m'embrasses au front, et à ton retour le soir tu m'embrasses à peine, et c'est tout. On n'est pas un couple ; tu es un étranger pour moi.

Sans perdre son air impassible, *Alexandre* va raconter posément «l'histoire du capitaine anglais». Cette histoire se passe pendant la guerre, dans un camp japonais de prisonniers, à régime assez sévère. Ayant été condamnés, lui et ses camarades, isolés et éloignés de leurs troupes, le capitaine anglais se savait sans salut ; ils seraient irrémédiablement fusillés quoiqu'il arrive. Cependant, le capitaine anglais n'oubliait jamais de plier son pantalon avant d'aller s'endormir. Il s'agissait de «culottes courtes, je crois», explique Alexandre. Il n'avait pas perdu son habitude. Tous les soirs il le faisait, «les autres se disant qu'il était devenu fou, c'était perdu de toutes les façons». Alexandre se compare ensuite à ce capitaine anglais. Quand il semble toujours «positif», comme le dit Anna, c'est qu'il voit le malheur mais il n'a pas envie de changer d'habitude «parce qu'on ne sait jamais ce qui va arriver» et ce qui pourra changer le cours des choses. (Nous pouvons signaler les relations entre le capitaine anglais, Alexandre, et l'ancêtre anglais d'Anna, qui fait une rentrée symbolique à cette séance ; *imago*.)

Plus tard, dans la séance, *Anna* se plaint encore une fois : ce n'est pas comme cela qu'elle a imaginé, jeune fille, vivre en couple. Elle est toujours seule, sans compagnon de sorties ou de visites. En plus Alexandre n'aime pas recevoir.

Je fais alors une remarque. Alexandre s'est fixé un objectif ambitieux : rendre totalement heureuse sa femme ; puis vu ses attentes, il se sent déçu et constate une espèce d'impuissance totale. J'ajoute que la situation est assez semblable pour Anna : elle a voulu un mariage avec un être très disponible, sous peine de se sentir très frustrée. (Jusqu'ici se déroule *le préambule* de l'interprétation avec un commentaire croisé, à chaque partenaire, et qui introduit *l'interprétation collèctive* qui suit.) L'un et l'autre se sont fixés des objectifs différents mais très semblables au fond et difficiles à atteindre. «Vous, vous êtes *très* exigeants par rapport à l'autre et aussi par rapport à vous-mêmes.» Dans la suite de la séance ils acceptent l'interprétation et nous revenons (eux et moi) à plusieurs reprises sur l'idée «d'être exigeant» avec l'autre et avec soi-même.

b) A la quinzième séance, la première après les grandes vacances, *le couple Lucas* (venu pour mésentente sexuelle) dit qu'il a par plusieurs signes constaté que la famille Lucas ne sait pas m'amuser, chose qui (rappelle

Mme Lucas) avait été précisée à la dernière séance. Ce qui revient à dire plus ou moins ouvertement qu'ils ont passé les vacances à s'ennuyer ensemble. Quelques instants plus tard, le dialogue s'agite autour des jeux de salon (style jeux électroniques ou scrabble). Mme L. reproche à son mari et aussi à son jeune fils, de vouloir toujours gagner, de profiter de ses insuffisances (à elle) et d'afficher dès que l'occasion leur est offerte une attitude de triomphe accablante (à son encontre). «Mais non, mais non, répond M. Lucas, c'est la règle du jeu.» Sans se prendre très au sérieux, Mme L. conclut après brève démonstration : «Toi et Georges, vous êtes des mysogynes.» Cela suscite chez le mari des réactions vives mais drôles par leur côté cliché sur «les défauts des femmes». «Quand tu vois une femme faisant une erreur en voiture : elle oublie d'allumer le clignotant avant de tourner, réplique Mme L., tu dis : «Je savais que c'était une femme, il n'y a que des femmes pour conduire si mal.» Mais si c'est un homme, tu ne diras jamais que c'est parce que c'est un homme qu'il ne sait pas conduire.»

Monsieur Lucas est mal placé dans la discussion ultérieure ; son épouse arrivant à lui montrer que les femmes n'ont pas peur d'assumer des professions traditionnellement réservées aux hommes, alors que les hommes sont plus sur la réserve. «Tu apprendrais à broder, toi ?» ajoute-t-elle.

La discussion animée se centre ensuite sur la relation avec cet enfant et l'un reproche à l'autre de ne pas s'en occuper suffisamment. A un certain moment *la femme*, exaspérée, dit : «Écoute, tu me reproches que je ne me suis pas bien occupée de lui pendant l'été, parce que, tout simplement, tu n'as pas eu *un père* qui sût s'occuper de toi.» M. L. proteste : «C'est mécanique, tu arrives à la conclusion que c'est les parents et c'est fini. Le problème est fermé.»

Mme L. (me regardant pour la première fois) : Mais non, mais non, il faut chercher en nous. D'ailleurs, je l'ai lu dans un livre pendant l'été ; c'est un livre de psychologie.

M. L. : Des recettes toutes faites.

Mme L. (amusée) : Mais je ne suis pas si intelligente que toi Georges. Alors je cherche dans les livres (auto-définition paradoxale.)

M. L. : Mais voyons, à la fin des vacances tu t'es reproché toi-même de ne pas t'être occupée de lui. Ce n'est pas une idée à moi.

Mme L. (confuse) : C'est vrai, c'est vrai.

Le thérapeute rattache à ce moment le livre de psychologie à ce qu'ils sont en train de faire ensemble. Puis il ajoute qu'ils peuvent bien vouloir lui adresser un tel reproche : c'est qu'en interrompant les séances, «il ne s'est pas en fait occupé d'eux». Se seraient-ils sentis quelque peu abandonnés pendant les vacances ? (Vu la réponse du couple je ne crus pas nécessaire d'ajouter qu'ils pensaient que lui, le thérapeute, il se serait «bien amusé» ; fantasme de scène primitive transférentielle.)

M. L. (avec un ton ironique) : Nous ne pouvons pas *vous* faire de reproche parce que vous nous avez demandé de parler ici entre nous sans nous adresser à vous. (Tout le monde rit parce que nous comprenons que je n'aurais pas été aussi impératif que M. Lucas semble le dire, interdisant au couple de parler ou de penser à moi.)

c) Lors de l'une des toutes premières séances de la Th.A.C., *M. Matteoti* exprime son désarroi devant l'idée d'échec de leur union : «Je me suis attaché à elle et j'ai voulu que notre relation soit l'exemple même de mon adaptation. L'échec de cette relation serait l'échec de moi-même et, en quelque sorte, celui de ma famille ; famille ouvrière, vivant dans la misère et dans le rejet du milieu.»

Mme Matteoti (se fâche... tendrement) : Il pense que ma famille, puisque «bourgeoise et distinguée», a toutes qualités en elle. Je ne sais pas si elle les a, ces qualités. Elle a beaucoup de défauts, mais je peux à peine lui en parler, tellement il a besoin de voir ma famille comme un idéal. Il y a la culture, oui, le savoir sur beaucoup de choses, il y a le langage, mais aussi il y a leur difficulté à être heureux, à s'aimer d'une façon simple. Puis ma famille vit ses secrets, ses idées par moments pleines de préjugés. Moi, je suis tellement... obligée de penser que c'est bien comme ça, que ma famille est sublime, que je suis parfois désorientée sur leurs qualités et leurs défauts.

Ils parlent encore de l'enfant et de son éducation, qui traduit ce conflit : M. Matteoti le lui laisse parce qu'il pense qu'elle va «lui donner une éducation exemplaire». Il ménage cette relation mère-enfant au point de préférer ne pas la perturber. Mme Matteoti, en revanche, veut se sentir également femme et – proteste-t-elle – pas seulement mère.

Thérapeute : Dans les faits, comment cela se passe-t-il ?

Mme Matteoti : Cette dispute se produit généralement dans nos conversations mais on ne traite pas d'autre chose. Il veut que l'enfant reçoive une culture, et lorsqu'il entend parler des grands parents paternels, mon mari essaie de les mettre en opposition avec les grands parents maternels, toujours meilleurs. Dans la tête du gosse ça ne se passe vraiment pas comme ça.

Le thérapeute dit en premier lieu que lui est totalement désorienté sur la façon d'éduquer cet enfant. Il met ensuite en valeur chez Mme M. sa gêne de se sentir guidée, «poussée» par le désir de son mari, qui veut à tout prix qu'elle assume l'éducation du garçon et dans des termes bien précis. Il ajoute que Mme M. semble se sentir agacée par le fait que son époux ait *des désirs, des fantasmes bien à lui.* Une dizaine de minutes plus tard *le thérapeute* s'adresse au mari pour lui donner son impression sur la *ténacité* qu'il met «à faire un cadeau» à sa femme. En lui disant combien il (le mari) apprécie et son origine et sa culture, il lui fait une fleur : a-t-elle le droit de refuser ?

La réponse à cette intervention sur l'ambivance réciproque refoulée s'exprime plus dans des gestes, dans une certaine retenue, même dans la tristesse qui ne va pas durer longtemps. (En fin de séance, *Mme et M.*

Matteoti font le récit de leur rencontre, intéressante et éclairante à certains points de vue.)

Le conflit a été difficile à saisir : il ne s'est pas exprimé par des propos hostiles mais par un excès de générosité (formation réactionnelle). La première partie de l'interprétation essayait de dégager une invitation probable à faire participer le thérapeute au débat sur la meilleure formule pour l'éducation de l'enfant. Nous l'avons en partie formulée, croyons-nous, pour mieux préciser nos idées sur la situation, et pour focaliser le matériel sur le conflit.

3.2. Le contexte définit la parole du thérapeute

La Th. A. C. est précédée couramment par *une série d'entretiens préliminaires.* Ces entretiens n'ont pas officiellement un caractère thérapeutique mais ils constituent une bonne introduction à l'encadrement relationnel, qui va se consolider ensuite dans la Th. A. C. proprement dite. Puisque ces entretiens ne sont pas définis comme étant thérapeutiques, la consultation accorde souvent beaucoup de dynamisme à l'échange, précisément parce que le couple ne se sent pas encore engagé. Les entretiens préliminaires laissent donc une liberté de choix, en principe, quant à la décision de thérapie. Dans certaines circonstances cette liberté satisfait le partenaire pressé d'engager l'autre à faire assez vite une thérapie, ce dernier restant sur la défensive, se disant poussé, voire traîné. Ils peuvent tous deux se sentir compris : «Il est probable – peut dire le thérapeute – que nous ferons une thérapie, mais nous ne sommes pas encore sûr.» En conséquence les entretiens préliminaires peuvent déjà créer une situation ou un champ intermédiaire entre les deux partenaires, les désirs de maîtrise et les réticences allant éventuellement en s'atténuant. En outre, ils ont pour but d'*explorer le champ de la vie conjointe*, de *sensibiliser à la demande*, de *fixer les objectifs de la thérapie* et de *préciser le contrat et le cadre.*

Dans la théorie de la technique, toute intervention du thérapeute est réduite habituellement à un seul modèle : l'intervention psychothérapique. On oublie ainsi que les interventions sont qualitativement très différentes, selon chaque situation, *selon le contexte dans lequel se situe la parole du thérapeute*. Il est bien différent, par exemple, d'«interpréter» lors de la thérapie proprement dite, et de parler au cours de l'entretien préliminaire, c'est-à-dire, *avant de savoir si l'on fera une thérapie*. De plus, les interventions à l'occasion de ces deux situations contextuelles se distinguent des deux énoncés majeurs que sont *l'établissement du contrat* à la fin de la période d'entretiens préliminaires, et *l'énonciation de la règle fondamentale*.

a) Pendant *l'entretien préliminaire* le thérapeute se permet certaines libertés, il pose des questions ; il évite de s'attaquer au sens profond des fantasmes groupaux, sauf s'il estime que cela peut aider à surmonter une impasse anxieuse, ou s'il désire mesurer l'aptitude des conjoints à prendre en charge leurs représentations profondes.

En échange, une fois commencée *la thérapie*, les interventions du thérapeute ne revêtent plus un caractère d'exploration mais plutôt de découverte, d'approfondissement. En même temps, chacun de ses mots devrait conduire à un approfondissement spontané chez les conjoints, à une ouverture vers l'avenir. Les interventions du thérapeute ne devraient pas laisser penser que la vérité a été définitivement trouvée, que lui seul a découvert le contenu latent. Au contraire, le thérapeute va donner l'impression qu'à «chaque coin» des nouvelles voies peuvent s'ouvrir pour le couple et pour lui, avec d'autres doutes, de nouvelles incertitudes et de nouveaux questionnements. Le thérapeute faisant une interprétation devrait pouvoir garder l'équilibre – difficile – entre les affirmations et les imprécisions. La phrase interrogative, l'utilisation nuancée des prépositions négatives, le «je suppose», le «peut-être», le «il m'est venu une idée : est-ce que... ?» donnent le style adéquat à un tel travail.

b) *L'énonciation du contrat* doit rester, au contraire, peu ambiguë ; claire, nette, précise et dite d'une façon presque solennelle (nous la situons à la fin de la période préliminaire). L'énonciation du contrat et de ses lois est un *acte rituel* qui va engager les uns et les autres à un long travail. On évoque les devoirs et les droits. On précise les horaires, les jours de réunion (une séance hebdomadaire le plus souvent), le lieu de cette thérapie, les assistants – thérapeute(s), couple – et, enfin, les conséquences de l'absence d'un membre (exigence absolue de la présence des deux partenaires). Le contrat instaure la loi à laquelle se soumet tout le monde. Le contrat précise, cerne *un cadre*, dont on ne dira jamais assez la valeur de contenant des angoisses dues aux liens narcissiques particulièrement envahissants. En synthèse, il y a une continuité à observer entre le cadre énoncé par le contrat et un certain aspect du fonctionnement du couple qui «enveloppe», qui «resserre» pour ainsi dire, l'expérience thérapique, à savoir *les liens narcissiques s'adossant au cadre* (*infra*).

c) *L'énonciation de la règle d'association libre* venant à la suite de l'énonciation de la règle du contrat, est aussi un acte solennel mais en diffère car cette dernière regroupe pour une même tâche thérapeute et couple, tandis que la règle d'association libre articule le contenu dynamisant du processus, créant *un décalage* entre le thérapeute qui écoute et le couple qui se livre spontanément à ses associations (dans le contrat, thérapeute et couple ont au même titre des droits et des obligations). La règle de l'association libre organise le substratum à partir duquel pourra se construire l'expérience. Concrètement l'association libre est posée dans le cas du couple comme une demande à chaque partenaire de laisser libre cours aux pensées et de les transmettre sans contrainte ni interprétation de sa part. On peut aussi inviter les conjoints à discuter autant que possible entre eux et en évitant de s'adresser au thérapeute (*dramatisation spontanée*, A. Eiguer, 1978). L'association libre délimite le champ thérapique, comme un champ de parole. La *règle d'abstinence* (thérapeute et couple n'auront d'autre lien que celui de la thérapie) est implicite dans la règle de l'association libre. Personnellement nous pensons qu'il n'est pas nécessaire de l'expliciter tout en comprenant que certains thérapeutes le fassent. Avec la règle d'association on peut inclure *la règle de restitution*, inviter à dire en séance tout ce que les conjoints ont pu se dire en dehors de celle-ci concernant la thérapie; nous trouvons cette règle en partie discutable et ne l'appliquons pas.

Les moments d'énonciation du contrat et de la règle de l'association libre étant des moments forts du processus, qu'ils inaugurent en quelque sorte, la place est faite au travail associatif du couple et aux interventions du thérapeute. Bien sûr, le thérapeute, au cours de la thérapie, peut *être amené à répéter* les consignes initiales, pour des raisons d'encadrement notamment lors d'une infraction telle l'absence d'un des partenaires, puisque la consigne avait établi la règle de présence des deux conjoints. La répétition des termes du contrat peut servir à éviter une interprétation hâtive qui risquerait d'être mal comprise : le couple pourrait comprendre une interprétation éventuelle du thérapeute comme motivée par «sa gêne» ou «sa souffrance» personnelle, le thérapeute s'étant vu «désapprouvé par la transgression du contrat faite par le couple». Toute hostilité fantasmatique qui trouve une confirmation dans la réalité, l'impression que le thérapeute se sente blessé par exemple,amplifie la croyance sur les potentialités destructives des conjoints et, en même temps, renforce le scepticisme quant aux propres possibilités de «réparation de l'objet».

Ainsi, très simplement répétée, *la règle* apparaît-elle comme un «code» en dehors ou au-dessus de la relation couple-thérapeute, telle «une loi symbolique». Cette répétition agit comme apaisante et rassurante, et ce généralement par rapport aux idées fortement interprétatives des conjoints.

d) *L'interprétation* est pour le thérapeute le mode de travail spécifique de la Th.A.C. (J. Lemaire, 1980) ; elle exige dans son maniement, beaucoup d'habileté et surtout de prudence. En fait, si un thérapeute conjugal novice avait appris avant tout ce qu'il ne faut pas dire ou ne pas faire, son apprentissage serait bien avancé : le maniement discriminé de l'abstention thérapeutique, la retenue et le respect du cadre, sont des moyens techniques aussi indispensables qu'une intervention bien formulée, si tant est que cela existe. Les meilleures interprétations, ne sont-elles pas celles qui sont le moins correctement construites, car le thérapeute y a laissé transparaître son propre inconscient ?

3.3. Le rééquilibrage

Il est tout de même intéressant de nous hasarder sur le chemin de «la construction bien correcte» et hypothétique d'une interprétation.

Premièrement, il faut préciser que le désir des partenaires de séduire le thérapeute ou, au contraire, le désir de déplaire, est très fréquent. Face à cela, il est prudent pour le thérapeute de maintenir une position d'équilibre entre les conjoints. Nous avons appelé cette technique le «rééquilibrage»(A. Eiguer, 1980). Il s'agit d'une attitude «passive» (ne pas entrer dans le jeu avec l'un des conjoints pour ne pas favoriser une relation privilégiée) ou «active» (solliciter le membre le plus silencieux ou le plus effacé des deux, tantôt celui qui reste retranché, tantôt celui qui est présenté comme le bourreau). Le rééquilibrage est donc un moyen simple, bien que hautement efficace[1]. Il évite une interprétation que pourrait gêner considérablement un des conjoints (celui qui adopte l'attitude séductrice ou puissante), d'autant que l'asymétrie (la relation complémentaire) n'est jamais créée unilatéralement par l'un des partenaires mais est le produit d'un consentement pré-conscient réciproque. De même nous ne nous occupons pas de symptôme psychique.

Deuxièmement, nous devons insister sur le fait que l'interprétation ne doit jamais s'adresser au cas individuel mais plutôt à la dyade, au couple. S'il est inévitable d'interpréter un des conjoints il sera intéressant d'*articuler* l'interprétation avec une autre observation concernant l'autre membre, immédiatement après ou plus tard dans la séance, mais jamais trop longtemps après. Parfois nous allons jusqu'à spécifier au couple l'aspect «porte-parole du groupe-couple» qui adopte à cette occasion le membre mis sur la touche (*supra*, p. 56 et 64).

L'interprétation collective représente également une forme de rééquilibrage : les membres du couple peuvent constater que leur perception individualisée, les reproches qu'ils échangent, leurs plaintes personnelles, leurs faiblesses ou leurs souffrances (qu'ils imaginent narcissiquement comme étant personnelles), sont en fait le sous-produit d'un vécu inconscient qui compromet l'un et l'autre membre. Ils peuvent alors se sentir «concernés»

1. Dans le cas des Schreïer, le rééquilibrage est utilisé au premier entretien lorsque je dis que «j'avais tenu à les voir ensemble car d'habitude nous aimons entendre *les deux points de vue*» (p. 9). Dans le cas des Matteoti, le rééquilibrage s'opère par la remarque adressée à M. M dans le second temps de la séance (p. 65).

et «co-responsables», et ainsi mieux saisir l'autre comme un autre, non plus tellement comme une partie de soi ni comme le facteur de malheur ou la cause de tous les maux (ce qui est une façon de ne pas voir l'autre).

Les attitudes et les tendances précitées n'impliquent nullement d'enfreindre «la règle d'or» de la Th.A.C., qui est celle de *la neutralité*, le thérapeute devant éviter de favoriser le (supposé) faible au détriment du fort, d'appuyer le (supposé) bourreau pour «aider» la victime. Le rééquilibrage ou l'interprétation collective tendant au contraire à «démarquer» l'écoute du thérapeute par rapport aux situations sado-masochistes (A. Eiguer, 1980b).

3.4. Les motifs, l'objet, l'objectif, le moment et la formulation

Rééquilibrage et interprétation collective sont des moyens. Il nous reste à préciser dès à présent les paramètres techniques que toute interprétation comporte : un motif, un objet, un objectif, un tempo, une construction. Ce sont des aspects à distinguer les uns des autres, sans quoi l'étude de l'interprétation resterait parcellaire et la pratique de l'interprétation risquerait de produire des effets qui invalident sa portée. *L'objet* est généralement l'inconscient groupal-couple. *Les objectifs* varient certainement d'après les types de couples ou l'évolution du cas. Ni trop tôt ni trop tard pour énoncer, *le moment (timing ou tempo)* est important, car l'effet surprise, avec son impact économique, reste essentiel pour l'efficacité de l'interprétation (R. Barande, 1963 ; A. Green, 1979). Quant à *sa formulation ou son énonciation*, il est intéressant de préciser que l'interprétation en Th.A.C. reste proche de toute interprétation groupale, avec *son préambule* (voir cas Schreïer) dans lequel le thérapeute précise *les données* qui l'on conduit à penser ce qu'il pense, et les conclusions qu'il va énoncer par la suite. Les «données» concernent généralement ce qu'il a observé ou entendu récemment chez l'un et l'autre des partenaires. Le préambule a un effet de «réchauffement», d'identification de chacun, de mise en valeur de ce qui pourrait paraître anodin (D. Anzieu, 1970, 1972). (Le tableau 6 permet de mieux repérer ces paramètres.)

Par rapport à *l'objet* nous avons trouvé que la question essentielle est toujours celle de l'économie du couple face à la séance («la situation»). Quel est l'affect central que les conjoints éprouvent aujourd'hui ? Quelle est la tension commune (H. Ezriel, 1960) qui s'est éveillée à l'occasion de cette séance ? Qu'est-ce que les conjoints craignent de découvrir ? Quelles angoisses sont mises en œuvre, très précisément par rapport au thérapeute ? Serait-il incisif ? Va-t-il tout comprendre ? Qu'est-ce qu'ils pensent évoquer, ou quel conflit risque d'éclater aujourd'hui ? Pendant l'entretien, vivront-ils encore une nouvelle désillusion ? Constateront-ils encore une fois leur incapacité de vivre ensemble ? «L'angoisse» commune de caractère transférentiel ou situationnel n'implique pas seulement des affects négatifs mais, aussi, de l'espoir et des affects exaltants : grâce à ce qui va se passer dans la prochaine séance, vont-ils ressentir un fort attrait l'un pour l'autre comme dans le temps, cette ivresse des débuts ?

L'angoisse ou tension commune est un affect partagé par les deux conjoints, changeant éventuellement au fur et à mesure de la même séance et, bien entendu, évoluant de manière significative tout au cours du traitement. Il nous apparaît que cet affect est *le moteur* du contenu du dialogue, en quelque sorte son esprit mobilisateur, qui infléchit fantasmes, émotions, gestes, habituellement inconscients. Par là même, cette «angoisse commune» remplit l'espace de la séance. Elle en est le nerf, si l'on peut dire. C'est aussi pour cette raison que l'interprétation prendra généralement comme objet l'angoisse commune. Cela a un effet tranquillisant : ainsi la place est-elle faite à d'autres fantasmes, émotions ou gestes. Le couple peut saisir dans le même temps son mouvement transférentiel le plus élémentaire et le plus vif.

Par rapport à *la formulation ou énonciation*, nous nous arrêterons quelques instants pour discuter sur l'aspect relatif, voire aléatoire, de toute énonciation. Les partenaires du couple «vont en faire ce qui leur plaît de l'interprétation». En de nombreux cas, le thérapeute constate qu'ils ont appris quelque chose d'autre que ce qu'il comptait leur apprendre mais, à la surprise générale, cela s'avère aussi utile et enrichissant pour eux.

Tableau 6
L'interprétation en thérapie analytique du couple et ses paramètres

PARAMÈTRES	CRITÈRES UNIVERSELS (Par rapport à toute interprétation)	CRITÈRES PARTICULIERS (Par rapport à une interprétation déterminée)
Motifs (pourquoi interpréter)	En général des raisons d'ordre économique, dans l'ici et maintenant de la séance	***Situations régressives*** - désorganisation du discours, - débordement émotionnel, - actings in, - inductions réciproques du couple - inductions transférentielles (se traduisant en difficultés au niveau du contre-transfert) - difficultés à maintenir les termes du contrat ou l'intégrité du cadre ***Situations non-régressives*** - recueillement émotionnel (proximité des affects inconscients).
Timing (tempo) (quand interpréter)	Le couple doit sentir que l'interprétation s'applique au matériel concerné. Effet ***surprise***	Recommandations : - pas trop près du début ou de la fin de la séance, - ni trop tôt ni trop tard après l'évocation du matériel à interpréter
Objet (quoi interpréter)	Le contenu inconscient groupal : - défenses, - représentations ou fantasmes, - affects, - transferts.	Par exemple : - défenses, comme l'identification projective réciproque (contraintes paradoxales) et le clivage. - affects comme «l'angoisse commune situationnelle». - résistances au transfert.
Objectifs (dans quel but interpréter)	- Stimuler ou maintenir l'échange ***au niveau fantasmatique.*** - rendre conscient l'inconscient en réduisant la portée de l'empiétement narcissique. - veiller à la continuité du processus.	Écoute (attention sélective) de rêves, mythes, légendes, fables; lapsus, jeux de mots, métaphores, souvenirs anciens, réflexions sur le transfert ou le déroulement de la thérapie.
Formulation ou énonciation (comment interpréter)	***Deux parties :*** - préambule (données repérées) - explication ***Style universel*** : neutralité bienveillante.	***Types de formulation :*** interrogative, affirmative, hypothétique, le silence représente aussi une énonciation. ***Styles métacommunicatifs :*** dramatique, comique, parodique, retenu, pudique, ouvert, logique, etc.

L'accès à l'inconscient est, en fin de compte, peu maîtrisable et la formulation ne sert que très relativement à instaurer un mouvement de prise de conscience, lequel dépend essentiellement des remarques préparatoires. Ainsi, il est curieux d'observer que des remarques bien modestes produisent fréquemment un puissant effet. Ce sont, par exemple, le repérage d'un geste évocateur, d'un lapsus ou d'un mot d'esprit ; l'attention portée sur un souvenir que nous demandons de relater une deuxième fois ; une question sur un point obscur pour nous et auquel le couple croit – à tort – que nous donnons une grande importance ; les «reformulations», nos erreurs et, enfin, nos lapsus. La simplicité de ces remarques supprime peut-être de notre intervention toute ambition de pouvoir (d'ordinaire source d'irritation du couple exaspéré par la lutte intestine de pouvoir).

L'aspect incomplet et embryonnaire de l'intervention ouvrant des chemins associatifs inconnus, laisse-t-elle par hasard la voie ouverte à l'avenir ? L'attitude demandante, et ingénue, du thérapeute, est-elle par hasard reçue en consonnance avec leurs liens infantiles ? A l'évidence, ces remarques font partie des moments les plus dynamiques de la cure.

3.5. «L'interprétation associative»[1]

Dans ce texte nous avons insisté sur la nécessité d'une intervention brève, synthétique et en même temps peu «bloquante». Il y est aussi question d'effets inattendus et positifs d'une formule interrogative ponctuelle. Cela est à mettre en consonnance avec ce que nous avons nommé en forme de boutade «*Les trois prétextes*» (*supra*). On peut dire que l'éclaircissement fait à propos de tel geste ou de tel souvenir précis, ne détermine pas la démarche globale d'une thérapie. Pourtant, ces éclaircissements constituent le fil fin de la maille épaisse d'une cure.

L'interprétation associative est un procédé qui par analogie ou par opposition relie entre eux des aspects apparemment sans

1. Nous avons préféré «l'interprétation associative» à «l'intervention associative» (ou «les interventions associatives»), car la finalité interprétative de cette technique est très forte.

lien du discours du couple. Ce procédé permet de rattacher des propos évoqués alternativement par l'un et l'autre partenaire et qui témoignent du caractère groupal de leurs fantasmes. En Th.A.C. chaque discours individuel est écouté en termes de groupe. C'est pour cela aussi que nous tâchons de relier le discours de l'un *avec* le discours de l'autre. Tout comme le rééquilibrage, dont l'interprétation associative peut être considérée comme un des instruments, il s'agit ici de «groupaliser»... de centrer le regard du couple sur leur groupe, chose à laquelle ils n'ont sûrement jamais pensé (cf. interprétation au couple Lucas.). De même, on repère les relations *entre gestes* (métacommunication) *et paroles* (communication) qui ont pu adopter une position paradoxale et insoutenable du point de vue logique (donc folle). Pareillement, on peut montrer l'incompatibilité entre les normes ou les mythes verbalisés d'une part, et règles adoptées d'autre part, et rendre évident l'incompatibilité entre ces règles et les métarègles, entre celui qui décide implicitement de l'adoption d'une règle et celui qui dit explicitement décider de son adoption, entre celui qui est reconnu comme *le fort* du couple et celui qui l'est vraiment. Dans notre technique il est question de *verbaliser* ces trouvailles au couple.

Tout en respectant les découvertes de l'École systémique, nous nous distançons de son mode d'intervention qui exclut la verbalisation, la compréhension profonde : nous faisons appel à une prise de conscience de la communication paradoxale. En agissant avec prudence et modération il est tout à fait possible d'interpréter ouvertement ce que nous pensons du couple. Comme M.-C. Gear et E.-C. Liendo (1974, 1981) l'ont démontré, l'identification projective se couvre habituellement de la parure de la communication paradoxale entre comportements, affects et parole. L'interprétation vise précisément à soulever l'aspect intrusif et massif de ces identifications projectives par le truchement du dévoilement du mécanisme paradoxal. Il faut certes que les conjoints ne se sentent pas ensuite culpabilisés ou attaqués par le thérapeute. L'habileté de celui-ci compte donc pour beaucoup. Cela dit, quand l'interprétation repère la *simultanéité* dans l'usage de telles identifications projectives, le sentiment d'autoréférence éventuel d'un des conjoints est assez atténué. Il constate que ce n'est pas particulièrement lui le sujet visé, mais le couple dans son fonctionnement. L'un des buts de la Th.A.C. étant de diminuer la part du narcissisme intrusif réciproque, on peut penser que ce procédé est un des moyens y conduisant (cf. l'interprétation au couple Schreïer : «la force spirituelle» d'Anna et «la mise à distance» d'Alexandre).

L'utilisation sélective de *la métacommunication du thérapeute*, permet aussi de trouver une voie intéressante de dégagement. A certains moments et tout particulièrement lorsque les affects restent refoulés à l'extrême, *le thérapeute pourra essayer de «modeler», de «façonner»*, les propos qu'il a entendus en les présentant de façon telle que les conjoints puissent mieux les entendre. Par exemple, il peut fonctionner comme un miroir agrandissant ou déformant : il reproduira une phrase du couple, soit en adoptant un ton de voix excessif, soit en mettant de l'emphase sur un mot ou sur une expression. Certes il déforme les propos ; il peut même les parodier ou les idéaliser, mais en fait il met en valeur par sa propre affectivité, l'émotion contenue par le couple.

Une autre variante de l'interprétation associative est une invitation faite par le thérapeute à rechercher des idées ou des émotions connectées avec un sujet évoqué. C'est A. Ruffiot (1981) qui a montré l'avantage d'introduire quelques phrases clés associatives : «A quoi cela vous fait penser ?» «M. vient de dire (telle chose)...» (A Madame) : «Qu'est-ce que cela nous rappelle ?» «Vous venez d'éprouver quelque chose lorsqu'il a été question de parler de...» Ou encore : «Qù'est-ce que vous avez rêvé depuis la dernière fois ?» La technique fait appel de cette manière «à un élément fantasmatique onirique, qui fait de notre thérapie une thérapie centrée d'emblée sur l'imaginaire» (*ibid*, p. 56). Ces phrases pourtant anodines à première vue, tendent d'après A. Ruffiot, à désinvestir le comportement réducteur et impulsif en faveur du développement de l'éprouvé ; implicitement cela revient à proposer l'échange fantasmatique comme un nouveau lieu dont on connaît la valeur de pare-excitation pour le groupe. Ces interventions peuvent mobiliser l'imaginaire à «peu de frais» et sans trop compromettre le transfert.

L'interprétation associative a enfin une connotation non-violente, caractère déjà signalé par D. Lagache et cité par A. Ruffiot. Suite à l'interprétation, chaque partenaire peut mobiliser des émotions à teneur dépressive mais sans inhibition, avec une redécouverte – nous y insistons – de l'autre comme un autre, distinct pour ce qu'il est, et proche dans l'émotion.

L'interprétation associative touche des matériaux très variés dans la séance. Cependant nous aimerions signaler que parfois le matériel le plus périphérique permet de maintenir un bon niveau de travail, le couple se sentant d'une part écouté, d'autre part, décentré par rapport à d'autres questions épineuses et d'accès difficile. Dans l'interprétation associative, la part de signification est faible. Habituellement l'explication apparaît de par le mouvement déclenché et dans la bouche des conjoints: ils vont alors assumer le contenu, le sens fantasmatique. «L'invitation»à fantasmer est pour le reste une méthode qui retrace la place des objets du monde inconscient partagé du couple dans la mesure où l'aire transitionnelle est un dérivé de ces objets communs (*supra*, p. 40). L'effet du travail sur le sens renforce de la sorte «les liens libidinaux», toujours «harcelés» par la pulsion de déliaison et par les liens narcissiques «désireux» de rompre l'équilibre entre les deux types de lien.

La «psychodramatisation» est aussi un procédé qui développe fantasme et processus de pensée sans faire intervenir l'explication. S'il désire faciliter la mobilisation fantasmatique, le thérapeute peut, avec cette «psychodramatisation», introduire *le jeu de rôles*, à condition d'annoncer *clairement*, avant le début du jeu, qu'il va s'agir de jouer et, à la fin du jeu, de dire que le jeu s'arrête. Une variante de la «psychodramatisation» est la proposition *d'imaginer* à haute voix ou *de discuter* entre les conjoints devant le thérapeute un «thème» (de préférence lié aux émotions) apparu dans le discours. La «psychodramatisation» respecte intégralement l'esprit de l'interprétation associative : faible part d'explication, stimulation de l'imaginaire et projection dans l'avenir.

3.6. L'interprétation de transfert

D'un point de vue quelque peu restreint, l'interprétation

associative ne saurait être considérée comme une interprétation : si l'on exige par exemple que l'interprétation énonce une explication hypothétique sur le fantasme latent. L'interprétation associative ne fait que *préparer* l'accès au matériel profond. Cependant si l'on essaie de distinguer les différents objets d'une interprétation «vraie» (tableau 6), on peut dire que l'interprétation associative est proche de l'interprétation de la défense groupale. Qu'est-ce qui est analysé lorsqu'on aborde la défense ? Fondamentalement, les agencements qui empêchent le groupe-couple d'accéder au matériel refoulé (le déni, la rationalisation, le clivage et les identifications projectives liées aux contraintes paradoxales, la projection). Quand on interprète «une défense», une identification projective en l'occurrence, on essaie de renverser le processus projectif en montrant que l'on attribue à l'autre ce qui revient à soi. Ce genre de procédé est employé, mais de façon plus allusive, «lorsqu'on ignore» le matériel comportemental du couple, comme le fait A. Ruffiot, ce comportement pouvant être compris in-extremis comme une défense contre l'accès au fantasme commun.

En conclusion, l'interprétation associative, avec ses différentes variantes, est comme une interprétation «du bouclier défensif» et, à ce titre, elle a comme «objet» un matériel inconscient. Elle établit par ailleurs un pont avec la consigne de l'association libre ; elle la relance, relançant ainsi un des objectifs du processus.

L'interprétation «de contenu» quant à elle, met en valeur un aspect fantasmatique du couple ; elle apporte une signification. Quatre types d'interprétation de contenu sont classiquement décrits : l'interprétation de la défense, l'interprétation du fantasme, l'interprétation de l'affect et l'interprétation du transfert. Mais de toutes les quatre, c'est la dernière qui sollicitera le plus le thérapeute. Tout d'abord, parce que le couple évoque rarement le transfert de façon spontanée (les trois premières interprétations apparaissent plus facilement dans le discours du couple). D'ailleurs, lorsqu'on interprète le transfert, on évoque aussi des affects et des fantasmes groupaux. Ensuite, parce que le transfert est «palpable et visible» dans l'ici et maintenant de la séance. Mythes, histoires anciennes concernant des personnages significatifs, se réactualisant dans la relation au thérapeute, déclenchant les affects éprouvés jadis par rapport à ces personnages. Autrement dit, le transfert est l'aspect vivant de ces objets inconscients *in effigie et in absentia.* Enfin parce que c'est par la modulation de ce transfert, dans son installation au long des mois que la névrose de transfert du groupe se fera.

Notre enthousiasme à faire du thème du transfert du groupe un grand problème de la Th.A.C. ne doit pas nous faire oublier que la définition même du transfert du couple est difficile à réaliser. Faute d'espace pour exposer notre point de vue sur le «transfert du couple» (essentiellement le fait que ce concept nous semble plausible et viable), nous renvoyons le lecteur aux auteurs de l'analyse de groupe (A. Béjanaro, 1972), ainsi qu'aux travaux de A. Ruffiot (1979, 1981), E. Granjon (1983), H. Stierlin (1979), et aux nôtres (A. Eiguer, 1981c, 1983c ; A. Eiguer et D. Litovsky, 1981) sur la thérapie psychanalytique familiale. Nous ne ferons qu'esquisser ici une définition : *le transfert du couple serait le commun dénominateur des objets organisateurs du couple (liens libidinaux) et des relations narcissiques ou syncrétiques englobant les conjoints (liens narcissiques), projeté et déplacé sur le thérapeute.* En d'autres termes, le transfert conjoint «retrouve l'ensemble de convives du repas» des conflits et des fantasmes du couple. Ils sont tous présents. L'amour, la haine, l'espoir d'ascension sociale, le dégoût, l'apaisement mutuel, l'horreur, le soutien, la possessivité, la rivalité, l'idéalisation et tant d'autres affects éprouvés se retrouvent rattachés au thérapeute. Les personnages sujets ou objets de ces affects seraient l'objet de la rencontre amoureuse, les objets des mythes (*le juge* que nous sommes devenus pour le couple Dutronc, entre le «collabo et le résistant», *les parents débauchés* pour le couple Rampal, *le curieux* pour le couple Schreïer).

Pour ceux qui ont admis l'intérêt de notre démarche théorique, ces brèves explications pourront leur suffire, alors qu'elles paraîtront insuffisantes à ceux qui gardent une certaine réticence devant notre conception groupaliste, mais nous comptons sur leur bienveillance, espérant qu'ils jugent au moins que notre schème est cohérent : la théorie concernant les liens qui nouent les deux membres d'un couple s'applique aux composantes du transfert sur le thérapeute (cf. tableaux 7 et 8).

3.7. Transfert sur le thérapeute, transfert sur le cadre, transfert sur le processus

L'expérience nous apprend qu'avant que de telles situations transférentielles s'installent (dans la projection et le déplacement sur le thérapeute «d'un objet» partagé), une période plus ou moins longue va se passer. C'est la période où domine une sorte de *pré-transfert* : pas encore un transfert mais pas tout à fait une absence de transfert. Ce pré-transfert est mouvementé quant aux expressions affectives instables et, en de nombreux cas, orageux. Moments d'idéalisation dans un cas, de forte résistance dans d'autres, les émotions et les réactions pré-transférentielles se caractérisent fandamentalement par *un enjeu au niveau du cadre* : les atteintes aux règles de présence ou d'abstinence, le manque de respect des horaires, les souffrances liées aux absences pour les vacances (cf. couple Lucas), les *actings-out* et les manipulations montrent bien l'instabilité dans laquelle se trouve encore la thérapie. Le thérapeute est indirectement mis en cause, *comme si le cadre était une partie de son corps à lui*, l'étau du cadre étant vécu par le couple comme trop serré ou trop souple.

Tableau 7 – *Relation couple-thérapeute. Pré-transfert et résistance au transfert sous l'activité de la pulsion de déliaison et des fantasmes archaïques*

Liens libidinaux (confusion avec ou absorption par)	------------------	Transfert sur le thérapeute (imperceptible ou absent)
Liens narcissiques	attaquent →	Cadre et processus

Si un couple demande plusieurs fois de changer d'heure de séance, ou s'il le demande au seuil du cabinet, après une séance de critique de la valeur du travail thérapeutique, c'est régulièrement une question de résistance. La demande de changement d'horaire peut être un test pour voir «si le thérapeute est contrarié». Les couples narcissiques abondent en ce type de résistance : ils sollicitent inconsciemment la psyché du thérapeute, pour qu'il se représente les fantasmes qu'ils n'arrivent pas à fantasmer ; ils font même du thérapeute «une figure sans fond», l'ignorant carrément. Les couples anaclitiques sont très sensibles aux «défaillances» naturelles du cadre (jours fériés), aux discontinuités du processus ou aux distractions, ou à toute distance émotionnelle du thérapeute pendant les séances. D'après notre expérience, le pré-transfert chez le couple névrotique apparaît (ou réapparaît) lorsque la relation entre un partenaire et le thérapeute est érotisée.

Pendant l'étape du pré-transfert, le cadre et le contrat qui l'instaure ne sont pas encore devenus «l'affaire» du groupe couple-thérapeute, ils ne sont pas encore «porteurs» des liens narcissiques stabilisateurs, ce qui sera le destin final du cadre. Quand celui-ci est admis et réaffirmé comme tel, il va contenir les liens narcissiques du couple qui prolongent leurs «pseudopodes» vers lui (tableau 7). Le cadre, les attentes concernant le processus, sont le terrain préféré des résistances ou des émotions prétransférentielles. Quand le (vrai) transfert s'installe, sans que cela signifie pour autant des émotions toujours positives ou une disponibilité et une collaboration sans failles, le couple vit pleinement les liens libidinaux, le cadre ayant «absorbé» les liens narcissiques, les rendant ainsi garants et gardiens du processus (J. Bleger, 1966) (tableaux 7 et 8).

Nous avons recommandé ailleurs (A. Eiguer, 1982 b) de distinguer trois types de transfert sur le thérapeute :

- *un transfert sur le cadre* (les fantasmes le concernant),
- *un transfert sur le processus* (les attentes inconscientes sur le processus «l'angoisse situationnelle» face à la séance, p. 72),
- *un transfert sur le thérapeute proprement dit.*

Tableau 8 – *Relation couple-thérapeute. Transfert positif.*

Liens libidinaux	——→	Transfert sur le thérapeute
distinction avec		
Liens narcissiques	sont déposés ——→ (et restent muets)	Transfert sur cadre et sur processus

Il reste clair que ces trois variantes ne sont pas parallèles et qu'elles n'appartiennent pas au même ordre de phénomène, soit qu'elles se confondent (comme dans le cas de la résistance s'exprimant au niveau d'une remise en question du cadre) soit qu'elles se discriminent bien et que leur place est saisie dans toutes ses nuances.

S'agissant de pré-transfert ou de transfert, l'écoute du thérapeute sera nettement différente. A première vue on pourrait croire que le pré-transfert, parce que précaire et changeant, ne mérite pas une attention soutenue. Bien au contraire, c'est à cette occasion-là qu'il devient le souci majeur du thérapeute : l'interprète-t-il ou pas ? L'avenir de la cure dépend du dépassement des résistances et de la compréhension des attaques portées au cadre et des désirs d'en détourner le sens. On peut même dire que l'attention du thérapeute devrait s'y concentrer alors que le transfert objectal n'exige pas d'interprétation. La majorité de ce que l'on appelle des «interprétations du transfert» sont en fait des interprétations du pré-transfert. Ces interprétations formulées d'une façon adéquate peuvent à la fois soulager le couple et attirer son intérêt vers cette expérience «surprenante» qu'est la relation originelle en train de se produire entre le thérapeute et les conjoints. C'est une découverte toujours intense quand elle n'est pas déconcertante.

*
* *

La technique de la Th.A.C. nous a permis d'explorer le couple dans l'intimité de la séance et c'est ainsi que prit forme, comme un îlot surgissant à marée basse, *le fait conjugal*... avec des contours plus ou moins définis. Sa réalité psychologique a acquis un certain volume. La marée haute cachait l'intérêt de l'îlot, ses formes, ses rochers. Les lames voluptueuses et bouillantes faisaient croire à l'importance du fluide ; de même que les conflits du couple font croire à l'*un* indivisé, distancé de l'*autre*, escamotant l'unité relationnelle. Jean Giraudoux (*Sodome et Gomorrhe*) le disait déjà : «Il n'y a jamais eu de créature. Il n'y a jamais eu que le couple».

Que notre action thérapique ouvre la voie vers le plaisir de l'intimité à deux, cela est plus facile à démontrer que la nature de cette émotion propre à *l'amour du couple*. Laissons donc les poètes nous transmettre les sons de l'étrange musique.

> «Loin de moi cet amour qui ne connaît point de mesure ; car, pareil au vin écumant qui a rompu ses vaisseaux, il court à sa perte en un instant.
>
> Envoie-moi l'amour, frais et pur comme la pluie, qui bénit la terre altérée et remplit les jarres d'argile de la maison.
>
> Envoie-moi l'amour qui voudrait s'abîmer jusqu'au fond de l'être, et de là jaillir en une sève invisible, à travers les branches de l'arbre de vie, donnant le jour aux fruits et aux fleurs.
>
> Envoie-moi l'amour qui retient le cœur dans une plénitude de paix.»
>
> R. Tagore, *Corbeille de fruits*, 63.

2. *Le couple et l'amour. De l'originaire au groupal*

par A. RUFFIOT

> «Au commencement est la Relation qui est une catégorie de l'être,... un contenant, un moule psychique ; c'est l'*a priori* de la relation, le *Tu* inné.»
>
> M. Buber, *Je et Tu,* p. 50-51.

INTRODUCTION

1. LES DEUX FINALITÉS DE L'AMOUR : L'INDIVIDU ET L'ESPÈCE

Le couple poursuit manifestement deux fins :

1) l'une, biologique : la reproduction du même (la conservation de l'espèce) et l'élevage des petits.

2) l'autre, bio-psychologique, pulsionnelle : la satisfaction de l'instinct d'accouplement, de la pulsion sexuelle, dans des conditions de sécurité, de régularité, et de secret.

« L'individu, effectivement, mène une double existence : en tant qu'il est à lui-même sa propre fin, et en tant que maillon d'une chaîne à laquelle il est assujetti contre sa volonté, ou du moins sans l'intervention de celle-ci. Lui même tient sa sexualité pour une de ses fins, tandis qu'une autre perspective nous montre qu'il est un simple appendice de son plasma germinatif, à la disposition duquel il met ses forces, en échange d'une prime de plaisir ; qu'il est le porteur mortel d'une substance – peut-être – immortelle, comme l'aîné d'une famille ne détient que temporairement un majorat qui lui survivra». (Freud S., 1914 ; trad. fr. 85-86).

C'est ainsi que l'inventeur de la psychanalyse schématisait, en 1914, la dialectique individu/espèce. En écho à cette déclaration freudienne, que n'aurait pas désavouée Schopenhauer, un biologiste de renommée mondiale F. Jacob (1982, 17-24) considère la sexualité comme « une machine à faire du différent ». Il souligne que la sexualité n'est pas une condition nécessaire à la vie :

« Nombre d'individus s'en passent, et fort bien, qui se reproduisent par fission ou bourgeonnement. Un seul individu suffit pour en produire deux identiques. Alors pourquoi pas nous ? Pourquoi la plupart des animaux et des plantes doivent-ils se mettre à deux pour parvenir au même résultat ? Et puis pourquoi deux sexes, et non pas trois ? Car rien n'empêche d'imaginer un monde où la production d'un être humain exigerait la coopération, non pas deux, mais de trois individus différents. Un monde où, pour être fécond, l'acte sexuel mettrait en jeu simultanément un mâle, une femelle, et un troisième sexe qu'on a tout loisir de baptiser à sa guise ».

F. Jacob rappelle ensuite les mythes qui, dans toutes les civilisations, ont imagé, figuré la nécessité du deux du couple :

a) Mythes monistes, expliquant la production du couple à partir d'une unité initiale.

b) Mythes dualistes, donnant la sexualité, la dualité sexuée comme phénomène primaire, les deux sexes existant de fondation, reflet de la dualité cosmique, et doués de forces d'attraction qui les poussent à réaliser l'unité en s'accouplant.

Ces mythes ont pour souci de rendre compte d'une « mutilation originelle », dont le résultat est que le corps humain contient tout ce qui lui est nécessaire pour respirer, digérer, penser, et non pour se reproduire. Avec la séparation des sexes, ce n'est pas à l'individu qu'a été donné le véritable pouvoir de création, le pouvoir de donner la vie, mais à l'espèce. « Procréer, c'est retrouver l'unité initiale. C'est disparaître en tant qu'individu pour se refondre dans l'espèce ». Par l'acte sexuel, l'homme et la femme cherchent inlassablement à recomposer l'être unique. « Ainsi se justifie la poursuite éternelle de l'autre : c'est de la séparation des sexes qu'est née l'incurable solitude de l'être humain ».

2. LE COUPLE COMME MACHINE A FAIRE DU DIFFÉRENT

Un des grands avantages de la reproduction sexuée, à deux

individus, c'est que chaque programme génétique – inscrit dans les chromosomes – du produit du couple est un réassortiment de deux programmes différents. Ainsi chaque individu devient différent de tous les autres (à l'exception des jumeaux monozygotes). Chaque enfant conçu par le couple est le résultat d'une loterie génétique. «Si nous prenons une telle peine, conclut F. Jacob, pour mêler nos gènes à ceux d'un autre, c'est pour être sûr que notre enfant sera différent de nous-mêmes et de tous nos autres enfants. S'il faut être deux pour se reproduire, c'est *pour faire autre.*»

Il me paraissait utile de rappeler dans ce préambule, par des voix autorisées, la finalité objective, biologique, du couple et de l'accouplement : nécessité biologique, fondement et symbole de l'espèce, le couple est une «machine» à créer du spécifique, du même-autre, du différent. C'est sur ce roc biologique que se développe une psychologie à deux, la psychologie amoureuse. Mais, tout en décrivant le vécu amoureux, nous aurons toujours *en horizon* le couple comme moyen de survie, de perpétuation de l'espèce, c'est-à-dire du groupe auquel il appartient. Nous retrouverons, en partie terminale, toutes les implications psychologiques profondes de cette *fonction groupale du couple.*

Le couple, dans son rapport à l'espèce, ne sera donc pas l'objet de cette étude. De même le couple «pulsionnel», en tant que moyen d'assouvissement pratique de l'«instinct» sensuel, ce que Freud identifiait en 1921 comme «l'amour commun, sensuel, qui n'est pas autre chose qu'un attachement libidinal passager à un objet dans un but de satisfaction sexuelle directe», ne sera pas non plus visé dans ce travail.

Il ne s'agit donc pas ici de l'amour – passage – passade, simple décharge d'énergie[1]. Je traiterai de l'amour en tant qu'*état* amoureux, ce que Freud (1921, trad. fr., p. 57) nomme amour véritable, mixte de tendresse et de sensualité, résultant de l'action conjuguée de tendances sexuelles libres et de tendances sexuelles entravées. «C'est en effet d'après la part qui revient

1. Toutefois, à la fin de cette étude, nous nous demanderons avec Schopenhauer si cet amour purement sensuel, non psychisé, existe réellement à l'état brut, ou s'il n'est pas plutôt reconstruit mentalement après-coup sous cette forme brute.

dans la vie sexuelle aux uns et aux autres qu'on peut mesurer le degré d'amour véritable, en opposition avec le désir purement sexuel.»

3. PARCOURS MÉTHODOLOGIQUE ET PLAN

Ma réflexion sur le couple repose sur l'expérience clinique suivante : outre la cure analytique individuelle, la pratique et la supervision[1], depuis vingt ans, de *thérapies conjointes*[2] (les deux partenaires du couple étant présents ensemble aux séances) et, depuis plus de dix ans, la pratique de la thérapie familiale psychanalytique (les enfants participant aux séances avec le couple parental).

En ce qui concerne la thérapie de conjoints venant faire une demande spécifique de couple, l'évolution du cadre thérapeutique des groupes que je supervise, a été celle-ci : en 1962, la pratique du «conseil conjugal» était tâtonnante et s'inspirait du modèle de l'équipe londonnienne supervisée et encadrée par Michaël et Enid Balint, dans le cadre du *Family discussion bureau*[3]. Il s'agissait à l'époque d'une relation de type casework d'inspiration psychanalytique. Mais très rapidement l'expérience des assistants conjugaux grenoblois s'est structurée.

---

1. A partir de 1962, dans le cadre du Service de Documentation Conjugale, puis à partir de 1974, de l'Institut de Recherche sur l'Enfant et le Couple, à Grenoble.

2. Dans les cas que j'ai supervisés ou traités moi-même, jamais n'a été pratiquée (et cela pour des raisons évidentes de respect du secret thérapeutique, de contre-transfert «intenable» et de simple déontologie) la méthode de thérapie des deux membres du couple vus en entretien au long cours séparément par un seul conseiller conjugal, ni naturellement de deux analyses parallèles des deux conjoints par un même analyste. C'est pourtant la méthode pratiquée et préconisée par R. Cahen (1979) dans son article «Le couple, lieu du Soi et du narcissisme». L'auteur y décrit son expérience longue de l'analyse parallèle des deux membres d'un couple en ces termes : «Qu'est-ce qu'on constate ? La surprise de l'analyste est grande. D'abord, ça marche. Et dans les cas lourds, ça marche mieux que toute autre méthode... Deuxième constatation : pendant trois, quatre, cinq, six séances, on est rappelé à cette circonstance très particulière que ces deux individus en analyse chez vous, séparément, constituent un couple. Et puis, au bout de cinq, six séances, il s'agit, et pour la suite des temps, de deux analyses, comme si ces deux êtres ne s'étaient jamais rencontrés !» (*op. cit.*, p. 73).

3. L'expérience des assistants conjugaux du ***Family discussion bureau*** a été relatée dans l'ouvrage de K. Bannister et coll., ***Problèmes du mariage***, Paris, P U F, 1959.

On peut ainsi en schématiser le parcours, au point de vue du cadre thérapeutique.

Jusqu'en 1970, quand un couple venait consulter, l'usage prévalent était que chaque conjoint qui le souhaitait, était «assisté» psychologiquement par un assistant différent ; le couple était ainsi systématiquement «séparé» dans l'aide qu'on lui apportait. A partir du début des années 70, cette pratique est apparue contre nature et, dès lors, chaque couple qui désirait être suivi en thérapie conjugale conjointe, a pu le faire. Dès ce moment aussi, l'indication faite le plus fréquemment par les thérapeutes conjugaux, car la plus souhaitable, fut cette forme de traitement conjoint, les deux membres du couple étant ensemble présents aux séances.

A partir de 1975, (avec l'expérience de la thérapie familiale psychanalytique dans d'autres domaines que les difficultés conjugales), les indications et les thérapies, pour les conjoints sollicitant une aide à leur couple, sont de plus en plus nombreuses à être faites pour le groupe familial tout entier, y compris les enfants. Les thérapies les plus efficaces, les plus bénéfiques pour le couple (qu'il se sépare ou qu'il se réaccorde) nous paraissent maintenant être les thérapies du groupe familial entier.

La suite de cette étude justifiera ce cadre thérapeutique et cette méthodologie. Ses trois parties successives – la monade, la dyade, le groupe – peuvent être considérées comme le reflet de cet itinéraire de la thérapie du couple et de la recherche sur le couple.

*
* *

Ce travail se présente en quatre parties. Dans la première, je situe la difficulté où se trouvait Freud pour décrire métapsychologiquement la réciprocité amoureuse, tenu qu'il était, de par son imprégnation physicaliste et son environnement scientifique d'origine, de cerner l'individu-monade et ses instances internes ; je rappellerai la richesse de son apport à la compréhension de la monade amoureuse. Dans un deuxième temps, j'esquisse une présentation du fonctionnement d'un appareil psychique dyadique, qui tend à réaliser une unité duelle psychique et corporelle. Avec la troisième partie, je tente une synthèse métapsychologique, en repérant une topique de l'amour et en cherchant à quel vécu le plus archaïque renvoie l'expérience amoureuse, quel espace psychique originaire la contient. En dernier lieu, je me permets d'émettre, et je m'efforce d'étayer, une hypothèse sur la groupalité du couple humain.

Au départ de cette étude, je tiens à mentionner mes sources théoriques et cliniques, qui n'apparaissent pas en référence dans le cours de mon exposé, tant elles font partie d'un corpus commun, de par l'assimilation que j'en ai faite.

Ce travail n'aurait pas été possible sans les travaux antérieurs de D. Anzieu et R. Kaës sur l'inconscient groupal et l'appareil psychique groupal, et ceux de J. Lemaire sur le couple. Je dois aussi beaucoup à J. Bergeret, J. Cosnier, M. Fain, J. Guillaumin, S. Lebovici, F. Pasche, M. de M'Uzan, P.-C. Racamier et bien d'autres dont les vues théoriques assurent la base de mes recherches. Enfin, les analystes praticiens de la thérapie familiale psychanalytique – en particulier J.-P. Caillot, G. Decherf, A. Eiguer, E. Granjon – ont, au cours d'échanges oraux ou par leurs écrits, facilité ma conceptualisation[1].

I. FREUD ET LA MONADE AMOUREUSE

S. Freud, dont toute l'œuvre repose sur une conception libidinale de l'homme, a *peu parlé du couple* en tant qu'entité. Dans son souci de démarquer, de cerner *l'individu*, de repérer son homéostasie, de délimiter ses instances *internes* (quand il traite de *l'Objet*, c'est dans son aspect *internalisé*), il a conceptualisé et rendu opératoire la notion d'individu-monade.

1. Je tiens également à signaler l'apport clinique qu'ont constitué pour moi les très nombreux «cas de couples», régulièrement apportés en supervision depuis deux décennies par les conseillers conjugaux grenoblois. La richesse de l'expérience clinique qu'ils m'ont fait ainsi partager vaut largement la contribution psychanalytique que je leur ai assurée.

1. L'OBJET INTERNALISÉ : POINTS DE VUE DYNAMIQUE, TOPIQUE ET ÉCONOMIQUE

Ce monadisme était requis pour la description métapsychique qu'il s'est d'emblée posée comme but, sous les trois aspects dynamique, topique, économique :

1) Le conflit *dynamique*, sur lequel est fondée toute vie psychique, est un conflit *interne*, entre pulsions opposées, entre instances en désaccord, ou entre grandes forces (Eros-Thanatos) s'affrontant dans son champ.

2) La *Topique* qu'il décrit est un repérage de *lieux internes*, et d'une scène *interne* où se jouent les conflits.

3) Enfin, et surtout, l'*économie* psychique qu'il poursuit obstinément, est une tentative pour quantifier – en valeurs relatives à défaut de pouvoir estimer des quantités absolues – une *énergie interne*, ce qui suppose un système fermé – ou presque– qui a pour tâche principale de se défendre des grandes quantités extérieures, les organes sensoriels étant des filtres qui transforment ces grandes énergies du monde extérieur, en petites unités assimilables, internalisables, utilisables à l'intérieur.

Ce modèle physicaliste dont Freud était pétri, et auquel il est resté fidèle jusqu'à ses derniers écrits, requérait en effet comme objet d'étude un système clos (ou semi-fermé) : l'individu-monade.

J'ai signalé dans une étude antérieure (A. Ruffiot, 1979) le tournant des années 1912-1915, à partir duquel, sous la pression des faits cliniques (le moi non structuré, non fermé des psychotiques, et, surtout, la nécessité d'expliquer cette ouverture sur l'autre qu'est le transfert) Freud s'est trouvé contraint de prendre en considération les images, sinon les forces, agissant de l'extérieur, pour en arriver à une conception du Moi – du Sujet – se structurant essentiellement par identification... à l'Objet.

Il n'en reste pas moins que la compréhention métapsychologique conserve en toile de fond jusqu'en 1939 son réquisit quantitatif et son écorce monadique : le psychisme, à l'instar du soma, se défend contre les grandes excitations, les grandes énergies extérieures, pour maintenir stable, constant, et au plus bas niveau, le quantum d'énergie interne.

Tous les postulats relatifs au narcissisme, en particulier le concept de narcissisme primaire qui domine la conceptualisation psychanalytique, sont la conséquence de cette perspective unitaire, unificatrice, *individualisatrice* prévalente dans laquelle se sont développées l'observation et la découverte freudiennes. Freud a tenté de décrire le psychisme sur le modèle du soma : un organisme clos par des téguments et entrouvert par nécessité vitale, les échanges d'énergie, de matière, et d'information étant indispensables à la survie de la monade somato-psychique.

Le recours aux métaphores biologiques pour décrire l'appareil psychique signe l'inspiration bio-physique de Freud qui tente de se conformer au programme de l'École physicaliste : «La langue de la physique est la langue universelle ; toute proposition de physiologie ou de psychologie peut être formulée dans les termes de la langue de la physique.»

En résurgence de ce modèle, Freud définira en 1923 le Moi-instance comme étant «en premier et avant tout un Moi corporel ; il est non seulement un être de surface, mais aussi la projection d'une surface». Ce qui permet à D. Anzieu (1981) d'affirmer que pour Freud «le moi est explicitement désigné comme "enveloppe" psychique».

2. LA RELATION D'OBJET ET LE COURANT «OBJECTOLOGIQUE»

Il a fallu attendre 1930 pour que la notion de relation d'objet fût introduite dans le langage psychanalytique, pour que l'Objet fût reconnu comme pourvoyeur d'énergie, et non plus considéré comme simple lieu de décharge de la libido. L'Objet devient, avec le Moi, l'un des deux pôles d'investissement et de décharge de la libido. La libido s'investit dans le Moi et dans l'Objet, et c'est au Moi que revient paradoxalement la tâche de réaliser un juste équilibre entre ces deux investissements (J. Cosnier, 1970).

Ainsi l'Objet a pris un réel statut de Sujet dans la théorie psychanalytique : il est devenu un Objet-Sujet, source d'une énergie utilisable. Les travaux de M. Balint et de D.W. Winnicott, ceux de I. Hermann, de J. Bowlby, des éthologistes, et, plus récemment, les découvertes des néonatologistes (en particulier T.B. Brazelton)[1] ont fortement contribué à l'éclosion de ce que certains nomment l'*Objectologie* psychanalytique (B. Cramer).

Certes, la relation mère-nourrisson a toujours été considérée comme prégnante. La Mère-Objet a, dès les premiers écrits de Freud, été considérée comme «matrice» de toutes les relations ultérieures. Et cette Mère-Objet, objet d'investissement, est Sujet dont l'investissement est primordial.

Toutefois, la realité psychanalytique devait s'accorder plus adéquatement aux réalités cliniques.

«Que Freud n'ait pas été un objectologue, c'est assez évident. Il est probable que le progrès le plus important qui ait été fait en psychanalyse depuis Freud, c'est surtout dans le domaine de l'objectologie et qu'il a été accompli par Mélanie Klein d'abord, puis par ce qu'on a appelé l'«École anglaise du milieu», et puis par des auteurs comme Mahler, ou en France, Bouvet, etc... Et de nos jours, il n'y a pas de doute qu'un des axes fondamentaux de la compréhension de la cure psychanalytique d'une part et du fonctionnement psychique en général, c'est la dialectique entre narcissisme et relation d'objet[2].»

Que le terme «Objectologie» ait dû être forgé, comme pour compléter une «Subjectologie», est le signe d'une perpétuation, d'une persévération de la conception cartésienne de l'individu, auto-subsistant et s'auto-nourrissant de son Cogito.

L'excellente synthèse de B. Cramer qui fait le point des découvertes les plus récentes sur la compétence des nouveaux-nés, sur son ouverture d'origine sur l'Objet, sur son appétit initial d'Objet, confirme la «boutade» de Winnicott : «Un bébé, ça n'existe pas...».

*

* *

1. Children's Hospital. Boston Child Development unit.
2. Cf. B. Cramer, «la Psychiatrie du bébé», in *la Dynamique du nourrisson*, Paris, E.S.F., p. 78.

Ainsi, les courants actuels de la psychologie donnent comme primaire la *dyade* mère-enfant. La *matrice psychique* n'est plus la mère : c'est la *relation* mère-nourrisson.

Mais une fois le Moi constitué comme instance – pour situer ontogénétiquement : vers la fin du premier sous-stade anal – l'idée s'impose encore d'une unité narcissique individualisée que l'humain préserve jusqu'à la mort, consécration paradoxale de l'autosuffisance de l'être individuel : si l'être individuel disparaît seul («Nous naissons plusieurs, nous mourrons seuls», écrivait P. Valéry), c'est qu'il vivait en autarcie...

La mort n'est-elle pas ce butoir sur lequel achoppent toutes les psychologies occidentales, qui mettent l'accent sur l'individualité, l'indépendance, l'autonomie de l'existant humain ? En privilégiant le statut individuel de l'homme, ne le réfèrent-elles pas, en mots voilés, à sa mort qui seule l'individualise à jamais avec ses nom et prénom gravés, figés dans l'inscription funéraire ? La mort, avec son pouvoir de leurre, fait dériver les psychologies dans un sens autarcique, individuel, monadique, qui n'est pas la marque essentielle du vivant.

Je disais que le Moi (au sens freudien d'instance) une fois constitué, ou en voie ferme de constitution, fait considérer l'enfant utilisant le Je, puis l'adolescent, et enfin l'adulte comme des *unités* acquises, conquises sur la dyade primitive ; c'est seulement alors que l'unité-Je pourrait s'unir à d'autres unités, frotter sa monade à d'autres monades, et même tenter la fusion de sa monade somato-psychique avec une autre monade somato-psychique, dans la relation amoureuse. Le *Un* – l'unité individuelle – n'est jamais un acquis total, et n'est pas un vécu psychique courant. L'éprouvé psychique le plus fréquent dans le développement d'une vie humaine normale, est sous-tendu par une libido d'Objet, une aspiration vers l'Objet.

La libido narcissique est bien une réalité concernant la défense du corps biologique et ses retentissements psychiques, mais encore devons-nous, selon M. de M'Uzan (1974), prélever sur ce stock égoïque, une grande part de «libido narcissique extra-ego» destinée à aimer soi en l'autre, en sens de se donner, se perdre dans l'Autre.

F. Pasche, dès 1964, a fait une brillante démonstration clinique de la composante pulsionnelle anti-narcissique : «un investissement réellement centrifuge» par lequel le Sujet tend à se dessaisir de lui-même, à se priver de sa propre substance ou du stock d'amour dont il dispose, «et cela indépendamment de facteurs économiques». Il s'agit, pour le Sujet, d'une tendance originelle «à se déprendre littéralement de lui-même, à céder de sa libido au profit éventuel de ce qui est au-dehors». Nous sommes voués de fondation à l'Objet dans un mouvement spontané d'effusion. «L'état amoureux et la psychose rendent manifeste cette effusion permanente du Je, que nous appelons l'anti-narcissisme» (F. Pasche, 1964, p. 227-242).

En ce qui concerne l'appareil psychique qui fonctionne dans le rêve, par exemple, alors que les liens somato-psychiques et sensori-moteurs sont relâchés, la sensorialité et la motricité étant mises relativement hors circuit, nous voyons clairement une organisation sans limitation, un moi ouvert, un moi sans frontières nettes, qui traduit peut-être la véritable nature de la «matière» psychique, du psychique pur.

Le soma est pourvu d'un système de défense immunitaire (le système H.L.A.) le protégeant des agressions externes et internes, qui permet aux biologistes de parler d'un Soi biologique, capable de reconnaître le moi et le non-moi avec une acuité et une rapidité incroyables jusqu'aux découvertes récentes. Le rêve de tous les psychologues et philosophes monadistes a été d'imaginer un système identique de protection pour le Soi psychique, pour le Moi.

La théorie freudienne du moi psychique a été calquée sur l'organisation biologique et ses défenses (on peut noter le caractère précurseur de Freud, décrivant les défenses psychiques sur le modèle des défenses immunitaires, à peine connues à son époque ; par exemple, ce qui est mauvais à l'intérieur de soi est projeté à l'extérieur... pour que la lutte soit plus facile). Il reste cependant que le psychisme ne possède pas de défense immunitaire. La défense psychique individuelle la plus courante est à base de fusion avec l'autre, une projection dans l'autre (les mécanismes de *condensation* et de *déplacement* du rêve sont témoins de cette non-limitation du Ça).

L'Un psychique existe-t-il ? L'individu n'est-il pas *couple* ou *groupe, avant que d'être monade* ? Si l'individu psychique n'existe pas comme monade, le couple-unité duelle est-il un composé stable ? L'appartenance au groupe n'est-elle pas le paradigme de tous les liens humains, y compris le lien amoureux ? Les trois chapitres suivants débattront ces questions.

3. L'«AMOUR VÉRITABLE» SELON FREUD. CINQ JALONS

Et pourtant Freud, dans sa méthodologie et sa théorie, à l'écoute d'un seul des partenaires amoureux, a dégagé l'essentiel du vécu du Sujet-Amoureux, et a su le décrire en termes dynamiques et topiques. Nous verrons que les points où il achoppe sont ceux où il envisage la dyade Sujet-Sujet et le problème de l'économie psychique qui en résulte.

J'analyserai succintement cinq textes[1] qui me paraissent être les pivots de la compréhension freudienne du couple amoureux : *Trois essais sur la théorie de la sexualité* (1905), *Pour introduire le narcissisme* (1914), *Observations sur l'amour de transfert* (1915), *Psychologie collective et analyse du moi* (1921) et *Malaise dans la civilisation* (1929).

3.1. 1905 : La puberté et la découverte de l'objet

Il s'agit d'un texte princeps de Freud[2] sur «la découverte de l'objet» d'amour. Le développement physiologique pubertaire engendre le primat du génital, la soumission à ce primat des

1. Toute l'œuvre freudienne contient des notations cursives relatives à l'état amoureux, mais elles ne font que reprendre la théorie de l'état amoureux énoncée dans ces textes que je prends comme référence. Je n'analyserai pas ici *la Morale sexuelle civilisée et la maladie nerveuse des temps modernes* (1908), qui dénonce la société – du début de ce siècle – comme génératrice de névroses et de difficultés sexuelles au sein du couple, ni le tryptique *Contribution à la psychologie de la vie amoureuse*: 1) «Un type particulier de choix d'objet chez l'homme» (1910), 2) «Sur le plus général des rabaissements de la vie amoureuse» (1912), 3) «le Tabou de la virginité» (1918), ces textes traitant en réalité de la *psychopathologie* de la vie amoureuse, ce qui n'est pas ici mon propos.
2. «Les transformations de la puberté» (avec les modifications et les ajouts de 1915 et 1920) in *Trois essais sur la théorie de la sexualité*.

pulsions partielles et des zones érogènes (orale, anale, et phallique pure) qui, indépendamment les unes des autres, recherchaient comme unique but le plaisir, et assigne au psychisme un but nouveau altruiste, qui correspond aux exigences de la perpétuation de l'espèce. «Loin d'être étranger à l'ancien but qui était le plaisir, le nouveau but lui ressemble en ce que le maximum de plaisir est attaché à l'acte final du processus sexuel» : le coït et l'orgasme (S. Freud, *op. cit.*, p. 112).

Freud, dans cet essai, et dans les conclusions de l'ouvrage, relève les effets lointains (à l'adolescence) du choix d'objet infantile. Il souligne que personne n'échappe à une relative fixation incestueuse «pour ses premières amours sérieuses» (p. 139) extérieures à l'entourage familial. La période de latence a servi à établir, dans un développement normal, une nette barrière contre l'inceste. Mais, de l'affection de ses parents, l'enfant garde «les impressions les plus profondes peut-être qui, renouvelées pendant la puberté, commandent la direction du choix de l'objet.»

C'est dans ce texte que Freud explique ce qu'il entend par «le caractère normal de la vie sexuelle», c'est-à-dire l'état amoureux, mixte de sensualité et de tendresse. L'amour est d'origine et d'essence psychique. Il provient de «l'irruption d'un mouvement amoureux intense, de caractère psychique, retentissant sur l'innervation des parties génitales» ; c'est alors que se réalise enfin «l'unité (physique et psychique) caractéristique de la vie amoureuse normale» (*op. cit.*, p. 158).

On peut remarquer que Freud fait précéder, lors de l'adolescence, cette phase proprement psychique, amoureuse, d'une phase préparatoire – essentiellement physique, pubertaire – où «les processus de développement physique et psychique s'accomplissent d'abord sans lien entre eux».

Le chapitre relatif à la théorie de la libido, introduit en 1920, reprend les vues développées en 1914 dans *Pour introduire le narcissisme.*

3.2. 1914 : Le choix de l'objet

C'est avec *Pour introduire le narcissisme*, qu'est étudié le problème économique soulevé par la distinction entre la libido narcissique et la libido d'objet qui investit l'objet aimé et désiré.

Freud y décrit les deux grandes variétés, les deux modalités de choix de l'objet, de choix amoureux (trad. fr., p. 93-95) :

– *Selon le type narcissique,* on aime : a) ce que l'on est soi-même, b) ce que l'on a été soi-même, c) ce que l'on voudrait être soi-même, d) la personne qui a été une partie du propre soi.

– *Selon le type par étayage,* on aime : a) la femme qui nourrit, b) l'homme qui protège.

Freud se défend tout d'abord de catégoriser les êtres en deux groupes rigoureusement distincts. Il préfère faire l'hypothèse que chaque être humain, ayant deux objets originaires : lui-même et la femme qui lui donne ses soins, a deux voies ouvertes, et donne la préférence à l'une ou à l'autre.

Toutefois, il lui apparaît que «le plein amour d'objet, selon le type par étayage, est particulièrement caractéristique de l'homme», la surestimation sexuelle de l'aimée signant ce type et déclenchant «l'état bien particulier de la passion amoureuse qui fait penser à une compulsion névrotique, et qui se ramène ainsi à un appauvrissement du moi en libido au profit de l'objet». En revanche, le choix amoureux narcissique lui semble être «le développement de type féminin le plus fréquent, et vraisemblablement le plus pur et le plus authentique» ; les femmes, dont la constitution sexuelle a accru l'enracinement dans le narcissisme primaire, «n'aiment à strictement parler qu'elles-mêmes, a peu près aussi intensément que l'homme les aime». Elles ont en outre le charme, le pouvoir de séduction des êtres narcissiques, tels les chats ou les grands prédateurs (*op. cit.*, p. 93-94).

3.3.1915 : L'amour de transfert, modèle de l'amour

Les «Observations sur l'amour de transfert» (1915) constituent à mon sens l'un des textes les plus riches de Freud sur l'état amoureux, sur la séduction amoureuse, et sur le problème de la réciprocité – bien qu'il s'agisse d'un écrit technique d'où toute réflexion métapsychologique est absente.

Il présente l'immense avantage, sur les autres textes freudiens, de présenter le vécu amoureux dans son site naturel, je veux dire : la situation duelle. Espace «naturel» artificiellement, expérimentalement recréé par le cadre analytique. État amoureux «duel», avec tout ce que comporte d'asymétrie la relation analytique. Mais c'est justement sur ces aspects d'artifice et d'asymétrie que Freud attire l'attention du lecteur.

Il semble, dans sa discussion technique, aller et venir sans plan pré-établi ; ce texte y gagne en verdeur, en spontanéité. Freud prend comme exemple-type le cas d'une patiente qui, soit par de transparentes allusions, soit ouvertement, fait comprendre à son analyste-homme que, tout comme n'importe quelle simple mortelle, elle est éprise de lui. Alors que, jusque-là, elle faisait dans sa cure preuve d'une remarquable compréhension et d'une grande intelligence, «voici que la malade a perdu tout entendement : elle ne veut entendre parler ni parler elle-même que de son amour dont elle demande la réciprocité, elle renonce à ses symptômes ou les néglige, et se déclare même guérie.»

Freud envisage pour le praticien diverses solutions qui peuvent tenter «les jeunes surtout, qui n'ont pas encore noué de liens durables» (au moment où il écrit, Freud a cinquante six ans, et presque vingt ans de pratique de la cure-type) afin de trouver issue à «cet amour tumultueux». Sa position d'analyste, dictée par la déontologie, l'éthique et surtout la technique, est claire : le traitement doit se poursuivre, «en dépit et au travers de ce transfert amoureux» qui n'est qu'une forme prise, à ce moment de la cure, par la résistance. L'analyste ne doit en aucun cas se départir de «son indifférence» et s'astreint à «tenir de court le contre-transfert».

Mais quelle est la nature de cet «amour de transfert» ? C'est dans la réponse à cette question que seront apportées de précieuses indications concernant l'amour «tout court».

L'amour de transfert est «déterminé par la situation analytique et non par les avantages personnels dont pourrait se targuer l'analyste. N'en est-il pas pour autant authentique ?» Réponse : «Il s'agit d'un ensemble de répliques et de clichés de certaines situations passées et aussi de réactions infantiles», produits de la régression induite par le cadre psychanalytique. Toutefois, ne s'agit-il pas d'un «amour véritable», normal ? Réponse : l'amour de transfert est certes «une réédition de faits anciens, une répétition des réactions infantiles, mais c'est là le propre de tout amour, et il n'en existe pas qui n'ait son prototype dans l'enfance. Le facteur infantile déterminant confère justement à l'amour son caractère compulsionnel et frisant le pathologique.» Et Freud de conclure :

«Rien ne nous permet de dénier à l'état amoureux qui apparaît au cours de l'analyse le caractère d'un amour véritable. Son apparence peu normale s'explique suffisamment si nous songeons que *tout état amoureux rappelle plutôt les phénomènes psychiques anormaux que les états normaux...* N'oublions pas que *ce sont ces caractères anormaux qui forment l'essentiel d'un état amoureux*[1].»

3.4. 1921 : Amour, hypnose et groupe

Dans «Psychologie collective et analyse du moi», Freud fait une description métapsychologique, ou tout au moins topique, de l'état amoureux en comparaison, d'une part, avec les phénomènes collectifs, d'autre part avec l'hypnose.

Dans l'*«amour véritable»*, qui résulte de la confluence de deux courants, courant de la sensualité et courant de la tendresse, l'objet aimé se trouve dans une certaine mesure soustrait à la critique ; il est idéalisé ; il est traité comme le propre moi du sujet. Quand la tendance tendre l'emporte aux dépens de la tendance sensuelle, comme dans l'«amour poétique de l'adolescent», l'état amoureux exacerbé fait que «l'objet absorbe, dévore pour ainsi dire le moi». Et dans le cas d'amour sans retour, l'objet prend la place de l'idéal du moi. «L'état amoureux peut être conçu comme une introjection de l'objet dans le moi».

Dans l'*hypnose*, l'hypnotisé est dans un abandon amoureux total vis-à-vis de l'hypnotiseur; les tendances sexuelles étant entravées, il met l'objet-hypnotiseur à la place de son idéal du moi. Afin d'expliquer que la *foule*, en tant que phénomène

1. Souligné par Freud.

primaire, résulte de «la réunion d'individus ayant tous remplacé leur idéal du moi par le même objet, ce qui a pour conséquence l'identification de leur propre moi», Freud juge utile de comparer ce phénomène collectif d'idéalisation à l'hypnose d'une part, à l'état amoureux d'autre part. Dans l'hypnose «foule à deux» (qui implique que les tendances sexuelles directes soient entravées) comme dans l'état amoureux (considéré sous son aspect platonique, tendre), il y a idéalisation de l'objet, l'hypnotiseur dans un cas, l'objet aimé dans l'autre. L'objet prend ainsi, comme dans le phénomène collectif primaire, la place de l'idéal du moi.

Hypnose et amour (dans le cas d'entrave du courant sensuel) sont ainsi assimilés. On peut noter tout à la fois la hardiesse et la pénétration de cette synthèse opérée par Freud entre trois phénomènes d'apparence très diverse, mais aussi son embarras vers la fin de ce chapitre 8 intitulé «État amoureux et hypnose»: «De l'état amoureux à l'hypnose, la distance n'est pas grande. Les points de ressemblance entre les deux sont évidents.» : il y a «abandon amoureux total» dans les deux situations. Ainsi l'état amoureux est-il susceptible de nous donner la clef de l'hypnose. Mais Freud inverse aussitôt sa proposition et prétend que, étant donné que l'hypnose met particulièrement en relief le phénomène de substitution de l'objet à l'idéal du moi, «il semblerait plus indiqué d'expliquer l'état amoureux par l'hypnose que de suivre la voie inverse». Et quelques lignes plus loin, malgré la cohérence logique du parallèle qu'il vient d'établir, il se réfugiera devant un *x*, une inconnue, pour faire appel à un *facteur irrationnel.* L'état amoureux sans tendances sexuelles directes qui caractérise l'hypnose est un des *«traits qui échappent encore à toute explication rationnelle. Sous beaucoup de rapports, l'hypnose est encore difficile à comprendre et se présente avec un caractère mystique.»*

Manifestation de modestie du chercheur ? Sentiment d'inquiétante étrangeté à l'approche d'un domaine inexploré, tabou ? L'ambiguïté de la démarche freudienne dans ce texte a retenu mon attention, parce qu'elle éveille des résonnances avec un autre texte où Freud, de la même façon, avoue les limites de sa «compétence» et invite à explorer un «au-delà» : un au-delà de la topique individuelle, peut-être. Le domaine du fonctionnement psychique groupal ?

3.5. 1929 : Malaise... dans la théorisation de l'amour

De la même problématique – ce qui touche aux origines de la psyché primitive, et à la psyché duelle ou groupale – me semblent relever les propos ambigus de Freud concernant le «sentiment océanique», au début de *Malaise dans la Civilisation.*

Tout en prétendant qu'en lui-même il est «impossible de découvrir pareil sentiment océanique» et que d'une façon générale «il est malaisé de traiter scientifiquement des sentiments», Freud va justifier cette expérience psychique en la référant au vécu le plus précoce. Considéré de l'extérieur, le Moi, écrit-il, paraît comporter des limites nettes et précises. De même, de l'intérieur, rien n'est plus stable que le sentiment de nous-mêmes, de notre propre moi.

«Il n'est qu'un seul état – exceptionnel il est vrai mais qu'on ne saurait qualifier de morbide – qui soit de nature à modifier cette situation : *au plus fort de l'état amoureux*, la démarcation entre le Moi et l'objet court le risque de s'effacer. A l'encontre de tous les témoignages des sens, l'amoureux soutiendra que Moi et Toi ne font qu'un.»

Ainsi Freud signale-t-il, sur un plan phénoménologique, le vécu «sentimental» dyadique, qui permettrait de revivre à deux le «sentiment océanique». Ce sentiment – cher à son ami Romain Rolland – d'illimité, d'infini, d'universalité, «de ne faire qu'un avec le grand Tout», lui paraît correspondre au rétablissement du narcissisme illimité du premier temps de la vie, et expliquer tant l'état amoureux que «d'autres modifications obscures de l'âme telles que la transe et l'extase». Mais Freud, après cette explication par une régression à un «Moi-plaisir pur», s'en tient là, renâcle devant l'obstacle, évite de tenter une description métapsychologique complète, et conclut abruptement, en éludant la question, le premier chapitre du *Malaise*, par une citation de Schiller : «Se réjouisse qui respire dans la rose lumière».

Je reviendrai en troisième partie sur ce renoncement – dont Freud n'est pas coutumier – à s'engager dans les «profondeurs», en émettant l'hypothèse qu'il manquait à Freud pour conceptualiser le tout premier vécu humain, ainsi que l'éprouvé amoureux dyadique ou la communication groupale syncrétique, la notion d'un espace, d'un registre et d'un processus antérieurs au primaire : l'espace, le registre, le processus originaires.

II. LA DYADE AMOUREUSE

Mon propos, dans cette deuxième partie, est de situer le fonctionnement psychique à deux qui, dans la description classique, s'origine dans l'attachement, le cramponnement nourrisson-mère désigné comme «unité duelle» par I. Hermann (1943) et repris par N. Abraham (1972), puis par R. Barande (1975) sous l'appellation «unité-joug» ou «unité-couple».

Dès le début des années 60, en France, les développements, à partir de Freud, de la compréhension et de la thérapie psychanalytique du couple sont autant de contributions à ce qu'on peut actuellement considérer comme un corpus clinique et théorique contenant les bases psychanalytiques, désormais connues, de la vie amoureuse[1].

Je ne développerai donc pas ici ces éléments classiques de la découverte dyadique (choix du partenaire) et de la vie dyadique au long cours : c'est-à-dire les mécanismes d'*idéalisation, clivage,* et *déni*, qui font des états amoureux les «prototypes normaux des psychoses» (S. Freud, 1912, p. 105). Dans cette partie, je me pencherai sur les aspects laissés dans l'ombre, ou non repérés, ou à mon sens, non clairement conceptualisés jusqu'ici.

1.Ces bases classiques sont développées dans les ouvrages de J.-G. Lemaire : *les Conflits conjugaux* (1966), *les Thérapies du couple* (1971), et *le Couple, sa vie, sa mort* (1979), et dans *l'État amoureux* de C. David (1971). J'ai moi-même contribué à l'édification et à la diffusion de ces bases dans trois rapports lors de Colloques franco-suisses des conseillers conjugaux : *l'Instinct de couple et l'inconscient* (Mulhouse, 1972), *Mélanie Klein et le couple* (Lausanne, 1974), *le Soi conjugal* (Annecy, 1975). Tous les numéros de la revue Dialogue, organe de l'Association Française des Centres de Consultation Conjugale sont un complément très utile à ces textes de base. Je signale enfin l'ouvrage de R. Marty écrit en collaboration avec les conseillers conjugaux grenoblois : *le Conseil conjugal. Pourquoi et comment* (1981).

1. RÉSISTANCES A LA THÉORIE DE L'UNITÉ DUELLE

L'intervention psychologique en Occident a pastiché le modèle médical : un médecin – un patient, en se conformant à un principe de recherche scientifique qui consiste à analyser, à réduire le réel, pour l'étudier, à la plus petite unité observable. Dans le domaine de l'humain, la plus petite unité indivise, non divisible, non réductible à plus petit, fut l'individu-soma, et, après Descartes, l'individu soma-psyché, source du Cogito[1].

Par ailleurs, toutes nos conceptions psychologiques actuelles sont empreintes des théories parallélistes et épiphénoménistes (T. Ribot) de la fin du XIXe siècle, qui contiennent un postulat sous-jacent : la pensée est liée au physiologique *comme le contenu à son contenant* ; la pensée – l'esprit –, assimilée au cerveau, est couramment fantasmée comme étant à l'intérieur du soma, faisant partie intégrante du soma, tel un organe hyperspécialisé, c'est-à-dire capable d'enregistrer, d'associer, de créer.

Or la psyché (bien que sous la dépendance de l'activité cérébrale, du système nerveux central et périphérique) ne se laisse pas enfermer, limiter. Elle est en constant débordement, ainsi que Sartre, après Husserl, l'a axiomatisé : «Toute conscience est conscience de quelque chose» ; «Connaître, c'est s'éclater vers, s'arracher... par delà soi vers ce qui n'est pas soi» ; «La conscience est un mouvement pour se fuir, un glissement hors de soi ... elle n'a pas de dedans, elle n'est rien que le dehors d'elle-même et cette fuite absolue.» (J.-P. Sartre, 1936, p. 110).

Si le fait de penser ne peut avoir lieu sans l'organe-cerveau, l'*acte de penser* est jaillissement vers, et le *contenu du penser* est le fruit d'identifications au penser de l'autre, au penser et au parler du groupe.

Le Moi est un condensé des amours du ça, d'où émanent toute représentation et tout affect. Le Moi individuel est une «mise

1. La deuxième des règles de la Méthode s'énonce ainsi : «Diviser chacune des difficultés que j'examinerai en autant de parcelles qu'il se pourrait et qu'il serait requis pour le mieux résoudre.»

en conserve», une «mise en limites», une présentation sous emballage individuel, sous conditionnement moïque individuel, d'une pensée et d'une parole groupales. Freud a tenu la gageure de qualifier et de relativement quantifier l'énergie qui résulte du «travail imposé à la psyché du fait de sa liaison avec le somatique», et qui se manifeste dans les pulsions individuelles de vie et de mort. Ne peut-on penser qu'il est allé au plus loin dans l'étude de la monade psyché-soma ? La monade humaine psyché-soma possède une énergie interne qui la pousse :

1) D'une part, à se conserver dans les meilleures conditions de sécurité, de stabilité, d'homéostasie, de calme : en assimilant du monde externe les apports de matière, d'énergie et d'information qui sont nécessaires à sa subsistance ; et en évacuant les quantités d'énergie qui risquent de mettre en péril son unité et sa stabilité internes.

2) D'autre part, à se reproduire. Et c'est toute la dynamique libidinale amoureuse que Freud a décrite sur le plan interne.

Mais la monade s'attache, se cramponne aux autres monades ; il ne lui sied pas de se laisser isoler. Écoutons donc la dyade.

2. L'ÉCOUTE PSYCHANALYTIQUE DE LA DYADE

L'écoute, dans un cadre analytique, de la dyade (couple homme-femme) considérée comme un tout, comme une unité, était peu concevable avant 1965-70 en France. L'expression «thérapie conjointe» a été introduite par J.-G. Lemaire (1971). Certes, il a toujours existé des entretiens de couples (assurés par le médecin, le prêtre, etc.) qui n'avaient pas comme visée la fantasmatique inconsciente du couple, mais où le «thérapeute» conjugal se plaçait le plus souvent en médiateur, en conciliateur, écoutant l'un, écoutant l'autre : deux versions d'une même réalité, deux compositions juxtaposées à partir d'un même thème et intervenant comme en voix *off* sur une partition double[1].

1. Les films d'André Cayatte : *Françoise ou la vie conjugale* et *Jean-Marc ou la vie conjugale*, sortis sur les écrans au début des années 60, traduisent assez bien cette double perception de la réalité, ou pour le moins la désynchronisation de deux vécus identiques.

Depuis dix ans en France, sous l'influence des travaux de D. Anzieu et R. Kaës (bien que leur objet de recherche ne fût pas le couple), de nombreux thérapeutes conjugaux se sont mis à l'écoute du couple-dyade, de l'unité-couple, considérée comme deux corps certes, deux sources différenciées, mais *écrivant ensemble une histoire psychique.* Cette dyade psychique possède toutes les caractéristiques d'une psyché transindividuelle supra-individuelle, c'est-à-dire ayant une topique propre, une dynamique et une économie tout à fait spécifiques.

2.1. Une topique dyadique

Quand un couple vient à naître, d'un amour réciproque, partagé, il se produit chez chacun des partenaires psychiques (qu'il y ait vie commune ou non, que cet amour soit déclaré ou non) un *bouleversement topique*, une sorte d'«*arrachement*», d'écartèlement moïque interne, de décentration, de mise en commun d'espaces psychiques qui se sentaient jusque là irréductiblement moïques.

Les deux Moi en présence font l'expérience d'une inquiétante et étrange ressemblance, sous l'impact du désir et de l'admiration réciproques qui peut se traduire par : «Pourquoi moi ? Pourquoi elle ?». Cette expérience troublante du même est fondée sur la dissemblance et la complémentarité des sexes qui engendre une surestimation de l'autre et une sorte de reconnaissance de gemellité. Ce «Pourquoi moi ? Pourquoi elle ?» fait irrésistiblement écho à la formule célèbre de Montaigne : «Parce que c'était lui, parce que c'était moi».

Le phénomène amoureux réalise un «encastrement» (avec tout ce que ce mot peut susciter d'évocations diverses) des deux Moi psychiques comme s'ils étaient de nature, d'origine, faits pour s'emboîter l'un dans l'autre. Les amoureux n'auront de cesse de fonctionner comme un Moi unique, se débarrassant passagèrement de leurs narcissismes ; ils auront des projets communs, prendront des décisions communes, trouveront un lieu commun, un espace matriciel commun ; ils feront une création commune, et s'émerveilleront de cet auto-engendrement de leur couple.

Ça, Surmoi, Idéal du moi, Moi idéal

Le couple amoureux en lune de miel vit l'illusion d'un *Ça commun*, unique. Le phénomène de surestimation sexuelle, d'idéalisation du corps de l'autre, crée le sentiment d'une psyché unique et d'un fond instinctuel identique.

Le *Surmoi* du couple se dissipe, les Surmoi individuels tendant à se dissoudre sous l'effet de la révélation de la réciprocité du désir ; le couple se sent prêt à affronter les plus grands périls externes et internes.

La *culpabilité* (issue du Surmoi) disparaît du fait de la réciprocité des désirs. La *honte* (issue de l'Idéal du Moi), assumée en commun, n'est plus honte, mais, en tant que formation réactionnelle, retrouve la pulsion partielle originelle, le plaisir exhibitionniste et voyeuriste assumé à deux dans la découverte mutuelle des corps complémentaires.

Reste un *Moi idéal de Couple* qui est une aspiration à la fusion impossible, et croyance à cette symbiose possible : ne plus faire qu'un, à tout instant, selon le modèle expérimenté passagèrement dans le vécu orgastique partagé.

L'objet-couple

Une description de la topique dyadique – le repérage des lieux psychiques du couple – serait incomplète et incompréhensible sans la reconnaissance d'une psyché extra-territoriale, résultant de la collusion de la «libido narcissique extra-ego» (M. de M'Uzan) de chacun des partenaires. Le Sujet-Couple, tel que je tente de le cerner, de le délimiter, dans son écorce externe et dans son noyau, n'est pas concevable sans la notion d'*Objet-Couple*.

L'illusion amoureuse, le fantasme fusionnel, ne peuvent être compris métapsychologiquement, et sur un plan topique en particulier, que si l'on inclut dans l'espace «couplal», l'*investissement spéculaire de l'Objet-Couple*.

Au-delà du plan manifeste, au-delà de la recherche de fusion des corps, la psyché, dans le phénomène de leurre propre d'ailleurs à tout investissement psychique, ne sait pas qu'elle investit la relation elle-même, c'est-à-dire l'Objet-groupe[1] dans lequel elle se mire.

Ce qui est aimé, investi amoureusement par les psychés du couple, c'est le couple en tant qu'Objet, fascinées qu'elles sont par le lien lui-même, au-delà de l'attrait du corps ou de la psyché de l'autre. L'essentiel de l'illusion amoureuse réside dans cette fascination spéculaire, dans cette spécularisation du couple, et, comme nous le verrons dans la quatrième partie, cette illusion «couplale» n'est autre qu'une illusion groupale, recherche ou fuite groupale.

Le couple – l'Objet-Couple – pour les amoureux, tient lieu, remplit fonction d'*instance.* Instance non interne, mais extraterritoriale, psyché transindividuelle, supramoïque, où le Sujet-Couple, la dyade aimante, ne peut se distinguer de l'Objet-Couple, la dyade aimée, dans la relation doublement spéculaire.

Le couple s'aime, au même titre que le Moi individuel s'investit narcissiquement, s'aime. Dans l'amour, investissement narcissique et investissement objectal , étant *indissociables*, révèlent à l'évidence leur indissociabilité de nature[2].

2.2. Une dynamique dyadique

L'écoute psychique du couple en thérapie conjointe nous donne à entendre le conflit sous la forme d'une *défense des limites de l'unité-couple* contre l'intrusion de l'environnement. Le couple se cache pour ses contacts intimes. Et s'il se montre en société, c'est pour mieux afficher cette nouvelle frontière acquise ; tous les gestes d'appropriation sont là pour attester sa séparation de l'environnement banalisé.

Au point de vue structurel interne, le conflit a tendance à se réduire à une reconnaissance respective de l'être-homme et de l'être-femme. Tous les conflits sont – apparemment – facilement

1. Voir J.-B. Pontalis (1963) à qui le concept d'objet-couple doit beaucoup, «le Petit groupe comme objet», in *Après Freud.*
2. Cette perspective peut éclairer d'un jour nouveau le problème général de la distinction entre investissement narcissique et investissement objectal. Voir en particulier : J. Cosnier (1970), P. Aulagnier (1979) et M. de M'Uzan (1976).

résolus dans la découverte de la complémentarité anatomique, illusoirement étendue à la psyché en complémentarité psychique, dans un vécu ambigu correspondant au rêve archaïque d'un être bisexué.

2.3. Une économie dyadique

Le point de vue économique dyadique est le moins souvent décrit dans les travaux psychanalytiques. Freud a toujours éludé le sujet, en se contraignant à ne considérer qu'une homéostasie strictement individuelle. Mais, si le couple peut se constituer, s'il peut durer un temps, et souvent perdurer jusqu'à la mort du conjoint, c'est parce qu'un *échange* et une *régulation* de l'énergie psychique s'installent dès le début de la constitution de la dyade amoureuse.

Quelle gageure en effet semble être ce projet d'association duelle de deux êtres aussi dissemblables anatomiquement et fonctionnellement qu'un homme et une femme, n'était la mutation économique engendrée par «l'accouplement» !

Certes, le «service» du plaisir, le «service» de l'espèce (au sens de «service dermique», en éthologie animale), l'«élevage» des enfants, sont des facteurs majeurs de la stabilité du couple. Mais ces facteurs, si importants soient-ils, ne suffiraient pas à maintenir le couple, l'accouplement, s'il n'existait qu'une simple juxtaposition, même bien engrenée, de deux narcissismes individuels, si une économie nouvelle ne régissait pas la dyade, indépendamment du type de choix d'objet effectué par les partenaires. Les hommes font-ils un choix d'objet amoureux plus particulièrement anaclitique ? L'objet amoureux de la femme est-il choisi selon un type plus particulièrement narcissique, ainsi que le pense Freud ? Rien n'est moins sûr.

Mais, quel que soit le type de choix, nous constatons une modification structurale, économique de la répartition de l'énergie mise en commun. L'énergie libidinale dyadique n'est pas la simple adjonction d'un «quantum» énergétique à l'autre «quantum» énergétique des deux somas-psychés couplés.

La constatation constante de Freud est la suivante : l'amoureux s'appauvrit en dérivant toute une part de sa libido narcissique vers l'Objet qu'il investit amoureusement. L'amour serait une sorte d'hémorragie narcissique, ou de transfusion d'énergie dans un seul sens. L'optique économique amoureuse freudienne est une perspective de perte de l'Objet aimé, d'un deuil prochain à faire, comme si la réciprocité économique ne pouvait exister.

Rappelons que Freud s'est toujours placé en observateur de la monade, ne considérant que le quantum d'énergie disponible dans le soma-psyché individuel. Quand il considère le couple en tant que tel d'un point de vue économique (dans *Malaise dans la civilisation*, par exemple), s'il décrit phénoménologiquement le fonctionnement amoureux, l'état amoureux réciproque, mutuel, comblé, c'est, nous l'avons vu, avec une distance teintée de mépris : «A l'encontre de tous les témoignages des sens, l'amoureux soutiendra que Toi et Moi ne font qu'un», et en suggérant que le sentiment océanique ne mérite pas une étude scientifique.

Et pourtant, la clinique du couple nous apprend qu'un régime économique nouveau s'installe entre deux êtres, dans le cas d'un amour réciproque. On constate, non pas une addition de deux potentiels énergétiques, avec appauvrissement de l'un et de l'autre, mais une mise en commun des Ça individuels, sources d'énergie libidinale de l'individu, et un ressourcement continu des Moi «réservoirs d'énergie» à cette nouvelle source commune.

Tout se passe comme si la libido orale, anale, et phallique génitale, aussi bien narcissique qu'objectale, se régénérait de façon continue, s'amplifiait, s'intensifiait, se déployait, et comme si les objets mutuellement investis n'étaient que les récepteurs d'un *trop-plein* énergétique constitué par une masse libidinale débordante de toutes parts. La psyché nouvelle, psyché dyadique du couple, étayée sur deux somas à l'unisson, paraît s'emplir et déborder d'un Eros, engendrant un sentiment d'énergie inépuisable. Il est vrai que Thanatos n'est pas loin, mais, dans les cas non pathologiques, il reste silencieux comme il est dans sa nature de l'être, et impuissant à enrayer ce courant de vie dyadique qui se caractérise par une dépense psychique intense, compensée par un crédit constamment renouvelé.

3. ILLUSION DYADIQUE ET ILLUSION MOÏQUE

Illusion que ce vécu de richesse énergétique du Sujet-Couple ? Phénomène *passager* que la réalité concrète du vécu de couple au jour le jour viendra démentir ?

Certes, phénomène illusoire et passager, si l'on considère son intensité. Mais il reste que ce temps de l'amour, dans son intensité et sa pureté d'origine, restera le *fond représentatif* sur lequel se déroulera une vie conjugale épanouie, le *référent* auquel le couple s'accrochera, sur lequel le couple s'appuiera dans la quotidienneté ultérieure, et le *moment fécond* que le couple reproduira, revivra, avec une intensité égale, mais de façon momentanée, dans les échanges de plaisir corporel ou mental, retrouvailles de cette période féconde, ou encore au cœur même, et à la suite, des crises inévitables de la vie conjugale.

Le continuum amoureux de couple s'alimente de cette illusion première, de cette relation «pensée» de la découverte de l'autre, physique et psychique. Illusion de découverte, alors qu'il s'agit de re-découverte : redécouverte de l'Objet œdipien et, au-delà, de la relation d'amour primaire à la mère, ré-écriture sur une page vierge en apparence d'une partition déjà composée en creux, pourrait-on dire, ou en filigrane.

Nous verrons plus loin que l'amour, s'il est re-dite, ré-impression, re-vécu d'expériences refoulées ou clivées, n'est pas que cette ré-écriture, mais qu'il est, pour sa part la plus profonde (originaire), un vécu jamais encore inscrit dans la psyché en tant que fantasme (primaire) et en tant que dit (secondaire).

Illusion donc ? Moment d'élation passager ? Certes, en partie. Mais cette illusion est-elle plus illusoire que la découverte du Moi par le Moi, dans sa structuration première ?

L'identité individuelle est, elle aussi, une illusion, une idéalisation du Moi, une fascination continue, dès les premiers moments du stade du miroir. D. Lagache (1957) a dénoncé l'ambiguïté sémantique du terme «Moi» de la langue française (Je étant le cas sujet, Moi le cas complément) et tenté d'éclaircir les rapports du Sujet conscient et de l'Objet-Moi. Le Moi de l'existence concrète est, pour l'auteur, le Sujet dont la conscience est un attribut essentiel, mais non permanent. «Moi» pose la personne comme objet un et permanent qu'il oppose au non-Moi et aux autres «Moi». Le Moi, qui ne peut jamais être «objectivé» dans une représentation claire et distincte, est une tentative de conceptualisation des parties de la conscience qui ont trait à la personne propre ; il est la représentation explicite et implicite que le Sujet conscient se donne de la personne.

La conscience tend vers une organisation unitaire, elle en cherche l'*illusion* en s'attachant à certains repères comme le nom, et en méconnaissant la multiplicité des rôles interpsychiques, des identifications. Assimilant le Sujet à la Conscience, D. Lagache soutient que le Sujet s'identifie au Moi, s'aliène dans le Moi : «elle se prend pour quelqu'un, le Moi» (*ibid.*, p. 41). Cette aliénation de la conscience par le Moi recouvre deux phénomènes d'illusion :

1) L'*illusion réflexive*, introspective, par laquelle le sujet ne parvient à saisir son expérience qu'en première personne, d'où l'illusion que le Je est un habitant de la conscience.

2) L'*illusion «bovaryque»*, par laquelle le sujet se prend pour tel Moi, dans tel rôle, dans telle identification.

«La conscience est infiltrée, aliénée, captée, fascinée, enchantée, envoûtée par le Moi, le Moi qu'elle a fait... ; elle est aliénée, par les prestiges du Moi». Il est même «dans l'essence et la fonction de la conscience de s'aliéner». Ainsi, «la conscience s'aliène dans le Moi, se prend pour le Moi ; elle se perd en tant que conscience» (*ibid.*, p. 42).

Le but de l'analyse est de dégager la Conscience de l'empire du Moi : d'une part, désaliéner la conscience qui est rendue à elle-même pour, certes, s'aliéner à nouveau, mais dans une communication authentique ; d'autre part, permettre à la conscience d'objectiver le Moi et de s'en dégager. Et D. Lagache d'énoncer ainsi la finalité du processus analytique : «Là où était le Moi doit être la Conscience» (*ibid.*, p. 42).

Si le Moi est un leurre, si «le Je n'est rien d'autre que le savoir du Je sur le Je» (P. Aulagnier, *op. cit.*, p. 28), si «l'individu n'est qu'une parcelle de groupe» (S.-H. Foulkes), l'illusion amoureuse dyadique n'est qu'un aspect de l'illusion moïque ; elle est une des ruses – et non des moins ingénieuses, et non des moins créatrices – de l'esprit, qui donne à la vie humaine son sel quotidien, sa vectorisation vers l'avenir et vers l'extérieur. Moi qui aime un autre Moi n'est pas plus illusion que Moi qui aime Moi.

III. LE COUPLE ET L'ORIGINAIRE

1. POSITION DU PROBLÈME

Dans *l'État amoureux*, C. David développe la thèse selon laquelle l'amour – reproduction des amours infantiles œdipiennes d'une part, de la relation d'amour primaire orale à la mère d'autre part – est aussi une *création*. Ce sentiment de création, cet éprouvé, dans l'amour, d'un «*jamais encore vécu*», est-il le fait d'un simple retour du refoulé œdipien, ou d'un déclivage, ou d'une re-projection – avec surclivage du Moi et de l'objet – dans le réel d'une relation de la phase schizo-paranoïde, relation toute bonne avec une mère entretenant l'illusion de la fusion et de la création ? C'est la position classique des auteurs psychanalytiques qui ont écrit sur l'amour et le couple.

Dans cette troisième partie, mon propos est de montrer :

1) Que *la recherche du couple et l'amour renvoient à une inscription psychique plus archaïque : le pictogramme, décrit par P. Aulagnier comme une marque dans l'espace psychique originaire.*

2) Que *la quête amoureuse et la découverte amoureuse comportent, en leur fond, les mêmes caractéristiques que les vicissitudes de l'intégration de la psyché et du soma au cours de la première année de la vie.*

2. L'ORIGINAIRE ET LE PICTOGRAMME SELON P. CASTORIADIS-AULAGNIER

Ces hypothèses ne sont pas issues d'un besoin de théorisation, mais de l'écoute clinique de l'association libre du couple ou de la famille tout entière en thérapie conjugale conjointe ou en thérapie familiale psychanalytique. Une synthèse préalable de la conceptualisation par P. Aulagnier du fonctionnement de l'appareil psychique le plus archaïque, le processus originaire, me paraît un préliminaire indispensable[1].

Pour P. Aulagnier, la rencontre inaugurale entre le nourrisson et le monde se concrétise dans la première et inaugurale expérience du plaisir : *la rencontre entre bouche et sein*, qui constitue ce qu'elle nomme «l'objet-zone complémentaire». Le psychisme du nourrisson aura à métaboliser, à assimiler un espace hors psyché, à le rendre homogène à son espace psychique, non encore créé ni délimité, d'où le caractère paradoxal de ce premier modèle relationnel de la rencontre originaire.

L'appareil psychique humain comporte trois registres d'inscriptions, trois «espaces», trois fonctions spécifiques engendrant trois types de processus, trois productions différentes :
– le registre *originaire* engendre un pictogramme ;
– le registre *primaire* est à la source du phantasme[2] : il produit une représentation scénique, une mise-en-scène ;
– le registre *secondaire* produit une représentation idéïque, une mise-en-sens qui est l'œuvre du Je constitué.

Les registres primaire et secondaire, chez P. Aulagnier, recouvrent pour l'essentiel les conceptions freudiennes, devenues classiques, que nous avons des processus primaire et secondaire. Quant au registre originaire, il est postulé par l'auteur comme antérieur – dans l'ontogénèse et dans tout fonctionnement psychique actuel – au fonctionnement primaire et secondaire, et comme indispensable pour comprendre la potentialité psychotique et, ajouterai-je, la potentialité amoureuse.

---

1. Cette synthèse est extraite des chapitres I, II, V et VII de *la Violence de l'interprétation* (1975). Au moment où j'écris ces lignes, me parvient le n° 26 (automne 1982) de la *Nouvelle Revue de Psychanalyse*, dont le thème est «L'archaïque». A travers de riches prestations cliniques ou théoriques, on constate que :
1) La plupart des auteurs assimilent l'Originaire à l'Archaïque (concernant cet aspect sémantique, voir en particulier le texte de J.-M. Petot sur l'archaïque et le profond).
2) La description qui est faite de l'archaïque-originaire se place à un niveau représentatif, fantasmatique, et non sur un plan topique.
3) Enfin, aucun des auteurs ne fait référence à la théorie de l'Originaire selon P. Aulagnier – ce qui rend d'autant plus opportune la restitution fidèle de cette théorie fondamentale pour la compréhension de l'Originaire.
2. Je respecte, dans la présentation de cette théorie, la graphie utilisée par l'auteur pour ce vocable, conforme à celle proposée par S. Isaacs pour désigner le fantasme inconscient.

Le bébé humain, naissant au monde extérieur, n'a ni phantasme, ni certes pensée. Il utilise un mode de fonctionnement régi par la loi du «Tout ou tout», en ce sens que seul le plaisir a droit de cité dans le psychisme précoce. Dans sa rencontre avec le monde extérieur avec lequel il «fait corps» (en prenant ces mots à la lettre, corps et monde extérieur ne faisant qu'un) le nourrisson a la tâche de métaboliser psychiquement ce qui est souffrance, délai, frustration. Il ne connaît au tout départ que deux éprouvés corporels : plaisir et douleur.

Le processus originaire a comme fonction d'inscrire dans la psyché les éprouvés corporels. Mais le fonctionnement originaire présente la particularité suivante : les éprouvés corporels positifs, agréables, ou comportant une frustration «normale», c'est-à-dire ne dépassant pas un certain seuil de tolérabilité, s'inscrivent naturellement dans la psyché précoce et déclenchent, par l'hallucination primaire du plaisir attendu, un processus de phantasmatisation primaire qui contribue à constituer un véritable appareil psychique.

En revanche, – et c'est ici que l'Originaire se distingue du Primaire – si les éprouvés corporels du bébé sont intolérables, le processus originaire n'inscrira psychiquement que du néant, le registre originaire se refusant à inscrire la douleur. Ainsi se constituera dans la psyché un blanc, un vide, lieu d'aspiration de la haine et de la violence originaires : violence et haine contre un *hors-soi* trop prématurément éprouvé et contre le soi, contre le fonctionnement psychique lui-même. La psyché précoce (qui se constitue normalement en se représentant, en se reflétant dans sa propre production) n'aura alors de cesse de s'autodétruire, en rejetant sa production. C'est ainsi que se crée la potentialité psychotique.

Une des fonctions essentielles de la psyché est d'enregistrer, à tout instant de la vie, les éprouvés corporels, les sensations et perceptions, dans les trois registres originaire, primaire et secondaire. Ainsi tout psychisme adulte normal, à l'état de veille, se trouve être à tout instant le lieu de trois types d'inscriptions : une inscription originaire, une inscription primaire (le phantasme) et une inscription secondaire (le mot, l'énoncé, œuvre du Je).

Rappelons qu'au début de la vie, seuls fonctionnent le registre et le processus originaires sous une forme spécifique d'inscription que P. Castoriadis-Aulagnier nomme *pictogramme*, qui comporte deux formes : le pictogramme positif, inscrivant le plaisir, et le pictogramme négatif ou de rejet (de la douleur) qui n'inscrit qu'un blanc, un désir de non-désir.

Insistons enfin sur l'idée que le pictogramme, première activité de l'appareil psychique, et qui restera le «fond représentatif» de tout notre fonctionnement psychique ultérieur n'est pas phantasme, mais qu'il est une marque, une empreinte dans la psyché qui est «à la fois représentation de l'affect et affect de la représentation». L'affect, en tant qu'éprouvé de l'Originaire, n'appelle pas, en soi, une phantasmatique ; il tend vers une action : d'attraction ou de rejet. L'Originaire est un impensé, un imphantasmé et un imphantasmable. Mais c'est sur cette base de vécu brut que se déploiera secondairement la phantasmatisation dans un développement normal.

Dans le cas d'une prévalence du pictogramme de rejet, la haine, la violence, la mort et, à l'extrême, le silence psychique s'installeront pour donner naissance à la psychose.

L'explication du vécu amoureux et du désamour me paraît nécessiter le recours au concept d'*originaire* pour rendre compte du caractère d'éprouvé originel, original, – du *jamais encore vécu* et pourtant ressortissant au familier le plus naturel, donnant une sensation d'*étrange familiarité*, et, à certains moments, d'*inquiétante étrangeté* –, pour expliquer en profondeur la découverte amoureuse, ainsi que le désinvestissement amoureux dans les ruptures du couple.

3. L'AMOUR-CRÉATION

L'*amour-création*, cet aspect novateur de l'amour – si multiples que puissent être les attachements amoureux successifs à partir de l'adolescence – a été, ai-je dit, excellemment décrit par C. David. L'auteur, sans vouloir prôner une mystique de l'état amoureux ou de l'extase amoureuse, explique : «S'il existe un état amoureux non morbide, c'est tout le contraire d'une dissociation ou d'une régression déstructurante isolée ; le couple réalise, grâce à une activité psychique intense (Freud) une *synthèse originale* qui permet l'expression de l'aspiration sexuelle totale» (C. David, 1971, p. 63).

Les couples amoureux expriment, malgré les souvenirs d'amours précédentes, «*un état n'ayant encore jamais existé*» (*ibid.*, p. 63). L'état amoureux révèle «l'existence d'un mouvement dynamique régrédient (...) et d'une sorte de déstructuration accompagnés parfois de certaines impressions épisodiques de dépersonnalisation, mouvement qui représente comme la condition et le moment-premier d'une *néo-structuration progrédiente* ; (...) il représente une *nouvelle naissance*, et non pas seulement la répétition ou la mélodie transformée d'une expérience oubliée.»

A côté d'un indubitable comblement narcissique, l'état amoureux réalise une effraction des limites du Moi, et «l'accession virtuelle à une inter-subjectivité en acte, accession que l'on peut exprimer par la métaphore poétique d'une *nouvelle âme* née de la fusion amoureuse» (p. 63).

L'auteur met l'accent sur la valeur spontanément maturante de l'amour, sur l'*innovation* (et non la répétition) et sur la *synthèse* (et non la dissociation) réalisées dans l'amour, sur la puissance de novation et d'invention qui fait appel à la part créatrice du dynamisme mental. Le champ amoureux est un espace de création authentique. C. David, devant cette dynamique créatrice de l'amour, s'oppose à tout réductionnisme analytique. «Si l'analysabilité de l'amour ne fait évidemment pas de doute, une certaine *opacité*, une certaine *indéterminabilité* foncière, me semblent faire partie de sa nature, et condamner à l'échec tout radicalisme analytique» (*ibid.*, p. 16). Reprenant le mot d'A. Breton sur le monde sexuel, il affirme que l'état amoureux recèle un «infracassable noyau de nuit».

D'où vient que le lien amoureux comporte cette créativité, ce caractère de nouveauté, cet éprouvé de nouvelle naissance ? D'où vient que les amoureux revivent «un état n'ayant encore jamais existé» ? D'où vient cette part d'indicible, d'impensable dans l'amour, ce noyau «infracassable» qui résisterait à l'analysabilité ? Je propose l'hypothèse, pour expliquer ces phénomènes qui échappent à notre logique secondaire ou primaire, d'un recours au registre originaire que P. Aulagnier décrit comme un espace où s'inscrivent les traces les plus archaïques, sous la forme du pictogramme, et qui sont de l'ordre de l'indicible, de l'impensable, de l'«imphantasmable».

Certes, toutes les recherches analytiques de Freud et de ses successeurs ont montré que l'amour est une répétition des attachements œdipiens refoulés et, au-delà, de la relation fusionnelle à la mère, dont la pensée anticipatrice fait que l'enfant «crée» le plaisir, le monde, parce qu'ils lui sont présentés, offerts au moment même où son désir veut les faire apparaître. Toutefois, ces «explications» de l'amour, devenues maintenant classiques, ne peuvent rendre compte du sentiment d'étrange familiarité qui accompagne la création amoureuse.

L'effervescence de pensée engendrée par la surestimation sexuelle (de l'autre sexe) lors de la découverte – physique et mentale – de l'aimé, n'est pas non plus apte à rendre compte de la nature profonde de l'amour. De même, les données éthologiques (Lorenz, Tinbergen, Bowlby), la programmation génétique de l'instinct amoureux, la notion d'attachement, si elles justifient ce que comporte «d'aveugle», de spontané, de commandé par l'instinct – une commande intérieure –, le comportement amoureux, ne peuvent expliquer les mécanismes de la «pensée amoureuse», ni permettre d'en donner une description métapsychologique.

4. L'ORIGINAIRE AMOUREUX. RAISONS QUI APPUIENT CETTE HYPOTHÈSE

L'amour me paraît postuler le concept d'originaire pour quatre raisons, liées aux caractéristiques communes au registre originaire et au registre amoureux.

4.1. Première raison : l'amour est un rêve-acte

Au point de vue représentatif, *l'amour est un rêve*, mais un rêve d'une nature spéciale : il n'utilise pas seulement les procédés du processus primaire (condensation, déplacement, symbolisation). C'est un *rêve-acte*, un rêve qui se réalise au jour le jour ; l'apparence de fluidité mentale, de non-liaison des affects, cache mal la réalité structurelle de l'amour : son monoïdéisme et son fonctionnement «opératoire». Ce qui fait la richesse du sentiment amoureux est justement cette quête incessante de représentations aptes à lier un trop-plein d'affects. Alors que le rêve du registre primaire déplace et condense les représentations, joue librement avec les représentations, l'amour est un *rêve enchaîné* où «sont indissociables la représentation de l'affect et l'affect de la représentation», ce qui a été défini comme la caractéristique essentielle du pictogramme originaire.

4.2. Deuxième raison : l'amour est spécularisation de la relation

L'amour est une tentative à deux de négation de l'environnement : le couple apparaît en effet toujours «en fuite», dans un but de fusion dyadique, poussé par une force irrésistible à *écrire une histoire à deux*, à inscrire à tout prix un passé qui scelle l'unité duelle.

Cette force qui aimante les deux corps est, au-delà de la surestimation sexuelle, sous-tendue par une représentation-affect de l'*objet-zone complémentaire*. Il s'agit ici non seulement de la collusion bouche-sein (selon le schéma oral sur lequel s'appuie P. Aulagnier) mais d'une représentation syncrétique des deux *existants*, tentant de représenter, de «présenter», de se représenter une psyché unique dans un phénomène de spécularisation. Cette recherche effrénée d'une unité duelle psychique, d'une contemplation de la relation elle-même dans le miroir du couple nouvellement créé – et sans cesse en création – me paraît l'homologue de la relation originaire nourrisson-entourage maternel, se spécularisant dans le pictogramme.

4.3. Troisième raison : la loi du «Tout ou tout»

La psyché dyadique amoureuse et la psyché originaire ont la particularité de fonctionner selon le mode binaire : plaisir ou déplaisir. Certes, c'est aussi le mode de fonctionnement du processus primaire ; les catégories du bon-interne-homogène, et du mauvais-étranger-hétérogène, sont la manifestation la plus claire du principe de plaisir-déplaisir qui règne dans l'espace primaire. Le processus originaire en diffère en ceci : alors que le processus primaire est régi par la loi du «tout ou rien» (aimer-détester, être aimé-être haï) le mécanisme prévalent étant la projection en l'autre ou sur l'autre de ce qui est mauvais en soi, l'Originaire est toujours sous l'emprise de la loi du «*Tout ou tout*», ainsi que le suggère P. Aulagnier, engendrant deux mécanismes : l'absorption ou le rejet pur et simple. Etre *tout* amour ou *toute* haine. «L'originaire fait toujours courir le risque d'une irruption dans le Je d'un affect immaîtrisable qui pourra indifféremment précipiter le sujet dans le gouffre de la fusion ou dans celui du meurtre (de lui-même ou de l'Autre)» (*ibid.*, p. 68-69). Les amoureux s'absorbent, se digèrent, métabolisent réciproquement leur Moi individuel, dans le processus d'auto-engendrement du couple. Le couple en création est tout amour, tentative de fusion de deux psychés et de deux somas, de deux psychés-somas en désafférentation maximale par rapport à l'environnement. Nous verrons plus loin que le couple en conflit, en désamour, tend, en tant que dyade, à fonctionner selon cette loi du «Tout ou tout», où le Tout-haine se substitue au Tout-amour initial, reproduction du pictogramme de rejet propre à l'originaire.

4.4. Quatrième raison : l'amour est une tentative d'inscription de deux corps dans une psyché unique

Cette raison me paraît la plus consistante. L'amour est une page neuve, une page nouvelle, vierge, sur laquelle rien n'est encore écrit[1], comparable à la psyché originaire du nouveau-né qui a pour tâche d'écrire, d'enregistrer l'histoire du corps, et de se constituer comme psyché pulsionnelle, psyché de désir et de plaisir, en effectuant le «travail» qui lui est par nature dévolu, du fait de sa liaison avec le somatique. Les amoureux écrivent une *histoire de corps* : ils réalisent aisément

---

1. «Aux yeux du profane bien élevé... les choses de l'amour ne se peuvent comparer à aucune autre ; elles sont, pour ainsi dire, inscrites sur une feuille à part où ne doit se trouver nul autre écrit.» Freud : «Observations sur l'amour de transfert», in *la Technique psychanalytique*, p. 117.

la création d'une psyché unique, mais en tentant désespérément d'y inscrire un corps unique, *un corps vécu à deux*. Cette tentative est désespérée, vaine, vouée à l'échec : le corps est et reste individuel malgré les échanges, si prolongés et intenses soient-ils ; ce ne sont que des prêts : le corps se prête, mais ne se donne pas. Même s'il se prête à vie, ce n'est qu'en usufruit ; la nue-propriété reviendra toujours à «la troisième des filles du Destin, la silencieuse déesse de la mort, (qui) le recueillera dans ses bras[1].»

Cette tentative désespérée d'inscrire un seul vécu corporel dans une psyché unique, est commune à l'illusion amoureuse et à l'illusion originaire. Le nouveau-né et l'amoureux ont en commun la tâche de Sisyphe d'inscrire dans un psychisme vécu comme unique – mère-infans ou couple – l'éprouvé corporel d'un soma qui n'est pas encore le sien propre (pour le nourrisson) ou qui ne le sera jamais (pour l'amoureux).

Cette fonction d'inscription d'un éprouvé corporel étranger (de plaisir ou de déplaisir) dans une psyché – psyché du nouveau-né ou psyché duelle du couple amoureux – nous apparaîtra mieux si nous nous référons d'une part, à la conception winnicottienne de l'intégration psyché-soma et d'autre part, aux avatars de la relation psyché-soma à la période de l'adolescence, période de l'amour génital naissant.

a) *L'adolescence : accès au couple génital*

Pour introduire la problématique de la découverte de l'amour à l'adolescence et la discordance psyché-soma lors et à la suite de la poussée sexuelle et amoureuse pubertaire, il me paraît utile de rappeler comment se réalise l'intégration psyché-soma lors

1. S. Freud : «le Thème des trois coffrets», in ***Essais de psychanalyse appliquée*** p. 103. Je restitue le contexte de cette phrase, parce qu'il touche à l'amour. Ce sont les dernières lignes de ce texte publié par Freud en 1913, où il donne une interprétation allégorique des trois figures féminines du thème shakespearien :
«On pourrait dire que ce sont les trois inévitables relations de l'homme à la femme qui sont ici représentées : voici la génératrice, la compagne et la destructrice. Ou bien les trois formes sous lesquelles se présente, au cours de la vie l'image même de la mère : la mère elle-même, l'amante que l'homme choisit à l'image de celle-ci et, finalement, la terre-mère, qui le reprend à nouveau. Mais le vieil homme cherche vainement à ressaisir l'amour de la femme tel qu'il le reçut d'abord de sa mère ; seule la troisième des filles du Destin, la silencieuse déesse de la Mort, le recueillera dans ses bras.»

du tout premier développement du nourrisson, c'est-à-dire jusque vers la fin de la première année, selon Winnicott. Dans une publication antérieure[1], j'ai exposé ses vues concernant le vécu originaire, en me fondant pour l'essentiel sur un texte de 1958 et une reprise de ce thème en 1971. Je les rappelle ici brièvement.

b) *L'intégration psyché-soma*

Selon D.W. Winnicott, le nourrisson atteint l'«état d'individu» vers la fin de la première année : c'est à ce moment qu'il réalise une relative intégration psyché-soma, c'est-à-dire qu'il se vit «fermement ancré dans son corps». Dans le cas d'un trouble du développement, la psyché aura tendance à se développer sans lien étroit avec l'expérience corporelle. Dans un développement normal, le bébé d'un an «ne se vit intégré qu'à certains moments, pendant certaines périodes» : la psyché d'un nourrisson normal peut alors encore perdre facilement le contact avec le corps.

Ainsi, pour Winnicott (1958), la psyché immaturée, tout en étant basée sur le fonctionnement corporel, n'est pas en contact étroit avec le corps. L'intégration psyché-soma «apparaît graduellement à partir d'un *état primaire non intégré*». La sollicitude maternelle primaire facilitera cette intégration.

L'auteur précisera de plus en plus sa conception de l'intégration, en définissant le processus d'individuation, de personnalisation, lors du tout premier développement (D.W. Winnicott, 1971). La psyché doit réaliser *«sa résidence, son habitation dans le corps et ses fonctions»*. Tant que la psyché n'a pas réalisé son ancrage ferme dans le corporel, les traces qui se marquent en elle sont inscrites dans un espace archaïque qui constitue un type d'inconscient originel qui «n'est pas l'inconscient refoulé de la psychonévrose..., ce n'est pas non plus l'inconscient de la formulation freudienne..., ce n'est pas non plus l'inconscient de Jung». Il s'agit d'un inconscient de type *originaire*, contenant des «vécus-non vécus», de l'ineffable qui ne peut être répété, reproduit dans le transfert habituel. C'est

1. Cf. A. Ruffiot, 1981, p. 10-12 et 90-92.

ce vécu non inscrit qui est à la source, chez le sujet psychotique, d'«angoisses primitives», d'«angoisses sans nom», purs affects d'angoisse.

c) *Une activité pictographique constante*

Le travail premier de la psyché est de métaboliser le corporel, le somatique, pour en faire du psychique, du pulsionnel. Ce n'est que secondairement qu'elle forgera des scénarios, des phantasmes (registre primaire), et des pensées-mots (registre secondaire).
Cette transformation du somatique en psychique, qui s'effectue de façon intense au cours des premières semaines, et qui est une nécessité pour que se constitue un appareil psychique, un «appareil à penser les pensées» (Bion) pour que se réalise une bonne intégration psyché-soma, est une tâche *constante* de l'appareil psychique. Toute modification corporelle – superficielle ou interne –, toute transformation du soma – accidentelle ou physiologique – (résultant d'une maladie, d'un accident, ou de la maturation biologique naturelle) entraîne une nouvelle inscription psychique de l'éprouvé corporel : un pictogramme nouveau. On peut penser que toute information de la sensibilité extero, intero et proprioceptive fait l'objet d'un pictogramme qui s'inscrit dans l'espace originaire. Le développement et la prévalence de telle ou telle zone érogène au cours du développement contraint l'appareil psychique à engrammer psychiquement les changements de sensibilité érogène. Dans un développement normal, cette engrammation ne pose aucun problème : le pictogramme du plaisir s'inscrit au fur et à mesure de la maturation pulsionnelle. La période de latence constitue une pause relative, un calme relatif de l'activité pictographique.

d) *Le bouleversement pubertaire*

«Avec le commencement de la puberté, apparaissent des transformations qui amèneront la vie sexuelle infantile à sa forme définitive et normale... La pulsion sexuelle va maintenant découvrir l'objet sexuel» (Freud, 1905). C'est ainsi que débute le dernier des *Trois essais sur la théorie de la sexualité* : «les Transformations de la puberté». Freud y annonce d'emblée les deux aspects majeurs qui donnent à l'adolescence sa spécificité:

la découverte par la psyché d'un objet-corps en pleine mutation (libido du moi) et la découverte d'un objet-autre génital (libido d'objet) ; en d'autres termes, une potentialité somatique génitale qui fournit un but nouveau aux pulsions sexuelles d'une part, et la découverte de l'objet apte à permettre la réalisation de cette potentialité, d'autre part.

En somme, l'adolescent découvre tout à la fois son corps génital et l'amour. Ces deux traits spécifiques de l'adolescence intéressent notre sujet à double titre : parce qu'*ils ont trait à l'amour in statu nascendi*[1], et parce qu'ils *touchent au problème de l'originaire et de l'intégration psyché-soma.*

J'envisagerai successivement le travail psychique imposé à la psyché, d'abord en raison de l'intégration à faire du *corps pubertaire*, et ensuite en raison de l'investissement d'*un autre corps* dans le cadre du désir amoureux.

e) *Un corps génital à intégrer psychiquement*

Je n'exposerai pas ici le bouleversement corporel pubertaire[2], décrit classiquement soit comme une «crise», soit comme une «mutation transitionnelle». L'adolescent voit et sent se développer en lui peu à peu «un appareil sexuel d'une grande complexité, prêt à être utilisé» (Freud, 1905, p. 112), qui peut être mis en action par des stimulations extérieures, intérieures, ou psychiques, créant une excitation sexuelle. En effet, après la phase de latence hormonale vers la fin de la dixième année, sous l'influence d'un programme inné et de l'environnement, l'hypophyse déclenche un réveil hormonal manifesté par la maturation des glandes sexuelles, l'apparition des caractères sexuels secondaires, et des modifications morphologiques et staturo-pondérales.

---

1. Certes, les amours de la période de latence existent à la suite de l'intense effervescence œdipienne, marquées par cet aspect majeur d'inhibition de la pulsion sexuelle quant au but, qui contribue à développer la tendance tendre comme formation réactionnelle. Mais il manque à ces attachements de la latence ce qui constitue le génital proprement dit : la poussée physiologique pubertaire et son corrollaire, le fantasme-acte de la complémentarité des sexes (et cela même à notre époque d'éducation sexuelle précoce).

2. L'adolescence est «une période de transformation profonde, unique dans l'histoire de l'individu, sur trois plans : biologique, psychologique, et sociale», Schonfeld (fondateur de l'Association Américaine pour l'Adolescence).

Cet éprouvé interne et externe de changement corporel contraint l'adolescent à *inscrire psychiquement un «autre» corps* que celui de la période de latence. On peut dire que l'activité de représentation pictographique relative aux premiers vécus d'après la naissance reprend à la puberté avec une intensité égale à celle développée autrefois. Mais, à ce moment (l'adolescence), le primaire phantasmatique et le secondaire idéatif envahissent le champ psychique et dissimulent ce *fond représentatif originaire*. Ce qui est parfois désigné comme le paradoxe de l'adolescence, ou l'impossibilité de cerner complètement le phénomène adolescence, «cet essentiel toujours ailleurs» (R. Ebtinger, A. Bolzinger, 1978) correspond, à mes yeux, à cet enregistrement psychique de type pictographique, dans l'espace originaire, dont la propriété est d'échapper au dicible, au pensable.

Ce n'est pas sans raison que Freud, dans son troisième essai sur les transformations de la puberté (1905), a ajouté dans l'édition de 1920 un chapitre sur la théorie de la libido, où il est essentiellement question des vicissitudes de la libido du moi, ou libido narcissique, et de ses rapports avec la libido d'objet. Il décrit cet investissement libidinal du moi comme «une région qu'il ne nous est pas permis d'explorer par la psychanalyse» ; il en dit toutefois qu'il est «l'état originel réalisé dans l'enfance, état qui s'est trouvé masqué ultérieurement, lorsque la libido s'est orientée vers l'extérieur, mais qui au fond est conservé» (S. Freud, 1905, p. 127). Cette prudence et ce flou freudiens ne sont-ils pas le pressentiment d'un registre spécial d'inscription psychique qui correspondrait à l'Originaire et serait d'une importance capitale ? «On supposera facilement que les transformations de la libido du moi seront d'une importance majeure là où il s'agit d'expliquer des troubles profonds de nature psychotique» (*ibid.*). Et quand Freud fait appel à «un chimisme particulier de la fonction sexuelle», c'est-à-dire à une explication purement biologique, n'est-ce pas à défaut d'avoir pu concevoir une topologie proprement psychique de l'investissement du Moi, le mode d'inscription le plus archaïque des éprouvés corporels ?

f) *Deux «corps étrangers» à inscrire dans une psyché*

Je voudrais montrer ici que la constitution du couple repose sur une tentative d'inscription pictographique de l'éprouvé corporel d'un «corps étranger» dans une psyché. L'effervescence amoureuse consiste essentiellement dans le travail imposé à une psyché pour la «lier» au corporel, mais à un corporel étranger. L'adolescence sera notre point de repère car elle permet d'observer l'amour proprement génital dans son éclosion, et le couple dans son état de nature, avant que les facteurs culturels ne l'imprègnent.

Le premier amour génital ou, plus généralement, les premières amours adolescentes – réalisées ou seulement pensées – sont le prototype de toutes les amours ultérieures.

g) *La problématique adolescente*

Tout amour génital est, par nature, adolescent : un «rappel» de la mutation physiologique et psychique de la période pubertaire et post-pubertaire. Outre la difficulté de l'intégration du corps propre en mutation, quelle est la problématique nouvelle spécifique de l'adolescence ?

C'est à la puberté que la vie sexuelle atteint son «caractère normal» dans la conjonction vers le but et l'objet sexuel de deux courants : celui de la tendresse, et celui de la sensualité. La pulsion sexuelle trouvant son objet sexuel adéquat «devient pour ainsi dire altruiste» ; elle se met au service de la fonction de reproduction ; le primat du génital qui s'installe fait que la pulsion «ne méconnaît plus ses buts» (Freud, 1905, p. 57). Mais l'adolescent se trouve être le lieu de *deux processus contradictoires* (P. Gutton, A. Birraux, 1982) : 1) la puberté déclenche la quête et la «découverte de l'objet» ; 2) «Trouver l'objet n'est en somme que le *retrouver*» (S. Freud, 1905, p. 132).

Freud assignant à la puberté cette fonction de découverte de l'autre, objet et but, objet-but de la pulsion, renvoie aussitôt ce processus à une relation archaïque : les amours incestueuses œdipiennes d'une part, la première relation orale à la mère d'autre part. «Ce n'est pas sans raison que l'enfant au sein de sa mère est devenu le prototype de toute relation amoureuse».

Mais, sous la plume de Freud en 1905, la notion de «prototype» équivaut à une simple métaphore, qui appellerait de sa part une description métapsychologique ou, en tout cas, topique.

h) *La découverte de la complémentarité des sexes*

J'emprunterai à P. Gutton et à A. Birraux (*op. cit.*) leur conception de la puberté comme prélude à mon hypothèse sur les rapports entre adolescence et originaire.

Pour ces auteurs, la révolution, la turbulence, l'étonnement pubertaires consistent en la découverte de la *complémentarité des sexes*. Sous le primat érogène du génital, l'adolescent(e) a la révélation du sexe complémentaire : *complémentarité du génital* (garçon-fille) et *complémentarité d'organe* (pénis-vagin) (*ibid.*, p. 673). Cette synthèse qui s'opère à la puberté, et qui est à l'origine d'un fonctionnement symbolique nouveau, vient contredire, démentir «la folie des constructions infantiles», des «théories» sexuelles infantiles. La logique infantile était phallique : un seul sexe, le pénis, présent ou absent, soit la *différence* des sexes en termes de «en avoir ou pas» et la menace de castration.

Dans la théorie pubertaire, le primat du génital s'oppose au primat du phallus. La puberté s'impose par cette «intuition éthologique de la *complémentarité* des sexes comme un système de représentations-actes» (*ibid.*, p. 674), en ce sens que le fantasme pubertaire n'est pas simple *représentation* d'organes anatomiques, mais *d'un acte*, réalisé par ces organes complémentaires, représentation d'une scène primitive où les acteurs ont changé de génération, où les protagonistes sont les sujets-mêmes. Ainsi donc l'amour adolescent – et tout amour ultérieur le répètera – se fonde sur l'expérience de la complémentarité où «deux sont nécessaires à la constitution de l'un... ; pour être adolescent, il faut être deux» (*ibid.*, p. 675-676).

Le couple fantasmé, puis réalisé, de l'adolescence est, disais-je, une tentative d'*inscrire deux corps dans une psyché unique*. On peut aisément concevoir, je l'ai montré dans ma deuxième partie, la fusion des deux appareils psychiques en une psyché dyadique. «Dans l'amour, l'identification de l'un à l'autre, également profonde, est une identification croisée» (C. David, 1971, p. 242). Freud l'avait noté, il est vrai avec un sentiment de scepticisme et avec un mouvement de recul scientifique : «Au plus fort de l'état amoureux, la démarcation entre le Moi et l'Objet court le risque de s'effacer. A l'encontre de tous les témoignages des sens, l'amoureux soutiendra que Moi et Toi ne font qu'un, et il est tout prêt à se comporter comme s'il en était réellement ainsi» (S. Freud, 1929, p. 7-8). Mais les amoureux vont plus loin. Le but de l'amour est de réaliser la parole de l'Écriture : «Ils ne seront qu'une seule chair», cette fusion des corps chantée, sur des mélodies et des rythmes variés, par les poètes de tous les temps. Je disais que la tentative des amants est d'inscrire deux corps dans une psyché unique.

i) *L'amour comme inscription psychique du corps de l'autre*

Pour la clarté de mon exposé, je commencerai par expliciter le travail psychique (considéré arbitrairement dans son fonctionnement monadique) que doit effectuer l'amoureux face à une autre monade : travail d'inscription, dans son psychisme individuel, de l'éprouvé corporel de l'aimé, de l'autre-aimé.

L'amoureux veut métaboliser le corps de l'autre, assimiler ce soma étranger par tous ses récepteurs sensoriels ; il l'absorbe, il le met «dans sa peau». Il le mange, le savoure, le boit, le sent, le palpe, l'écoute, autant de tentatives pour le mettre réellement en lui. Il a le sentiment de l'intérioriser, d'être cet autre, dans des moments fugaces, il est vrai, de conjonction orgastique. Les amants réalisent l'identification croisée des corps, dans un vécu d'être bisexué unique, lorsqu'est réalisé «le triple pont du baiser, de l'enlacement, et de la pénétration» écrit S. Ferenczi (1924). Mais ces vécus intenses, épisodiques, à travers leur spontanéité naturelle, traduisent mal l'effort soutenu tout au long de la découverte et de l'expérience amoureuses, de la part de l'être amoureux, pour *inscrire le corps de l'autre dans sa propre psyché.* On trouve là la réplique parfaite de l'effort du nouveau-né pour inscrire son éprouvé corporel dans une psyché originaire qui n'est pas encore sienne, individuée, ou en d'autres termes, pour que sa psyché habite ce corps qui lui est encore étranger.

Le travail amoureux me paraît être constitué essentiellement par cette tension psychique, cette *«passion» d'inscrire en soi le vécu d'un corps étranger*. Le «travail» amoureux essentiel réside dans ce pictogramme de plaisir qui est aussi souffrance : inscription dans un espace originaire qui échappe au Moi primaire et au Je pensant. Travail de Sisyphe, toujours à refaire pour que dure l'amour, parce que le corps de l'autre restera à tout jamais un bien inaliénable, un territoire individuel étranger, qui peut être occupé pour un temps, mais jamais annexé. Et pourtant, le couple ne se soutient que de cette tension réciproque, vouée à l'échec, sauf à se résigner à une simple association de services mutuels de plaisir et de biens. Mais est-ce là encore ce qu'on peut appeler un couple ?

j) *L'amour comme illusion de deux corps pour une psyché unique*

Pour simplifier l'explication d'une inscription du registre originaire dans le phénomène amoureux, j'ai considéré séparément le vécu de l'un et de l'autre amoureux. Mais la réalité psychique du couple amoureux est plus complexe : elle n'est pas seulement mutualité, réciprocité, parallélisme et concomitance de deux efforts psychiques individuels pour inscrire le corps de l'aimé. C'est une psyché duelle, dyadique, unifiée dans son fonctionnement, c'est un *appareil psychique commun* qui tente cette inscription de deux somas distincts.

L'expérience clinique du couple et de la famille nous montre à l'évidence l'existence d'une psyché groupale, (les psychés sont extensibles[1] à merci), fusionnelle d'origine et de nature ; le soma ne lui fournit qu'une apparence de limites, ou même un prétexte à limites, un leurre de limitation. En revanche, le corps restera toujours limité dans un Moi-Peau[2], et vécu

1. N'est-ce pas l'un des sens possibles de cette note trouvée dans les archives de Freud : «Psyché est étendue, elle n'en sait rien» ? L'explication la plus couramment apportée est la référence à la ***res extensa*** cartésienne : la psyché se moule sur son contenant corporel, renvoyant au passage classique du ***Moi et le Ça*** : «Le Moi est avant tout un Moi corporel...» Cependant, cette notation freudienne peut se comprendre différemment : dans une perspective groupale du psychisme.
2. Voir D. Anzieu (1974) sur «Le Moi-Peau» et (1981) «Quelques précurseurs du Moi-Peau chez Freud».

à distance des autres corps, sauf dans un vécu d'*illusion* groupale corporelle expérimenté dans l'éprouvé corporel post-natal, dans le processus groupal thérapeutique, dans l'état amoureux, et d'autres états normaux ou pathologiques de désafférentation psyché-soma. Ces états sont la reproduction d'une matrice psychique groupale, comme nous allons le voir précisément pour l'état amoureux.

IV. L'AMOUR COMME QUÊTE GROUPALE

Le couple, que j'ai décrit jusqu'ici dans une perspective individuelle ou dans son fonctionnement duel, présente dans son fond une dimension groupale qu'il me reste à développer, ou tout au moins à indiquer.

La constitution de couples – dont beaucoup sont durables – est-elle une contrainte imposée par une société marchande, une exploitation par les plus riches, les plus beaux, les plus intelligents, soit : «une des deux formes pour l'homme d'appropriation de la femme» (le mariage et la prostitution)[1], un moyen d'acheter ou, à la rigueur, de troquer du plaisir et des biens ?

Il est arrivé à Freud de dénoncer le couple classique «civilisé» comme générateur de névroses[2]. Il reste que la dyade amoureuse

---

1. Déclaration extraite d'un manifeste «situationniste» de 1966, qui élargissait au mariage en général ce qu'exprimait crûment F. Engels au sujet du mariage de raison, de convenance, d'intérêt, qu'il estimait caractéristique de la famille «bourgeoise» : la femme «bien mariée» ne se distingue de la prostituée que «parce qu'elle ne loue pas son corps à la pièce comme une prostituée, mais le vend une fois pour toutes, comme une esclave».

2. Voir le texte de 1908 : *La morale sexuelle civilisée et la maladie nerveuse des temps modernes* (qui est certes pour beaucoup de passages concernant les conséquences de la masturbation ou de la contraception, marqué par le temps et le contexte social où il a été écrit). Freud y stigmatise les effets de la morale conjugale de l'époque et constate «combien il est rare de rencontrer des hommes ayant une puissance sexuelle normale et combien il est fréquent de trouver la frigidité chez la moitié féminine des couples mariés dominés par la morale civilisée qui est la nôtre (...). Pour un peuple, la restriction de l'activité sexuelle (préconjugale ou, dans le mariage même, par la contraception de l'époque) s'accompagne très généralement d'un accroissement de l'anxiété de vivre et de l'angoisse de la mort, ce qui perturbe l'aptitude de l'individu à jouir et sa préparation à affronter la mort, pour quelque but que ce soit ; cela se traduit par une diminution de sa tendance à procréer et exclut de la participation à l'avenir ce peuple ou ce groupe de personnes» (in *la Vie sexuelle*, p. 44-45). Voir également *Sur le plus général des rabaissements de la vie amoureuse* (1912) où la morale culturelle est de nouveau mise en cause : «Le comportement amoureux de l'homme de notre civilisation actuelle porte, dans son ensemble, le caractère de l'impuissance psychique. Le courant tendre et le courant sensuel n'ont fusionné que chez un petit nombre d'êtres civilisés. (...) La domestication de la vie amoureuse par la civilisation entraîne un rabaissement général des objets sexuels» (in *la Vie sexuelle*, p. 61-63).

est de tous les temps et qu'elle satisfait une des grandes exigences de l'individu et de l'espèce, apportant sécurité à l'aimé et à la descendance. Toutefois c'est un truisme de constater que le lien amoureux se distend, que le sentiment s'émousse, que l'amour s'use avec le temps. La dyade amoureuse s'effrite, s'étiole dans la quotidienneté, si elle ne se régénère pas dans l'Originaire où elle prend naissance.

Je ne ferai ici que rappeler les explications devenues aujourd'hui classiques[1] des dysharmonies conjugales, des conflits et des ruptures du couple.

L'idéalisation résultant des «tendances sexuelles entravées» (Freud) entraîne inéluctablement une désidéalisation ultérieure du partenaire amoureux. Cette désidéalisation s'accompagne souvent d'une idéalisation d'un tiers extérieur au couple initial. C'est alors la crise du couple, qui met en jeu chez les conjoints les mêmes mécanismes de défense qui ont présidé à l'instauration de l'amour : déni et clivage. Le conjoint devenu «mauvais» objet interne est dénié dans ses qualités «bonnes» qui ont fait de lui l'élu dans la période amoureuse.

La tâche du Moi en désamour, comme en amour, est de maintenir clivés les deux éprouvés quant à l'Objet : s'il n'est plus tout bon, c'est qu'il est mauvaix, donc dangereux. On assiste, dans les conflits conjugaux sans issue, à un écartèlement de la dyade, à un arrachement des psychés et à leur dé-corporation (excorporation) à leur désancrage par rapport au corps des partenaires. C'est alors que Thanatos remplace Eros. Voilà schématiquement la dynamique la plus classique du désamour en termes individuels ou duels.

Mais ce qui apparaît comme une crise de l'unité-duelle ne présente-t-il pas aussi les caractères d'une crise groupale ? C'est ce que nous examinerons en fin de ce chapitre. Dans cette partie terminale, je voudrais en effet dégager la groupalité qui est au fondement du couple humain, et la fantasmatique groupale inconsciente qui est au cœur de l'amour et du désamour.

---

1. Surtout à la suite des travaux de J.-G. Lemaire déjà cités.

Freud a observé que le couple et le groupe sont deux réalités antinomiques, le couple étant un ferment d'hétérogénéité, de discorde dans le groupe, lequel ne maintient sa cohésion qu'autour d'une fantasmatique homosexuelle. Mon propos est de soutenir que *le couple est par essence groupal*. L'établissement du lien amoureux est, en son fond, *une quête ou une fuite groupale*, le «deux» n'étant qu'un leurre. Cette hypothèse s'est imposée face à la réalité clinique, dans l'écoute analytique groupale des couples et des familles en souffrance.

Le «fond représentatif», espace originaire, qui recueille, enregistre, inscrit nos éprouvés corporels les plus primitifs pour les «psychiser», *n'appartient pas encore à l'espace individuel*. C'est un Soi-Monde indifférencié qui se construit en se spécularisant en soi-même, qui s'auto-engendre dans et par cette spécularisation. Tous les auteurs qui ont écrit sur l'archaïque, sur le psychisme périnatal, ont insisté sur la fusion mère-nourrisson, sur la «sollicitude maternelle primaire» (D.W. Winnicott), sur l'«amour primaire» (M. Balint), sur l'«admiration primaire» (F. Pasche) entre mère et enfant.

Les observations des néonatalistes, depuis une bonne dizaine d'années, mettent en évidence la compétence du nourrisson à s'accorder au milieu qui l'entoure, et non seulement à répondre à l'apport et au désir maternels ; la réalité physique et psychique paternelle et fraternelle sont, elles aussi, présentes dans l'univers infantile précoce. L'écoute du groupe familial en association libre révèle que les images paternelle et fraternelle sont prégnantes elles aussi, et que la psyché du nourrisson vient fusionner dans un appareil psychique familial. L'originaire est, dans son essence, familial. L'analyse du groupe familial réuni nous apprend que les inscriptions pictographiques de l'originaire que P. Aulagnier (1975, p. 74) décrit comme «forclos de l'espace du primaire-secondaire», c'est-à-dire échappant à l'ordre du fantasmatisable et, encore plus, du dicible, ne sont pas pour autant écriture morte ou effacée.

Freud, en 1929, réaffirme que «rien dans la vie psychique ne peut se perdre, rien ne disparaît de ce qui s'est formé, tout est conservé *d'une façon quelconque* (souligné par moi) et peut reparaître dans certaines circonstances favorables, par exemple au cours d'une régression suffisante» (p. 15-16). Ces hiéroglyphes psychiques du Soi-Monde ou du Soi-Néant inscrits dans l'espace originaire réapparaissent dans l'espace thérapeutique de la cure analytique du groupe familial : en deçà du discours des Je membres de la famille, en deçà de la fantasmatique onirique suscitée par l'association libre du groupe familial, ces «impensables» apparaissent dans les vécus d'illusion groupale – élation groupale – d'une part, et dans les éprouvés de souffrance du groupe familial tout entier d'autre part.

Plusieurs arguments théoriques et cliniques appuient l'hypothèse de l'amour comme *quête ou fuite groupale* (et du désamour comme deuil groupal).

1. PREMIER ARGUMENT : L'ORIGINAIRE EST UN ESPACE GROUPAL

J'ai montré comment tout amour, du fait de ses coordonnées psychiques et somatiques, du fait de l'intégration à faire d'un autre corps, s'inscrivait en tant que pictogramme dans l'espace originaire.

Or, l'*espace originaire* est un espace non individué, un *espace groupal*. L'inscription pictographique est une marque dans un psychisme groupal qui engendre, dans la régression naturelle (amoureuse), pathologique (psychotique), ou thérapeutique (cure psychanalytique) des éprouvés soit élationnels correspondant au *pictogramme positif*, de plaisir, soit négatifs, de sidération, de vide intérieur, d'angoisse sans nom, correspondant au *pictogramme de rejet* ; dans ce cas, aucune représentation ne s'inscrit dans la psyché qui est submergée par un affect purement physiologique, non lié.

Dans le vécu amoureux réciproque, le pictogramme positif engendre une perte des limites du Moi, un sentiment de fusion avec l'Autre. Les représentations du registre primaire, qui apparaissent alors dans le cadre thérapeutique, évoquent des contenus de nature groupale. Les amoureux sont envahis par ce «sentiment océanique», «sentiment d'union avec le grand Tout» que Freud tentait d'analyser en 1921 dans les termes suivants : «A l'origine, le Moi inclut tout... Notre sentiment actuel du Moi (adulte) n'est rien de plus que le résidu pour ainsi dire rétréci d'un sentiment d'une étendue bien plus vaste, si vaste qu'elle embrassait tout, et qui correspondait à une *union plus intime du Moi avec son milieu*[1] ».

N'est-ce pas là, de la part du spécialiste de l'âme individuelle, un appel à une conception groupale de l'individu-même ?

2. DEUXIÈME ARGUMENT : L'AMOUR EST AUSSI AMOUR DE L'ESPÈCE

Cet argument tient au rapport de l'amour à l'espèce, au groupe spécifique.

La richesse du sentiment amoureux, l'exaltation et la plénitude psychiques qui l'accompagnent, viennent fleurir, pourrait-on dire, sur la promesse, la réalité ou le souvenir même d'une union des corps la plus intime qui soit, dont la finalité consciente est le plaisir physique et psychique, et dont la finalité objective biologique – et parfois la résultante – est la reproduction. Les fleurs de l'amour naissent sur le roc biologique de l'espèce à perpétuer.

L'écoute analytique – en cure individuelle, en thérapie conjointe du couple, ou en thérapie du groupe familial – des fantasmes de désir sexuel amoureux révèle parfois selon un mode défensif par rapport au plaisir sexuel interdit, mais le plus souvent à titre de composante première, un *fantasme d'enfantement*, sur un plan inconscient ou préconscient. Le langage des amoureux regorge de métaphores qui évoquent un désir d'enfant, une sorte de poème – rêve où plaisir des corps, plaisir psychique, et désir de continuer l'espèce se condensent, se déplacent et se symbolisent selon la logique du processus primaire.

Au-delà des connotations œdipiennes certaines, au-delà du désir inconscient d'identification à la mère et à ses pouvoirs créateurs (sur quoi est centrée toute la fantasmatique kleinienne), le désir

---

1. S. Freud, 1929, p. 7. Souligné par moi.

amoureux recèle inconsciemment un désir d'enfant.

Parlant de la fonction structurante et régénératrice de l'amour, C. David (1971) utilise la métaphore d'une nouvelle naissance, d'une nouvelle âme issue de la fusion amoureuse, «mais qui ne figure somme toute rien qui doive nous étonner, point davantage, en tout état de cause que la création, il est vrai merveilleuse, d'un nouvel être vivant, d'un enfant.» (*op. cit.*, p. 63).

Mais le désir d'engendrer n'est pas que métaphore dans l'inconscient amoureux ; il en est sans doute un élément foncier. Il me paraît utile de rappeler ici l'essentiel de la théorie schopenhauerienne de l'amour[1], non à titre de preuve, mais plutôt en tant qu'illustration, outrancière il est vrai, de mon hypothèse concernant la groupalité inconsciente de l'amour.

Schopenhauer remarque que l'amour n'a, jusqu'alors, pour ainsi dire jamais été pris en considération par les philosophes, si l'on en excepte quatre, qu'il récuse aussitôt : Platon parce que «ce qu'il avance dans *le Banquet* et le *Phèdre* ne concerne pour l'essentiel que l'amour homosexuel grec», Rousseau : «le peu qu'il dit est faux et insuffisant», Kant : «sa discussion sur le sentiment du beau et du sublime est superficielle et partiellement inexacte par défaut de compétence» et enfin Spinoza : «il est amusant, en raison de son extraordinaire naïveté»[2].

Puis, il expose la théorie de l'amour qui s'est imposée à lui dans le contexte de sa conception du monde. L'instinct sexuel est, avec l'amour de la vie, le ressort le plus puissant qui fait agir l'homme ; il est le but dernier de presque chaque aspiration humaine. En ce qui concerne la composante sentimentale, «toute inclination amoureuse, pour éthérées que soient ses

1. «La Métaphysique de l'amour» est un chapitre des ***Compléments au Monde comme Volonté et Représentation***. Mon texte de référence est ***Métaphysique de l'amour, Métaphysique de la Mort***, Tr. Fr. 1964. Je rappelle que Schopenhauer meurt à l'époque où Freud naît au monde (à quatre années près). L'influence sur lui du «grand penseur Schopenhauer» (selon son mot) est indéniable ; on ne retrouve pas moins de quinze références à lui dans l'œuvre freudienne. Sur les rapports conceptuels entre «le solitaire de Vienne» et «le solitaire de Francfort», voir P.L. Assoun, 1976.
2. Et de citer «pour l'amusement du lecteur» la phrase de l'***Ethique*** : ***«Amor est titillatio, concomitante idea causae externae»***.

allures, prend racine uniquement dans l'instinct sexuel. Ce qui commande le choix amoureux, c'est l'espèce». «La fin dernière de toute intrigue galante... n'est rien moins que la composition de la génération future».

Les degrés du sentiment amoureux, depuis le penchant le plus fugitif jusqu'à la passion la plus violente, ne sont que fonction de l'individualisation du choix. Mais il n'est pas question, dans toute affaire d'amour, du bonheur ou du malheur des individus – ce n'est là qu'un leurre – mais du bonheur ou du malheur de l'espèce. Ce que cherchent à leur insu les amoureux, dans leurs brûlants désirs, c'est «la constitution particulière de la race humaine pour les temps à venir».

Ce qui apparaît à la conscience individuelle comme instinct orienté vers un individu, l'admiration d'un autre individu, n'est autre chose que l'intention de produire un individu d'une certaine nature avec le partenaire admiré. Cette admiration objective n'est qu'un masque pour duper la conscience, une ruse de la nature pour arriver à ses fins : reproduire tel individu. «Que tel enfant déterminé soit procréé, voilà le but véritable, quoiqu'ignoré des intéressés, de tout roman d'amour ; la façon et les moyens de l'atteindre sont accessoires».

«L'inclination croissante de deux amoureux est en réalité déjà la volonté de vivre du nouvel individu qu'ils peuvent et veulent engendrer». La passion amoureuse se préoccupe en réalité de l'être à engendrer et de ses qualités.

En somme pour Schopenhauer, «l'amour» sous toutes ses formes, à tous les degrés, de l'attirance la plus frivole à l'attachement le plus tendre, n'est qu'une *expression de notre vouloir vivre*, de notre *volonté de nous perpétuer* dans l'espèce. «L'intention qui nous guide inconsciemment est manifestement la possibilité de la conception en elle-même». «La nature n'atteint son but qu'en inculquant à l'individu une certaine illusion grâce à laquelle il regardera comme un bien pour lui-même ce qui n'est tel en fait que pour l'espèce».

Or, que veut précisément la nature ? En quoi consiste ce vouloir-vivre de l'espèce ? L'intention de la nature est «un accroissement aussi considérable que possible de l'espèce».

Mais «un instinct très précis, très clair, et même très compliqué, préside au choix si délicat, si sérieux, et si obstiné d'un autre individu en vue de la satisfaction du besoin sexuel». L'espèce a trois soucis : 1) conserver «son type normal, son type spécifique... c'est-à-dire la beauté physique» ; 2) douer l'individu à naître de qualités psychiques harmonieuses ; 3) corriger ou neutraliser les unes par les autres les insuffisances et les anomalies des deux individus amoureux, chacun demandant inconsciemment à l'autre les perfections qui lui font défaut.

Comment la nature réalise-t-elle ce «programme génétique» (pour parler en termes scientifiques actuels) du nouvel individu? Réponse de Schopenhauer : pour l'essentiel, «il tiendra du père la volonté ou le caractère, de la mère l'intellect, de tous les deux la constitution physique». Puis le philosophe s'aventure dans une description détaillée des qualités physiques ou psychiques prises par l'enfant au père et à la mère : une description marquée de phallocratisme et de racisme, qui ne préfigure en fien les découvertes scientifiques des généticiens.

Sous ses aspects outranciers la «métaphysique de l'amour» de Schopenhauer est le rappel d'une vérité première . le couple biologique est voué à l'espèce. Il n'est donc pas pour nous étonner que le fantasme amoureux comporte un fantasme groupal, familial.

3. TROISIÈME ARGUMENT : LE MARIAGE EST SYMBOLE GROUPAL

Cet argument est de l'ordre du conscient manifeste, du social, du sociologique.

Les facteurs sociologiques moraux, économiques, juridiques, contribuent, semble-t-il, à notre époque et dans notre culture occidentale, à diminuer la proportion des mariages par rapport aux couples non «régularisés» mais constitués de façon relativement stable. Néanmoins, le mariage a toujours été et reste de nos jours encore une institution fort utilisée ; et cette utilisation ne s'explique pas seulement par des raisons de sécurité pour les époux et les enfants issus du couple, ou par des mobiles et avantages économiques.

Le mariage, civil et/ou religieux, correspond à un besoin de «consécration» d'une nouvelle cellule sociale, de *mise au jour sociale*, et de légitimation par le groupe, d'échanges sexuels qui jusque-là devaient rester celés, discrets tout au moins. Le rite du mariage pour ses usagers – parfois répétitivement – répond à une aspiration d'intégration dans le groupe social, à un besoin de reconnaissance par le groupe social de l'association de groupes familiaux, de la fusion-absorption de deux patronymes, et du mélange de deux sangs qui perpétuera le groupe et, au-delà, l'espèce.

«Les amoureux sont seuls au monde», «les amoureux vivent cachés». Ces aphorismes ne traduisent-ils pas, en dernière analyse, au-delà de la pudeur inhérente au commerce de l'intimité, que le couple amoureux fusionne tellement avec le groupe social ambiant qu'il ne le voit plus, qu'il ne se sent pas distinct de l'environnement, et que le groupe social lui-même ne le voit plus, revivant à l'unisson l'éprouvé affectif de ce couple.

4. QUATRIÈME ARGUMENT : LE DÉSAMOUR EST DÉSILLUSION GROUPALE

Cet argument est la preuve la plus clinique et, à mes yeux, la plus convaincante de l'aspiration groupale de tout couple. Ce qu'écoute le psychanalyste dans l'association libre de la thérapie conjointe, ou le conseiller conjugal dans les «entretiens» conjugaux, ce ne sont évidemment pas les couples heureux, mais ceux qui sont en difficulté, en souffrance, en *désamour*.

Je me permets ce néologisme parce qu'il traduit la réalité psychique profonde des couples en rupture : ils vivent, revivent, des phénomènes psychiques de même nature que ceux expérimentés dans l'état amoureux, mais en négatif ; leur appareil psychique développe les mêmes mécanismes de défense que ceux qui prévalent dans le fonctionnement amoureux (déni, clivage, idéalisation), mais dans un but de dés-ancrage des corps l'un envers l'autre et des psychés l'une par rapport à l'autre.

4.1. Une explication classique du désamour

Si le phénomène amoureux est le «prototype normal de la

psychose», le désamour installe dans la dyade un fonctionnement mental possédant toutes les virtualités psychotiques.

Que ces couples viennent en consultation conjugale en vue de retrouver une harmonie de leur couple actuel, ou que ce soit pour rompre sans trop de souffrance leur union, ou que le désir de rompre soit le seul fait de l'un des conjoints, nous sommes accoutumés, au-delà des griefs manifestes, à entendre la plainte latente : «Nous souffrons dans notre Moi de couple, dans cette part de nous-mêmes qui est l'autre. Aidez-nous, soit à restaurer la fusion de nos deux appareils psychiques, soit à séparer, sans trop de déchirement, ces deux parties siamoises qui n'en faisaient qu'une. Nous désirons soit reconstituer l'enveloppe qui nous contenait à deux, soit la dé-constituer sans dommages».

Le psychanalyste en thérapie conjugale permet au couple d'explorer l'extérieur et l'intérieur de cette enveloppe psychique qui contient deux Moi. C'est seulement dans cette perspective groupale du couple-groupe à deux, de l'«unité-couple», de l'«unité duelle», de l'«unité-joug» (N. Abraham), que peut être saisie, dans sa profondeur vitale, la plainte du couple en difficulté.

Le «dés-amour» n'est pas l'absence d'amour, l'indifférence ; il n'est pas le retour au neutre. Il est amour en détresse, amour en nostalgie, «amour en souffrance»[1] pourrait-on dire. C'est pourquoi nous retrouvons dans le dés-amour les caractéristiques mêmes de l'état amoureux : mais le plaisir d'indifférenciation des deux Moi est devenu souffrance, nostalgie, de cette indifférenciation. Ce qui était conjugal – plaisir mutuel d'être ensemble sous le même joug – est devenu «subjugal», sentiment du joug-carcan, soumission insupportable ressentie comme atteinte à l'individualité.

---

1. Sur la potentialité de souffrance du couple, P. Aulagnier (1979) écrit que pour que le Je puisse exister, il faut au moins un autre Je qui le reconnaisse, qui continue à l'investir et qu'il continue à investir. C'est là «le registre de l'***universellement nécessaire*** à la préservation du fonctionnement du Je». L'amour symétrique consiste en ceci : «chacun des deux Je se révèle à l'autre et est reconnu par l'autre comme ***source d'un plaisir privilégié et aussi comme détenant un pouvoir de souffrance tout aussi privilégié***» (p. 169 et 171, textes soulignés par l'auteur).

La thérapie psychanalytique du couple

J'ai précédemment montré[1] que le couple en difficulté aiguë vivait *comme une entité individuelle psychotique*, utilisant régressivement des mécanismes de déni de la réalité et de clivage bon objet-mauvais objet, bon moi-mauvais moi. Régression où a tendance à s'installer un vécu paranoïde vis-à-vis du partenaire internalisé ressenti comme une partie du moi mettant en danger, de l'intérieur, l'intégrité individuelle. Le conjoint est devenu un corps étranger interne, un persécuteur interne.

La thérapie conjugale analytique fera apparaître les mêmes phases d'évolution que celles repérées dans les familles psychotiques, et en particulier la différenciation entre appareil psychique individuel et appareil psychique de couple. C'est la prise de conscience de ces deux niveaux de fonctionnement psychique qui permettra aux conjoints soit de recréer l'enveloppe-contenant de leurs deux Moi, soit de faire le deuil de cet appareil psychique commun.

Les crises du couple que nous sommes appelés à observer et à traiter apparaissent ainsi, à travers notre expérience clinique, comme des troubles profonds du moi conjugal et non pas de simples difficultés d'adaptation physique et psychologique d'un individu à un autre. La conceptualisation des difficultés conjugales en termes d'incompatibilité de caractère ou de défaut d'adaptation nous apparaît grosse de malentendus théoriques, et source d'une attitude de manipulation psychologique en profondeur. Les notions de «symétrie» et de «complémentarité» chères à l'École de Palo-Alto, et dont le mauvais dosage est, aux yeux de V. Satir (1970) à l'origine des difficultés du couple, sont à mon sens le fruit d'une perspective pragmatiste, quasi behavioriste, du couple envisagé comme un assemblage technique, matériel, de deux appareils isolés. Cette appréhension, de l'extérieur, des problèmes du couple, nous paraît de nature à favoriser une manipulation inconsciente des deux partenaires de la part des thérapeutes.

Un couple résulte certes de la conjugaison de deux individus

1. A. Ruffiot : *le Soi conjugal* (rapport au colloque franco-suisse des Conseillers conjugaux, Lausanne, 1974) ; ***Mélanie Klein et le couple*** (rapport au colloque franco-suisse des Conseillers conjugaux, Annecy, 1975).

distincts. Mais ce qui fait l'essence du couple, et ce qui constitue la nature même des difficultés d'un couple, tient en profondeur à la constitution d'un appareil psychique commun au-delà des deux Moi individuels. Le couple n'est pas le résultat d'une addition de deux Moi. Mais il est le fait de cette «psychose normale» qu'est l'état amoureux, fusion de deux psychismes. La crise du couple est une souffrance de cet appareil psychique conjugal.

4.2. Une interprétation groupale de la crise duelle

Mon expérience clinique des dernières années, et en particulier la pratique de la thérapie du groupe familial entier (couple et enfant(s) présent(s) ensemble aux séances) me permet aujourd'hui d'aller plus loin dans la compréhension de la dynamique inconsciente du dés-amour et du processus thérapeutique suivi par le couple en thérapie conjointe ou familiale.

Plus loin ? Je veux parler de l'aspiration groupale du couple à ses débuts et dans son cours amoureux, et de la déception groupale ressentie quand le «deux» s'effrite ou se rompt.

Les couples qui viennent demander conjointement une «aide» de type psychanalytique, expriment une plainte, une douleur, un arrachement par rapport au socius. Tout se passe comme si leurs amarres sociales avaient été rompues, comme s'ils revivaient *une adolescence en négatif*, je veux dire : à chair vive et à psyché ouverte. Les conjoints se décrivent comme étant en train de perdre leur appartenance au Groupe : à leur famille d'origine, à leur belle-famille, mais aussi à leur groupe familier d'immeuble ou de village. Ils se sentent privés de communion sociale tout autant que de communication dyadique devenue impossible.

Je ne ferai ici que citer deux modes de fonctionnement, de l'ordre de l'activité onirique, qui apparaissent au cours du processus thérapeutique et qui témoignent du dés-ancrage vécu par le couple ; ces modes de fonctionnement appellent en dernière analyse une explication groupale.

Tantôt les productions oniriques des conjoints sont bloqués : l'espace primaire est devenu vide, silencieux : il ne crée plus les scénari dont il était coutumier ; le préconscient est comme court-circuité, il «ne répond plus». Le dialogue des Je est devenu *opératoire*, figé dans un réalisme brut et sans perspective. «Il faudrait *faire* quelque chose, mais toute action est vaine. Et penser est devenu impossible», sauf penser un pur affect de douleur. Les psychés ont perdu leur ancrage corporel ; les corps ont perdu leur liaison psychique, leur pouvoir de représentation dans la sphère mentale.

Tantôt on constate une production onirique débordante, une production psychique épuisante qui donne l'image de psychés solitaires, dé-liées, qui tentent de fonctionner en psychéité pure, cherchant désespérément à se re-lier, à relier des affects à la dérive, en déroute, à s'ancrer comme autrefois dans le corps de l'autre et dans le corps propre.

Quelle que soit l'issue de ces couples – séparation ou rétablissement du lien amoureux – leur fonctionnement actuel est comparable à celui qui caractérise les familles psychotiques, comme je l'ai décrit antérieurement (1981).

Nous retrouvons ainsi régulièrement, au début du processus de la cure psychanalytique du groupe familial, d'une part, un discours manifeste opératoire engendrant une «relation blanche» entre les membres de la famille, d'autre part, une recherche inconsciente de fusion groupale. La souffrance du groupe familial est tellement intense qu'elle bloque toute vie fantasmatique.

Pour combler cet espace primaire vide, on voit apparaître d'abord chez l'un des membres de la famille, une production de fantasmes et de rêves dont le thème est l'illusion groupale. «Nous sommes un groupe soudé, homogène, sans différence de sexes ni de générations». Il s'agit là, à mon sens, d'une tentative pour «re-marier» le porteur de symptômes psychotiques, le déviant, le solitaire, à l'ensemble du groupe, et le faire renaître à la vie groupale de la famille.

Le couple en dés-amour, dans mon expérience clinique, présente ce même mode de fonctionnement : tout se passe comme si, devant le silence de la mutualité corporelle disparue, les conjoints tentaient de vivre leur dyade en perdition sur le mode de la psychéité pure, tentaient de constituer une psyché groupale indifférenciée, sans corps, sans sexe. «Peu importent les sexes, pourvu que nous soyons un couple-groupe où la fusion psychique soit possible». Le couple régresse ainsi au tout premier vécu post-natal où la psyché infantile se diluait dans l'appareil psychique familial.

C'est dans la suite du processus thérapeutique de couple que se remettront à circuler les imagos différenciées paternelle et maternelle, masculin et féminin, et enfin les fantasmes originaires (castration, séduction, scène primitive). C'est à ce moment que les conjoints seront à même de décider eux-mêmes du destin de leur couple. J'ajouterai que la restitution, par ces couples, dans la cure conjugale, de leur passé amoureux et en particulier de la rencontre et de la découverte amoureuses, fait apparaître que le choix mutuel s'est opéré moins en rapport avec les qualités mêmes de l'objet aimé que dans une optique de surestimation d'un *objet-groupe* : la constitution d'un couple représentait une évasion du groupe familial d'origine pour réaliser une fusion avec un autre groupe-famille, la belle-famille, et au-delà pour se mettre en communion psychique avec le groupe social environnant. L'amour était essentiellement fuite groupale, comme tout amour est peut-être, dans son fondement, une quête groupale.

CONCLUSION

J'ai tenté de montrer dans ce travail que le couple comme objet d'étude et de traitement requiert une méthodologie et une thérapeutique appropriées à cet objet.

Le traitement de la monade – de l'individu en relation duelle analysant-thérapeute – engendre, comme toute la clinique l'atteste, une modification structurale individuelle, par le renforcement du Moi individuel. Mais quand la demande analytique est une demande spécifique de couple, nous sommes en droit de penser que nous avons affaire non pas à deux monades, mais à un appareil psychique dyadique en souffrance, une unité duelle perturbée.

De plus, la réflexion à partir d'une expérience clinique de plus en plus longue m'a conduit à poser l'hypothèse du couple en tant que groupe, du «grouple[1] », et à souhaiter que d'autres investigations cliniques approfondissent cette interrogation : le deux existe-t-il en tant que tel ? ou n'est-il qu'un artefact qui empêche de saisir la réalité psychique profonde du couple, son origine et sa nature groupales ? C'est cette hypothèse qui a inspiré ma technique thérapeutique – un cadre analytique du traitement des couples – qui est aussi celle de tout un courant actuel de thérapie du couple.

Sur le plan méthodologique, pour la compréhension scientifique du couple amoureux, de la découverte et du vécu amoureux au long cours, il m'est apparu nécessaire de recourir au concept d'Originaire, distinct du Primaire et du Secondaire.

L'état amoureux fondé sur la recherche du plaisir physique et psychique, et sur l'instinct de perpétuation du groupe humain, est le vécu à la fois le plus singulier et le plus ancré dans l'espèce. Pour en rendre compte, et afin de pallier la défaillance d'une métapsychologie amoureuse centrée sur l'individu, j'ai privilégié dans cette étude les points de vue topique et génétique.

L'amour, dans son aspect novateur, créateur, représente une régression – au sens le plus régénérant du terme – à l'état le plus archaïque, ou psyché et soma tentaient leur intégration réciproque dans un espace psychique non encore individué, l'espace originaire qui ne peut être qu'un espace groupal. J'ai tenté d'approcher «ce diamant noir de l'archaïque», de l'Originaire (J. Guillaumin, 1982), cette part de mystère, «de caractère mystique... et qui échappe encore à toute explication rationnelle» (S. Freud, 1921, p. 141) qu'ont en commun l'état amoureux et la relation hypnotique.

---

1. Cette condensation verbale, si elle n'était aussi dysphonique et sémantiquement osée, illustrerait assez exactement mon propos. Voir l'analyse par R. Kaës (1972) de ce néologisme issu du lapsus d'un animateur de groupe, in *le Travail psychanalytique dans les groupes*, t. 1 p. 57.

L'amour est un rêve, un rêve en partie réalisé. Mais, comme tout rêve, il comporte «un ombilic, l'endroit où il plonge dans l'inconnu. Les pensées latentes auxquelles on atteint par l'interprétation ne peuvent (alors) que demeurer sans terme précis et se répandre de tous côtés dans le réseau embrouillé de notre monde intérieur». C'est de ce point ombilical que «surgit le désir du rêve, comme le champignon de son mycélium»[1].

Mon souhait modeste (je n'oublie pas la tache aveugle qui est notre tare commune, mais aussi le gage de notre spontanéité, concernant notre vécu amoureux quotidien et le domaine de l'Originaire auquel il se source ; cette tache aveugle qui rend particulièrement malaisé le contrôle de notre contre-transfert scientifique, fait que mes hypothèses ne sont pas conclusions, mais propositions de recherche, qui appellent la confirmation d'autres expériences cliniques dans une voie relativement inexplorée), mon souhait donc est d'avoir rendu plus rationnelle cette part illogique de l'amour, en remontant jusqu'à son ombilic, en explorant son mycélium groupal.

Et si l'amour, à travers les artifices du désir mutuel et les ruses de l'espèce, n'était qu'une aspiration groupale... Et si le couple – ainsi que Freud (1921, p. 156) le dit de la relation hypnotique, après l'avoir comparée à la relation amoureuse et à la relation des masses, sur fond de horde préhistorique – était, au sens topique mais aussi dynamique et économique, «une foule à deux»...

1. S. Freud, ***L'interprétation des rêves,*** *G.W.* (t. II-III, p. 530), traduction de J. Guillaumin (1979, p. 63).

3. *Considérations sur la psychothérapie du couple : de l'engagement amoureux au reproche*

par I. BERENSTEIN et J. PUGET

Dans cette étude[1], qui traite de la psychothérapie de couple, nous esquissons quelques hypothèses intermédiaires entre l'observation clinique et le cadre d'une théorie dont le niveau d'abstraction est plus élevé. Avant que de travailler conjointement nous avons suivi des cheminements différents sur le même thème. Notre tâche a néanmoins été possible car nous partons de la même base théorique qui forme ainsi un univers commun de signifiés.

I. CADRE RÉFÉRENTIEL COMMUN ET DIFFÉRENCE DES DÉVELOPPEMENTS

Notre cadre référentiel commun comprend la psychanalyse comme une théorie du signifié inconscient, à l'intérieur de laquelle nous utilisons la théorie du narcissisme et le passage évolutif à la «relation d'objet objective» (S. Freud, 1914) ;

1. La traduction française a été assurée par M. Menajovsky et C. Fabre-Gibier.

la théorie des mécanismes d'identification et la possibilité d'établir des choix dans l'attribution des signifiés au cours de la structuration du lien (D. Liberman, 1960). Nous utilisons également la notion d'expérience de satisfaction comme moment originaire de l'appareil psychique, ainsi que la théorie des pulsions de vie et de mort pour analyser la structuration ou la destructuration des liens (S. Freud, 1920).

Le Dr Janine Puget développe une conception du couple qui comporte la formation d'un «objet-couple», représentation qui s'étend à chaque membre de la dyade et acquiert une vie autonome et «illusoire». L'«objet-couple» se constitue dès la naissance et suit un modèle évolutif allant de l'état narcissique à la relation duelle spéculaire avec un tiers virtuel, jusqu'à l'avènement d'un code commun qui agit comme tiers réel. Dans la constitution de cet objet interviennent des composantes individuelles et socio-culturelles, qui s'actualisent à travers les interactions propres à la dyade conjugale. L'auteur tient compte de la coexistence simultanée de plusieurs niveaux de communication à tout moment de la vie du couple, allant d'une zone non partagée et non partageable, qui est propre à l'identité de l'être humain, jusqu'à une zone de reconnaissance objectale. Elle considère que la vie du couple est déterminée par trois sortes d'interdépendances qui engendrent chacune des angoisses spécifiques : sexuelles, affectives et économiques (J. Puget, 1982).

Le Dr Isidoro Berenstein de son côté, à partir de son travail avec des groupes familiaux, développe un modèle à deux niveaux : le niveau des relations familiales et le niveau des significations profondes, ou *structure familiale inconsciente*. D'où le schéma d'un modèle à quatre termes, avec leurs règles correspondantes de transformation (I. Berenstein, 1976). Cette structure possède des caractéristiques qui s'étendent à chacun des membres (proposition comparable à celle de J. Puget à propos de l'«objet-couple»). Il y inclut le concept d'un «état de détresse secondaire», qui découle de l'état de détresse originaire qui est lié à l'expérience de satisfaction primaire. Il analyse également le rôle de l'agression dans les liens du couple et de la famille (I. Berenstein, 1981).

Si nous avions entrepris séparément ce travail, J. Puget aurait traité le thème des reproches dans la thérapie de couple, et I. Berenstein celui des relations de l'engagement amoureux avec les états de détresse. Tel fut le début de notre réflexion.

Rapidement nous avons réalisé qu'il s'agissait de sujets liés entre eux, et que le concept de narcissisme nous permettait d'établir un passage : celui par lequel le couple évolue d'un état initial d'engagement amoureux à un état ultérieur de reproche. Passage réversible, qui donne son titre à l'article : de l'engagement amoureux au reproche.

De même que nous avons été confrontés au besoin de définir, ou plutôt de préciser, pour nous-mêmes, notre terminologie, nous nous devons de le faire ici pour deux termes : d'une part le concept de narcissisme tel que nous l'employons ; d'autre part, le concept de couple en prenant en compte ses ressemblances et ses différences avec d'autres structures dyadiques.

II. LE CONCEPT DE NARCISSISME DANS LE COUPLE

Nous sommes partis d'un moment fondateur de l'expérience de satisfaction avec son triple registre :
– celui du plaisir dérivé d'un apaisement durable du besoin, en réalité le plus durable dans l'unité de temps,
– la perception de l'objet lié à ce plaisir,
– l'information du mouvement-réflexe provenant du corps propre et accompagnant le plaisir et la perception de l'objet.

A partir de ce moment constitutif, le surgissement de l'état de besoin, déjà désir, provoque l'émergence de l'image de l'objet : hallucination primaire.

Nous appelons narcissisme un type d'investissement visant à faire disparaître l'existence de l'objet lorsque celui-ci manifeste son existence de manière discontinue. C'est de ce point de vue que se produit une indistinction entre le Moi et les objets. L'objet extérieur devient quelque chose de nécessaire dont on essaie de se passer fantasmatiquement. Au début de la vie et en diverses circonstances par la suite, la nostalgie d'obtenir l'état «idéal d'approvisionnement» persiste.

Pour y parvenir, le sujet se transforme fantasmatiquement en l'objet de ses propres désirs, ou bien encore il crée des liens duels, moyennant quoi il échappe illusoirement à la présence du tiers. Il s'imagine ainsi atteindre une complétude et une unité, hallucinatoirement liées à un état permanent et ininterrompu de bonheur. Le lien du couple fondé sur l'engagement amoureux fournit un des cadres d'application de ce modèle illusoire destiné à surmonter la discontinuité douloureuse produite par la reconnaissance d'autrui comme différent de moi. Tentative jamais achevée de transformer l'autre en objet qui puisse perdre ses caractéristiques «différentes» pour en faire un semblable, ou pour établir avec lui une complémentarité stéréotypée, afin d'obtenir la négation de cette douleur. Ce point est en rapport avec le «complexe du semblable» développé par S. Freud (1895).

La description du processus précédent permet d'établir un premier stade de fusion narcissique constitutive du lien du couple : l'engagement amoureux. Par la suite, tandis qu'une partie de cette fusion narcissique reste dans le moi, une autre s'achemine, selon la voie indiquée par l'objet, vers le désengagement ou la désillusion narcissique. Suit une étape de différenciation et de récupération des aspects préalablement situés dans l'autre. Chacune de ces périodes connaîtra différentes vicissitudes (nous y ferons une simple allusion car cela donnerait lieu à un autre travail) au moyen desquelles par exemple, on essaiera d'éviter la désillusion et de perpétuer l'état amoureux, avec un autre objet s'il le faut ; ou bien on créera un état de reproche fondé sur le sentiment d'exclusion. La possibilité d'assumer des fonctions valorisées, acceptées et permises, en participant par délégation à la vie de l'autre en est encore un autre.

Chacune de ces solutions constitue une défense contre le sentiment de solitude qui découle du vécu de détresse, toujours potentiellement menaçant.

1. LE CONCEPT DE COUPLE

Employé sans qualificatif, le terme de couple fait implicitement référence au couple conjugal. Il n'est pas superflu de le distinguer d'autres relations dyadiques.

Nous avons regroupé les relations dyadiques secondaires (nous employons «secondaires» pour les différencier des relations dyadiques primaires qui sont liées à la parenté, telles que mère-fille, père-fils, parents entre eux, frères, etc.) selon trois types. Nous avons pris deux paramètres : les relations sexuelles et le cadre spatio-temporel, pour distinguer les *relations conjugales*, les *relations d'amants* et les *relations d'amis*.

Il existe une première opposition entre le cadre des relations matrimoniales et celui des relations amicales. Le premier se caractérise par les relations sexuelles génitales et l'unité spatio-temporelle que nous appellons *quotidienneté*. Le second se caractérise par l'absence de relations sexuelles et une unité spatio-temporelle non quotidienne que nous nommons *fréquentation*.

Ils configurent deux univers nettement opposés du point de vue sémiotique (A.-J. Greimas, 1966). L'univers conjugal s'organise selon l'accomplissement des désirs infantiles mutuels et partagés dans la sexualité. Le cadre amical, lui, contient la sublimation des désirs prégénitaux et génitaux. Ces deux univers peuvent comprendre d'autres types de dyades. Les relations de fiançailles, par exemple, peuvent facilement être inclues dans le cadre dit conjugal, alors que les relations entre associés ou camarades peuvent se ranger dans le cadre amical.

Cela va nous permettre de définir un troisième type de cadre dont les termes sont contradictoires par rapport aux deux précédents : celui des amants. Il est facile de s'apercevoir que les relations sexuelles en sont la caractéristique, il ne s'agit donc pas de relations dans le cadre amical. Elles ne peuvent acquérir la quotidienneté et, en ce sens, elles ne sont pas des relations conjugales. Nous appellerons *habituation* son cadre spatio-temporel, dont la définition est qu'il n'est ni conjugal ni amical.

Si nous adoptons comme axe les relations sexuelles, nous obtenons : un univers où les relations sexuelles sont permises, l'univers conjugal ; un univers où les relations sexuelles sont interdites, l'univers amical ; et un univers où les relations sexuelles sont tout à la fois ni interdites ni permises : les relations d'amants. Quelques-unes des caractéristiques qui leur sont inhérentes, comme par exemple la clandestinité, découlent précisément de cette condition particulière aux relations à la fois ni interdites ni permises.

Jusqu'ici ces trois cadres ont été défini d'un point de vue sémiotique. Reprenons-les plus en détail.

Nous avons dit que l'élément caractéristique du cadre conjugal est la quotidienneté : constance et permanence des interactions corporelles, affectives et économiques, constituent la base des trois dépendances précédemment mentionnées. Dans le modèle mental correspondant à ce type de cadre est incluse, comme illusion, la présence constante de l'autre, qui peut se transformer en fantasme de disponibilité permanente de l'objet. Cela s'appuie sur certaines références spatiales : occuper la même place au lit, la même place à table, etc. Le cadre conjugal comprend illusoirement d'autres aires allant du corporel au mental. L'échange à propos de la vocation personnelle ainsi que celui à propos du travail en sont fréquemment exclus. Lorsque le second est inclus, des facteurs à la fois plus complexes et plus conflictuels viennent généralement se surajouter.

Pour le second cadre où les relations sexuelles sont également incluses, c'est-à-dire le cadre des amants, l'élément temporel caractéristique n'est pas une variable de régularité, mais une régularité où la disponibilité de l'autre est très limitée. Enfin, nous définissons comme «la fréquentation» la dimension temporelle de l'encadrement amical.

L'habituation est fonction de la clandestinité, comme la quotidienneté et la fréquentation le sont de la légalité. Le cadre de chacune de ces trois relations comporte également un élément spatial caractéristique du cadre. Ainsi la quotidienneté exige un espace stable. L'habituation peut évoluer dans un espace changeant et même si parfois il est fixe, il n'en est pas stable pour autant. La relation amicale ne relève pas d'un lieu préalablement défini.

Après avoir caractérisé ces trois cadres, nous ébaucherons maintenant une discussion métapsychologique.

La nature des liens de la vie adulte est une conséquence de l'état de détresse originaire, condition inhérente à l'être humain. Le passage à ce que nous suggérons d'appeler l'état de protection se produit par l'intermédiaire d'un objet protecteur et à travers l'expérience de satisfaction. C'est sur cette base que commence la quête successive d'objets protecteurs qui sont toujours des substituts de l'objet protecteur perdu. L'idéalisation serait le premier pas vers un dégagement de l'état de détresse originaire par le truchement de la construction d'un objet idéal, celui qui devrait illusoirement satisfaire tous les besoins. Il persiste sous forme d'Idéal du Moi, structure mentale qui en dernier ressort protège, aime et soutient le Moi.

2. *ENGAGEMENT AMOUREUX ET IDÉALISATION*

L'état d'engagement amoureux fait revenir l'idéalisation et l'exaltation de l'objet dont on attend et à qui on offre une protection inconditionnelle. L'inconditionnalité est une des caractéristiques de l'engagement amoureux.

Nous pouvons distinguer deux types d'idéalisation :

a) L'une, investie dans le sens de *compulsion de répétition*, va déterminer la désagrégation des structures d'un niveau plus complexe et le passage à des liens de complexité moindre. Ces investissements où la pulsion de mort prédomine, incluent la destructuration et la désintégration du lien. L'émergence de l'agression et la tendance à éloigner le plus possible l'objet, lorsque le lien est attaqué en sont la preuve.

b) Dans le second cas, l'idéalisation va de pair avec un investissement à prédominance érotique. Le lien gagne de plus en plus en complexité, il s'éloigne de la répétition et parvient à des qualités de structuration et d'intégration plus élevées.

Après la description de ces deux types d'idéalisation, l'un sous-tendu par la compulsion à la répétition et l'autre par les pulsions érotiques, nous allons examiner à la lumière d'un abord métapsychologique les différentes vicissitudes des cadres que nous avons mentionnés.

Lorsque la quotidienneté de la relation conjugale est investie par l'idéalisation du premier type, c'est-à-dire par les pulsions de mort, le désir se charge d'*ennui*. Il se produit alors un passage régressif de la quotidienneté à l'habituation, permettant ainsi le rétablissement des idéalisations, mais au prix cette fois-ci d'une scission du cadre, destinée à y introduire, en apparence, un troisième objet ; il s'agit en réalité, d'un double spéculaire du moi. A partir de ce moment un double cadre commence à fonctionner : celui de la relation maritale et celui de la relation d'amants.

Lorsque la quotidienneté est investie par l'idéalisation du deuxième type, à prédominance érotique, les deux membres de la dyade sont amenés à une *meilleure économie* et à un *meilleur développement mental.* Nous pourrions dire qu'un lien de couple est thérapeutique lorsqu'il favorise le développement mental des deux membres. Par contre, ce lien est pathogène lorsque l'interaction conduit chacun des deux membres, sans qu'ils le veuillent ni ne le sachent, à encourager et à maintenir les aspects les plus régressifs du lien.

Parlant en termes d'aspiration, de désir d'attente (S. Freud, 1895), nous pouvons dire que le lien d'amants est le plus proche de l'*aspiration* et que par définition, il engendre une promesse toujours insatisfaite d'inconditionnalité. En revanche, le lien à prédominance de quotidienneté, et du fait que l'objet y est maintenu en position favorable, est plus proche de l'*action désidérative.* Quant au lien commandé par l'expérience de l'*attente*, il comporte le signe de réalité ou de qualité, la capacité d'attendre et il rend possible la relation amicale.

Au début, le cadre marital s'organise à travers les fantasmes d'idéalisation d'un avenir où le lien total adviendra. Les douleurs de la vie de couple qui suivent la découverte de la perte de cette illusion sont perçues comme une menace pour le lien et vécues comme un sentiment de mort. Le cadre des amants présuppose l'accession à une jouissance, toujours la même et toujours renouvelée. La douleur consécutive à la perte de cette illusion incite à changer d'objet pour retrouver cette jouissance idéale. Une autre vicissitude en peut être l'éloignement momentané destiné à évacuer du lien les aires perturbatrices et menaçantes.

Par pénétration d'une partie du corps dans celui de l'autre, les relations sexuelles permettent la réalisation d'un certain type de fantasmes rattachés au mécanisme d'identification projective. Ces fantasmes peuvent être contaminés par un comportement psychotique. C'est dire selon nous que ce comportement va prendre appui sur la dédifférenciation du sujet et de l'objet, du moi et de l'autre, avec une altération du sens de la réalité et un accroissement de l'agressivité à l'intérieur du lien, avec une connotation destructrice. La quotidienneté définie par le cadre matrimonial facilite le dépôt et le maintien dans l'autre de ces aspects qu'il faut conserver maintenus sous contrôle, afin que l'autre fonctionne comme «semblable».

3. LA STRUCTURE DES JUMEAUX

Référons-nous brièvement au mythe de Narcisse. Narcisse est né de la liaison, ou plutôt de l'enlèvement et du viol de la nymphe Lidiopé par le dieu-fleuve Céphise, acte consommé sur les eaux. Dans la version de Pausanias, on raconte que lorsque Narcisse perdit sa sœur préférée (sa jumelle et contrepartie parfaite) il se regarda dans le miroir de l'eau dans une tentative de récupération illusoire de sa propre image (outre la recherche et la récupération de sa propre origine).

La nymphe Echo appartenait à la suite d'Héra, la femme de Zeus. Lorsque le dieu des dieux faisait la cour aux autres déités, Echo chantait et parlait pour détourner l'attention de la déesse. Lorsque Héra découvrit cet arrangement, elle punit durement Echo, qui fut privée de la parole et condamnée à ne plus émettre que la dernière syllabe ou les derniers accents des mots prononcés devant elle. Quand Echo tomba amoureuse de Narcisse, elle ne put que lui renvoyer le reflet de ses propres mots.

La structure des jumeaux est l'expression d'un investissement narcissique qui consiste en l'impossibilité d'accepter les différences et de reconnaître les ressemblances. On prend pour semblable ce qui est différent, et pour différent ce qui est semblable. C'est donc l'échec de la fonction discriminatrice du Moi, qui se trouve attaquée par l'émergence de l'anxiété face à la reconnaissance de la différenciation.

En ce sens, cette structure peut être décrite comme un fonctionnement mental assez proche du fonctionnement psychotique. Dans son œuvre *The imaginary Twin* («le Jumeau imaginaire»), Bion (1967) signale que la fonction du «jumeau imaginaire» est de nier une réalité différente de soi-même et qu'elle exprime l'incapacité de tolérer un objet qui n'est pas sous le contrôle absolu du moi.

Cette structure des jumeaux peut être également décrite comme un fantasme où le désir s'accomplit grâce à la fusion entre soi et soi-même, et ceci dans les deux variantes qu'on retrouve dans le mythe de Narcisse : la fusion avec sa propre image visuelle et, de manière un peu différente, la fusion avec l'image acoustique de soi-même. Ce serait en somme la recherche de l'écho qui dédouble ses propres paroles, comme le miroir dédouble sa propre image.

Cette double structuration psychique et des liens n'est pas nécessairement en relation avec la présence réelle de frères jumeaux dans l'histoire des membres du couple. Cela peut se produire, mais cela ne constitue pas une condition *sine qua non*.

L'engagement amoureux est une des extériorisations de la structure des jumeaux.

4. L'ENGAGEMENT AMOUREUX

Il représente un état émotionnel et mental complexe qui découle de l'attirance sexuelle envers l'autre. Il revêt un caractère d'obligation qui tend à une plus grande union et à une fusion absolue avec l'objet aimé. L'investissement narcissique de cette relation mène à une surestimation de l'autre, condition sans laquelle l'engagement amoureux ne paraît pas possible.

C'est une période préalable, préliminaire, transitoire, et, comme telle, ou bien elle s'interrompt, ou bien après modification, elle se subordonne à une relation de couple stable. Cette subordination constituerait une transformation, ou passage d'un lien fondé sur l'idéalisation et l'adoration, toujours instables, à un autre lien reposant sur l'identification et la tendresse, doué d'un caractère plus stable. De l'engagement amoureux on passe à la désidéalisation de l'objet. Lorsque ce passage n'est pas toléré, une persistance et un retour à l'état antérieur peuvent apparaître. Dans ce cas, des changements d'objets externes s'avèrent nécessaires : afin de recommencer le cycle des surestimations de l'objet idéal, qui lui-même vous surestime. Le passage de l'idéalisation à la désidéalisation que détermine le processus vital naturel, comporte le risque de la *désillusion*. Si ce risque est surmonté, il peut rendre possible la création d'un lien d'enrichissement mutuel, par l'appropriation de qualités qui permettent de compléter certains aspects inachevés de l'un comme de l'autre. C'est l'identification.

Les *ruptures du lien* surviennent quand une demande narcissique ne peut être soutenue ni par le moi ni par l'objet. L'identification et l'incorporation de certains aspects de l'objet aboutissent à sa désexualisation.

Le but sexuel s'éteint avec la satisfaction. Il n'établit pas de lien durable à lui tout seul, à moins qu'il ne soit lié à un sentiment de tendresse. De sorte que nous pourrions affirmer que le but sexuel, immédiat en soi-même, contient une fonction instinctive à prédominance de pulsion de mort : après le plaisir, il sépare et rend superflue la présence de l'objet inutile.

Élargissons cette description métapsychologique. L'état d'engagement amoureux est toujours précédé par une situation de détresse en référence avec une perte d'objet (situation ou valeur). État de détresse secondaire, dont les caractéristiques prennent sens parce qu'elles sont une réédition de l'état de détresse infantile originaire. Il existe différentes sortes de détresse, selon le type de perte éprouvée et l'étape atteinte dans la vie. Mais chacune d'entre elles renvoie à une menace potentielle de régression, qui renvoie à l'état originaire de détresse.

Étant donné la connexion de l'état amoureux avec l'état de détresse, il n'est pas étonnant que pendant la première période amoureuse, il soit très difficile de se séparer de l'objet aimé qui est investi comme protecteur. Sa perte est ressentie comme une véritable menace en raison du sentiment d'abandon qu'elle entraîne et qui conduit à la détresse.

Établir une relation entre l'engagement amoureux et la détresse originaire entraîne des conséquences intéressantes. Par exemple, l'engagement amoureux reconstituerait le passage de la détresse initiale à la protection originaire, de même que le narcissisme est la première issue de la détresse moyennant l'indifférenciation avec l'autre. Un point commun entre ces deux états est la fascination par laquelle l'objet doit rester sous le contrôle quasi permanent du regard et de l'écoute de l'autre. L'amoureux ne se lasse pas de regarder son objet d'amour ni de l'entendre. Mais il existe une différence entre regarder et écouter : regarder l'objet idéalisé c'est le recréer comme un miroir réfléchissant qui constitue primitivement le Moi. Écouter signifie être l'objet de ce que D. Anzieu (1976) appelle «le miroir sonore». Dans ce dernier cas, ce qui importe probablement le plus est de recevoir l'effet de sa propre voix, et, davantage que leur signification, les effets tonaux et phonologiques des mots. C'est-à-dire qu'on apprendrait à écouter par la façon même dont on est écouté.

De même que le sujet en situation de détresse dépend complètement de l'objet protecteur, l'amoureux dépend complètement de l'objet aimé. Bien que l'état de détresse soit toujours réactivé par une perte conduisant à l'abandon, l'inverse n'est pas nécessairement vrai. Une perte n'entraîne pas toujours un état de détresse.

La non-élaboration de la détresse constitue une condition préalable à l'échec du passage de l'engagement amoureux au désengagement ; il s'en suivra une transformation de l'amour en haine et de la tendresse en hostilité. L'analyse de Freud (1915) sur les différentes origines de l'amour et de la haine est bien connue. *La haine est plus primitive que l'amour,* elle provient du refus que le Moi narcissique oppose au monde extérieur producteur d'excitations. En revanche l'amour vient de la capacité qu'a le Moi de satisfaire une partie de ses pulsions de façon auto-érotique. Lorsqu'il se tourne vers des objets, ceux-ci deviennent sources de plaisir, le sujet désire les atteindre et les incorporer. Nous reformulerons cette différence en signalant que l'amour est ce mouvement vers l'objet par lequel se produira, dans le Moi, le passage de la détresse à la protection ; alors que la haine est la réaction du Moi face au sentiment d'effondrement vécu dans la détresse, lorsqu'il se sent menacé d'abandon de la part de l'objet. Il se peut alors que le sujet essaie de prendre la distance la plus grande possible et parvienne même, dans les cas extrêmes, jusqu'à l'annihilation de l'objet.

III. L'ÉTAT DE REPROCHE

Les reproches constituent le moyen d'exprimer, à partir d'un certain état psychique, un malaise tel que sa liquidation paraît indispensable. Ils s'organisent comme une structure verbale, formulée ou non, de dramatisation, où l'objet est toujours coupable du préjudice subi par le sujet. C'est un soliloque avec représentation de mots où passé et présent se confondent.

Il se présente comme une tentative pathologique de résoudre la déréliction à l'aide de fantasmes que l'on peut attribuer au fonctionnement psychotique : fantasmes liés au dépôt et au maintien des aspects agressifs, sous contrôle et en place assignée des composantes agressives. Ce phénomène peut se produire dans tous les cas de figure mentionnés, avec des particularités que nous ne voulons pas détailler ici car elles dépassent les limites de ce travail.

Cet état, sous-tendu par la compulsion de répétition, donne naissance à une *pensée délirante* qui consiste à transformer une douleur singulière en une généralisation de type universel. Dans ce discours idéatif sont incluses des généralisations du temps et de l'espace, avec des formules du genre : «Tu me fais toujours ça», ou «Tu ne te rends jamais compte de ce qui m'arrive...», ou «Quand je te dis quelque chose, tu me réponds toujours de la même façon», ou «C'est toujours pareil, tu le fais exprès», ou encore «Tu ne me fais jamais plaisir».

En somme le reproche s'exprime par une structure linguistique bien définie : à partir d'une pensée délirante, on constitue un drame où l'objet, à l'extérieur du moi, est rendu coupable des erreurs, du malaise ou de la souffrance et des difficultés du sujet ; ceux-ci sont conçus comme une menace de retour à l'état de détresse. Dans le contexte du couple, le reproche est également une structure mutuelle et partagée, qui se réalimente d'elle-même. L'objet – l'autre – est investi comme source de malheurs et de souffrance. Cela permet de récriminer contre lui, en lui reprochant de ne pas donner ce qu'il devrait à un sujet qui en subit un dommage permanent.

Par conséquent, l'objet s'avère doué de caractéristiques toutes puissantes et idéalisées ; on lui attribue une capacité illimitée de donner ou d'ôter du bien-être, et de faire sadiquement souffrir le Moi. En même temps, il lui est demandé de façon chronique de modifier le modèle objectal : souhait «qu'il ne soit pas arrivé telle ou telle chose», «qu'il n'ait pas fait...», «qu'il n'ait pas cessé de faire...», etc. En réalité, à un autre niveau, le sujet se transforme en tortionnaire de l'objet, immobilisé par ses soins, et, ce qui est pire, méconnu dans ses caractéristiques propres. C'est une structure paradoxale, et qui peut potentiellement rendre fou. L'accusation y est permanente, parce que l'autre ne maintient pas la structure d'indifférenciation nécessaire au fonctionnement en jumeaux, en image dédoublée du Moi. Rappelons-nous le mythe de Narcisse, avec à la fois son double visuel et son double auditif représenté par Echo.

Le reproche sert à maintenir la structure objectale dans l'absence de changement. Il s'y inscrit une confusion temporelle, où passé et présent sont réunis, comme s'il s'agissait d'une expérience de douleur, de manque et d'insatisfaction, conservée intacte et nourrie de façon permanente par la structure actuelle du couple. Le reproche fournit également du plaisir, du moins ce type de plaisir et de soulagement que tout mécanisme de projection et d'évacuation peut fournir : il laisse à l'accusé la responsabilité du devenir ultérieur de l'accusation, c'est à lui de changer. Quant à l'auto-reproche, il suit le même chemin, mais, dans ce cas, l'autre est une modification du Moi propre du sujet.

En thérapie de couple, il est fréquent de voir apparaître toutes sortes de niveaux et d'intensités de reproches. C'est un véritable obstacle technique, car les reproches mettent en place l'unité scellée d'un duo en face duquel le tiers, représenté par le thérapeute, ne peut que regarder, ou écouter, un «acte» de violence joué entre un sujet et un objet. La majorité des reproches qui alimentent quotidiennement la vie des couples en général, et surtout ceux qui demandent une thérapie, présente ces trois aspects :

– d'une part, ils se réfèrent à une exigence que l'autre se doit d'occuper (et ceci de manière rigide) la place qui lui a été assignée, afin de réaliser l'illusion de retrouver la complétude perdue ;
– d'autre part, les reproches sont une tentative de résoudre la difficulté d'accepter et de construire une représentation de la discontinuité ;
– enfin, et simultanément, ils représentent une arme toute-puissante contre un objet coupable.

Lorsque l'autre – objet d'autoréférence – provoque par sa seule présence la possibilité de projeter ledit conflit, on peut facilement lui attribuer la responsabilité de la frustration, de l'attaque et de la violence, et le transformer en tout cela. Alors des mécanismes liés à l'agression – violence, attaque, annihilation – sont engendrés. L'autre fait irruption dans la vie du sujet comme un objet incomplet, différent, et, pourquoi pas, comme un intrus. Lorsqu'au cours de la thérapie, on peut rendre consciente cette requête illusoire et pathologique, la capacité de réfléchir sur la nature du lien est alors recouvrée. Dans le meilleur des cas, la possibilité et le désir de reconnaître l'autre existent permettant la mise en œuvre des moyens nécessaires à la reconstruction du lien.

On peut alors envisager le conflit entre le désir narcissique de complétude, les exigences illimitées et l'acceptation des différences ; certaines sont articulables, d'autres partageables, d'autres encore inconciliables. Naturellement, cela conduit à renoncer à un idéal chaque fois plus inaccessible, et à découvrir une série d'accords que, selon une nosographie classique, nous pourrions qualifier de pervers. Cela est inhérent à la perversité, ou plus exactement à un type de perversité de base qui s'engendre à partir des liens stables.

4. *La mère, Don Juan, le couple*

par C. PADRÓN

La mère : «Sales petites punaises bourgeoises ! Vous ne savez pas à qui vous avez l'honneur de parler ! Mon fils sera ambassadeur de France, Chevalier de la Légion d'Honneur, grand auteur dramatique, Ibsen, Gabriele D'Annunzio ! Il... il s'habillera à Londres !».

Le fils : «... il vaut peut-être mieux dire tout de suite, pour la clarté de ce récit, que je suis aujourd'hui Consul Général de France, Compagnon de la Libération, Officier de la Légion d'Honneur et si je ne suis devenu ni Ibsen ni d'Annunzio, ce n'est pas faute d'avoir essayé. Et qu'on ne s'y trompe pas : je m'habille à Londres. J'ai horreur de la coupe anglaise, mais je n'ai pas le choix.»

Romain Gary, *la Promesse de l'aube.*

Comme quiconque, devant l'angoisse de castration, Romain Gary n'a pas le choix. L'une des voies que l'on peut emprunter devant cette exigence de l'amour maternel qui sous l'apparence de tout donner, exige des résultats, est de se soumettre à l'idéal imposé par cet amour.

En 1832, Victor Hugo écrit dans son *Journal* : «Bénie soit la Providence, qui a donné à chacun son joujou, la poupée à l'enfant, l'enfant à la femme, la femme à l'homme, l'homme au diable !»

Je voudrais soutenir ici que la relation du bébé à sa mère est le support privilégié de celle qui pourra se créer dans le couple adulte, et que sur le chemin qui mène de l'une à l'autre, Don Juan guette... toujours en séducteur.

Don Juan et Casanova ont en commun qu'il existe un pas infranchissable entre chacun d'eux et leur mère. Casanova n'a pas réussi la désexualisation, qui a été son premier essai (le côté clerc du jeune Giacomo dans le film de Comencini), mais il n'a pas réussi non plus à satisfaire la mère. Don Juan n'en parle même pas à ma connaissance. Il n'est question de la mère de Don Juan dans aucune des versions du personnage, depuis celle de Tirso de Molina du premier quart du XVIIe, jusqu'à la dernière en date, celle de Torrente Ballester, publiée en 1963, dans laquelle, faisant preuve d'une admirable finesse psychologique, l'auteur trace un trait d'union entre le binôme Don Juan-Leporello et celui Faust-Méphistophélès.

Et ce dernier mot n'est pas encore dit.

I. DON GIOVANNI, CASANOVA ET JEAN

Quand on écrit à propos de Don Juan, on touche une des *Urphantasien* de l'homme, doublée de cette vérité clinique que Joyce McDougall (1973) dépeint avec ces mots : «... chaque mère, selon ses désirs, va susciter chez son enfant des demandes qu'elle seule aura le plaisir de satisfaire... dès lors, une partie de l'identité de tout sujet, est, et sera toujours, ce qu'il représente pour un autre.» (p. 264).

Je ne toucherai pas ici le personnage du valet – le double de Don Juan – parce que, sous l'optique de l'archaïque, ils sont l'un et l'autre le même personnage, bien que nous pourrions nous attarder sur le thème de ce clivage du moi très précoce. Pour mémoire, je signalerai rapidement les moments-pivot de la légende de Don Juan, prenant comme toile de fond l'opéra de Mozart.

La scène commence par la présentation de deux personnages apparemment différents, Leporello et Don Juan, qui, en fait, sont le même. La séduction réalisée, le séducteur cache son identité à la femme. Il ne la dévoile pas non plus au père. Celui-ci insiste et Don Juan finit par le tuer... bien que Leporello ne soit pas si sûr de qui est le mort, puisqu'il demande «Chi è morto ? Voi o il vecchio ?[1] ». Le drame destructif est motivé par un problème d'identité. Nous y reviendrons.

Don Juan arrive à fuir laissant derrière lui le deuil, dans le but de prendre un peu de repos, mais il retrouve l'histoire récente (Doña Elvira) qui réveille l'histoire ancienne (la liste) qui n'est que la répétition en roue libre de la même histoire. (Il est remarquable que l'aria de la liste des conquêtes de Don Juan soit centrée sur les mots «mille e tre»... «1003»...«un contre trois»... c'est bien le choix œdipien...) L'histoire centrale est la scène primitive. Don Juan se trouve face au («guarda, guarda»[2]) mariage de Masetto et Zerlina, et nous allons voir là le séducteur à l'œuvre.

Don Juan offre sa protection dans le but, trompeur, d'offrir une meilleure fête aux époux ; et tout le monde est dupe... sauf, évidemment, Leporello qui, paillardant avec les femmes, répond à son maître : «Anch'io esibisco la mia protezione[3] ». Sauf Masetto («Ho capito»[4]). Zerlina, en revanche, se laisse prendre, car Don Juan, lorsqu'il lui chante «La chi darem la mano... andiam ben mio da qui[5] » réveille en elle ses propres fantasmes archaïques, dont elle connaît d'ailleurs le trompe-l'œil : «ma puó burlarmi ancor[6] ».

Don Juan croit tromper les femmes, et, en fait, ce sont elles qui se laissent tromper. Mais il ne trompe pas les hommes. Il finira par une relation de défi dont l'issue logique est la destruction. Pierre-Jean Jouve remarque : «Don Juan – libertin – qui est le plus durement enchaîné par la répétition intérieure, et ne saurait produire que la licence et le scandale. *La fonction du libertin est bien de détruire*, non d'être libre[7] ».

1. Qui est mort ? Vous ou le vieux ?
2. Regarde, regarde.
3. Moi aussi, j'offre ma protection.
4. J'ai compris.
5. Là nous nous donnerons la main... allons-nous en d'ici, mon bien.
6. Mais je peux me tromper encore.
7. Pierre-Jean Jouve, *le Don Juan de Mozart*, Éd. d'Aujourd'hui, p. 93.

Mais ce que Don Juan détruit, c'est précisément le lien existant entre les deux membres du couple : pour cela il est contraint à recommencer chaque fois la même histoire et chaque fois, il le sait, cela finira par la rupture... jamais par le repentir !

Le chevalier Casanova, à la différence de Don Giovanni, se présente à nous comme un homme dont la relation avec la mère est quelque peu différente, car il a pris l'option du fétiche. Qu'il suffise de rappeler d'abord deux scènes du film de Fellini: dans la première, on voit Casanova qui fait l'amour (avec de bonnes performances) à une jeune novice, sous le regard lubrique du vieux voyeur et sous les auspices d'un fétiche-poupée mécanique-oiseau. Dans la seconde, on le voit qui charge sur son dos une mère presqu'impotente, préoccupée seulement d'elle-même... habillée comme le fétiche ! Lorsqu'elle s'éloigne sur la neige, après lui avoir demandé d'aller lui rendre visite, il s'exclame : «J'ai oublié de lui demander son adresse !».

Dans le film sur l'enfance de Casanova de Comencini, on voit le petit à la recherche d'une mère volage qui va s'amuser avec des hommes. L'enfant se voit ainsi confirmé dans son insuffisance devant la mère.

LE CAS DE JEAN

Jean est en analyse depuis quatre ans. Il s'agit d'un homme marié, dans la quarantaine, intelligent, réussissant bien dans sa profession, qui s'est beaucoup affirmé durant ces premières années d'analyse. Il est marié avec une femme qui semble fine et cultivée et qui le suit bien dans ses activités, tout en ayant la sienne propre. Le couple a cinq enfants. Ils ont l'habitude de faire des petites escapades ensemble pour dîner en ville, seuls, après avoir couché les enfants, et discuter à bâtons rompus. Depuis son mariage, il n'a pas eu de rapports sexuels avec d'autres femmes.

Parmi les choses qui ne sont pas modifiées pendant les trois premières années d'analyse, on trouve le symptôme suivant : de temps à autre, et sans qu'il ne puisse le prévoir, ni en déceler les motifs qui le déclenchent, il a une éjaculation trop rapide. Son désir manifeste devient celui d'arriver à «maîtriser» ce symptôme. Et il va y arriver, mais à partir de ce moment il va être, selon lui, «envahi» par des fantasmes conscients de donjuanisme. L'analyse de ces fantasmes nous amène à comprendre les données suivantes :

1) Ces fantasmes ont été toujours présents, mais il les laissait de côté avec l'excuse suivante : «Tout homme aimerait sans doute avoir une aventure extraconjugale, mais j'aime ma femme et ne veux pas d'ombres entre elle et moi».

2) Le symptôme lui a servi à éloigner un conflit ; la preuve en est précisément que, le symptôme disparu, le désir de coucher avec d'autres femmes revient en force ; et ce désir, il voudrait bien le faire disparaître.

3) Il a toujours pensé que – fort heureusement – les éjaculations précoces lui arrivaient seulement avec sa femme. Avec une autre femme il en aurait été très humilié (*sic*).

4) Il se souvient que, dans son enfance, lorsqu'il savait que sa mère n'aimait pas quelque chose et qu'il se trouvait devant la dite chose, il en profitait pour exagérer son malaise, car il était sûr que sa mère le consolerait en le prenant dans ses bras. Ces caresses lui étaient particulièrement agréables, surtout lorsque ses parents étaient ensemble. La mère vantait devant le père la sensibilité du petit.

5) Lors de ses éjaculations précoces, sa femme le consolait et lui trouvait des excuses (fatigue, soucis professionnels, etc.). Excuses qui se référaient toujours à des situations extrafamiliales.

L'analyse de ses fantasmes de conquêtes féminines amène rapidement une circonstance : il est attiré de préférence par des femmes mariées. Les femmes célibataires l'intéressent beaucoup moins. Il éprouve un malin plaisir à imaginer ces femmes le désirant. Il a envie de les séduire, mais il ne le fait pas.

Dans son comportement, jusqu'à ce moment là, rien n'a transparu. Un jour il me raconte qu'il a cherché et trouvé une amie de jeunesse avec qui il a été plus ou moins fiancé. Il se comporte en séducteur avec elle, mais il lui fait cet aveu dans des circonstances telles que la réalisation en est impossible. Il est ravi de son exploit. Il continue à la voir, mais sans reprendre avec elle le thème sexuel : ils parlent de leur ancienne relation, se rappellent leurs chansons, échangent des cassettes. Il analyse les fantasmes de «quitter ma femme» ou «mon amie quitte son mari...» ou de «partir tous les deux ensemble...». Il lui vient alors à l'esprit qu'il pourrait devenir un Don Juan (*sic*). Entre temps il a beaucoup d'idées dans son travail qui, en peu de temps, lui apportent argent et réussite... et il reprend l'écriture d'un livre, suivant un projet qu'il avait caressé quand il était étudiant.

Ce matériel en a amené un autre qui devient de plus en plus pressant : la haine contre la figure maternelle. L'analyse de cette haine va de pair avec un refroidissement de la relation avec son ancienne fiancée et une recrudescence du conflit conjugal. Ce dernier se résolvant, il parle d'une «nouvelle lune de miel» avec sa femme. Le couple a même eu l'idée – bien que refusée dès le début – d'avoir un autre enfant.

II. QUELQUES TEXTES DE FREUD

«Ce n'est pas sans raison que l'enfant au sein de sa mère est devenu le prototype de toute relation amoureuse. Trouver l'objet sexuel n'est, en somme, que le retrouver.» (S. Freud, 1905, p. 132)

«Le rapport hypnotique consiste en un abandon amoureux total, à l'exclusion de toute satisfaction sexuelle, alors que dans l'état amoureux cette satisfaction ne se trouve refoulée que momentanément et figure toujours à l'arrière plan, à titre de but possible (...). Ce sont précisément les tendances sexuelles déviées de leur but qui créent entre les hommes les liens les plus durables (...). L'amour sensuel est destiné à s'éteindre une fois satisfait ; pour pouvoir durer, il doit être associé dès le début à des éléments de tendresse pure, déviés du but sexuel, ou bien subir à un moment donné une transposition de ce genre.» (S. Freud, 1921, p. 138-139)

Dans le chapitre IV de *l'Abrégé*, Freud écrit, à propos du développement du moi :

«(...) durant ce développement, le moi jeune et faible a repoussé dans l'inconscient et supprimé certains contenus qu'il avait déjà intégrés et s'est comporté de la même façon à l'égard de nombre d'impressions nouvelles qu'il aurait pu recueillir, de sorte que ces dernières, rejetées, n'ont pu laisser de traces dans le ça. C'est à cette partie du ça que nous donnons, du fait de son origine, le nom de refoulé.» (p. 26)

Il ajoute, dans le chapitre VII :

«(...) C'est parce qu'il (l'enfant) s'aperçoit que ce sein lui *manque souvent*[1] que l'enfant le situe au dehors et le considère dès lors comme un *objet*[2], un objet chargé d'une partie de l'investissement narcissique primitif et qui se complète par la suite en devenant la personne maternelle. Celle-ci ne se contente pas de nourrir, elle soigne l'enfant et éveille aussi en lui maintes sensations physiques, agréables ou désagréables.

Grâce aux soins qu'elle lui prodigue, elle devient sa première séductrice. Par ces deux sortes de relations, la mère acquiert une importance unique, incomparable, inaltérable et permanente et devient pour les deux sexes l'objet du premier et du plus puissant des amours, *prototype de toutes les relations* amoureuses ultérieures.» (*Op. cit.*, p. 60)

Dans le cas de Jean, il est très intéressant de voir comment il a commencé récemment à parler des sentiments que déclenchait en lui la vision de la relation existant entre ses parents, et surtout la certitude que sa mère était amoureuse de son père. En même temps, il propose des associations avec les théories astronomiques du «Big-Bang» originel fondateur de l'Univers, et des «trous noirs».

III. LE COUPLE

Dans l'évolution psychique de l'enfant, le couple va se dessiner comme une alternative d'ouverture à la créativité, à partir de la possibilité d'une discussion avec l'autre.

Lorsqu'un homme et une femme se rencontrent dans le but de faire quelque chose ensemble et que le sexe s'en mêle, tout devient possible. Depuis la masturbation réciproque jusqu'à la formation d'un couple qui accomplisse toutes les conditions de la création, tel que le décrit *la Genèse* : «Dieu créa l'homme à son image, à l'image de Dieu il le créa ; mâle et femelle il les créa[3].»

1. C'est moi qui souligne.
2. Souligné par Freud.
3. *Genèse, premier récit de la Création*, 1, 27.

L'écoute directe des couples, ainsi que l'écoute de mes analysés me parlant de leurs couples, présente systématiquement un leitmotiv : la recherche d'un état amoureux, dont le canevas a été tissé entre le bébé et sa mère. La réalité n'existe que comme construction à deux, et elle commence son existence dès l'instant où la mère représente quelque chose pour l'enfant, devenant ainsi une partie essentielle dans la construction de son moi, et donc de son identité. Cela équivaut à dire que le couple ne peut se bâtir qu'à partir d'une solide identité préalable, d'une acceptation de la différence – supporter le fantasme de ne pas être complet, soit en dernière instance, la peur de la castration – et du désir de rendre l'autre dépositaire de la différence, qui, dans le cas du couple, sera donnée par le conflit conjugal, comme fondateur de la relation de couple, au même titre que la relation sexuelle. Car un couple, sans discussion, n'est pas un couple ; la discussion permet, précisément, de se reposer le problème du choix d'objet, sous un mode anaclitique ou sous un mode narcissique ; le conflit conjugal peut aller depuis la discussion la plus parlementaire, dans laquelle chacun essaie de ramener la couverture à soi, jusqu'à une activité très élaborée pendant laquelle chaque membre du couple cherche un gain de plaisir, sans exclure l'autre. Dans ce sens, nous pouvons parler du conflit conjugal comme d'une activité sexuelle.

Le conflit conjugal semble un «collage» du conflit œdipien, chaque fois que l'un des deux partenaires prend l'autre avec sa double signification, cette double signification si bien formulée par Apollinaire dans ses poèmes à Lou :

«Ainsi, belle œuvre d'art
Nos amours ont été et seront
L'ornement du ciel et de la terre
Ô toi ma créature, et ma divinité[1].»

La mort du couple, c'est le narcissisme individuel d'un des membres, de la même manière que la mort du couple mère-enfant est l'arrivée dans son champ significatif d'un autre personnage qui, pour la première fois, l'emporte sur le bébé et qui

1. G. Apollinaire, «Il y a», *Poèmes à Lou.*

va servir de pôle d'attraction pour les expériences d'insatisfaction antérieures, les plus archaïques, celles qui sont arrivées à un moment de fonctionnement prioritairement économique (tension-décharge).

L'enfant peut, à ce moment là, prendre plusieurs chemins ; et la qualité de la relation entre les parents et l'usage qu'ils en font vis-à-vis du monde qui les entoure deviennent alors de la plus haute importance. Car il ne faut pas oublier que l'une des choses que les parents peuvent faire avec leur relation, c'est de l'utiliser agressivement envers l'enfant et de le laisser complètement en dehors. Ce serait le cas de ces couples sans discussions, sans failles, pour lesquels la moindre lézarde deviendrait une catastrophe.

Je prétends que le vrai conflit conjugal est la seule vraie manifestation de la solidité d'un couple, et le seul qui permette de supporter les limitations de l'expérience affective... mais nous savons par ailleurs que l'inachèvement n'enlève pas la beauté à la symphonie. Je veux soutenir que l'expression du conflit contribue essentiellement au développement de l'état amoureux, de cet état qui, avec l'expérience mystique, le vécu artistique et la psychanalyse, fait partie de ces moments privilégiés qui permettent à l'être humain de se sentir au plus près du bonheur, fantasme de toute puissance que chacun a bien connu dans son enfance. En parlant de Hans, Freud écrit dans *Inhibition, symptôme, angoisse* (p. 26) : «Ainsi donc un conflit d'ambivalence, un amour bien fondé et une haine non moins justifiée, dirigés tous deux vers la même personne.» Il faut un moi bien solide pour supporter une telle ambivalence, et l'enfant n'en est pas capable ; il s'en défend avec, dans le meilleur des cas, une formation réactionnelle ; c'est celle-ci qui sera mise en question lors du conflit conjugal, successeur de l'élan amoureux chanté par les mystiques, chez lesquels le conflit est dans l'en-deça de la relation avec l'objet mystique. L'expérience mystique passe par une totale désexualisation, ce qui n'arrive pas dans l'état amoureux.

L'amour platonique n'est, à mon avis, qu'un mauvais succédané de l'expérience mystique et une mauvaise caricature de la désexualisation dans la situation œdipienne. Il n'y a pas d'état amoureux sans une profonde implication physique et psychique, la première demandant une activité sexuelle et la deuxième appelant à une relation objectale et non à un besoin presque compulsif de réparation, cette dernière étant la preuve de l'existence d'un profond sentiment de culpabilité. Dans la recherche de l'accomplissement d'un état amoureux, l'individu devra être à même d'établir une forme de relation qui le rende capable de «contenir» le conflit œdipien, de «supporter» les «retours œdipiens» qui seront, nécessairement, réactivés par la situation de couple. Nous savons bien à quel point sont invivables les situations de jeunes couples gardant chez eux l'un des parents ; la situation est autant sans issue que celle d'un bébé dont la mère ne se séparerait jamais. C'est une situation propre à empêcher l'intériorisation de l'objet qui aboutit à une absence de référentiel personnel, et donc à une impossibilité de constitution d'une identité, fondement de la relation amoureuse.

En parlant de Don Juan, je disais que le drame destructif est motivé par un problème d'identité, processus qui va se faire grâce à l'accomplissement du passage d'une relation d'objet cannibalique, avec destruction de l'objet préalable à son incorporation, à une relation d'objet génitale, sans crainte de sa destruction, et avec le fantasme d'une permanence de l'objet avec possibilité de l'intégrer dans l'activité créatrice. Don Juan n'a pas peur de la destruction, et il le dit assez souvent. C'est d'ailleurs cette absence de peur qui le fait passer pour un libertin cynique, alors qu'il n'est qu'un pauvre assoiffé de mère... Il trompe aussi son public. Cela est très bien exprimé dans l'un des derniers Don Juan, celui d'Edmond Rostand[1] : Don Juan descend les marches de l'enfer – lieu de terreurs s'il en est – en égrénant les noms de ses belles ! Il arrive à obtenir un sursis et revient sur terre... non pour se repentir (car s'il n'a pas eu peur, il n'a pas davantage conscience de mal agir) mais pour continuer à séduire des femmes ! Don Juan

1. *La dernière nuit de Don Juan.*

n'a pas peur parce qu'il ne connaît pas la peur ; son système prégénital ne comporte pas la permanence d'objet dont le fantasme de la perte provoque la peur ; son activité conduit nécessairement à la destruction autour de lui, comme condition de sa survie. Dans le *Don Juan Tenorio* de Zorrilla, le protagoniste dit : «No os podeis quejar de mí, muertos a quienes maté : si buena vida os quité, mejor sepultura os dí[1].»

Si nous passons du registre de la survivance à celui de l'identité, nous trouverons que l'objet amoureux doit être celui qui reçoit la charge affective ambivalente et la retourne, modifiée, pour en attendre le retour, après nouvelle modification. Le couple se constitue alors comme un narcissisme dialectique appuyé sur une relation d'objet qui, tout en participant de certaines conditions de l'anaclitisme, a tout de même surmonté la peur de la destruction du dit objet amoureux. Ce narcissisme est un narcissisme à deux, le narcissisme du lien, seule issue, fût-elle imaginaire, aux fantasmes d'absence, de castration, en définitive de perte. Au fantasme du risque de perte que comporte la relation avec autrui, on oppose le constat de la réalisation créatrice... La preuve en est la réalité de l'existence de l'autre, qui renvoie, mille et une fois modifié, l'amour et le fantasme dont le contenu profond est que, chemin faisant, la Providence n'aura plus à fournir de jouets.

Mais, pour atteindre ce ciel de l'amour, il faut tout de même... être fou de l'autre.

---

1. Vous ne pouvez pas vous plaindre, morts que j'ai tués : si je vous ai ôté d'une bonne vie, je vous ai donné en échange une meilleure sépulture.

5. La notion de couple thérapeutique

par S. DECOBERT et M. SOULÉ

INTRODUCTION

Cette étude[1] est un essai sur les processus dynamiques que la présence de deux adultes de sexe différent, en position de leaders dans un groupe de parents d'enfants très perturbés, structure de façon plus apparente ou plus particulière.

L'expérience rapportée permet, en référence constante à la compréhension psychanalytique de la dynamique de groupe, d'apporter certains éclairages qui nous paraissent propres à cette situation sur les notions de transfert de groupe, de «couplage», d'identification aux images parentales, sur certaines expressions de l'angoisse de castration, sur les possibilités de sublimation dans l'éducation des enfants et sur le fonctionnement des couples.

1. POURQUOI UN EXPOSÉ SUR LE COUPLE DE THÉRAPEUTES ?

Il y a quelques années nous sommes partis du désir, qui nous paraît avouable et même recommandable, d'une mise en commun des expériences de chacun d'entre nous en matière d'analyse

1. Une première version de ce travail a paru dans la *Revue Française de Psychanalyse*, 1972, XXXVI, 1, 83-110.

et de dynamique des groupes. Le développement des équipes que nous dirigions et la nécessité de mettre en place une aide aux parents nous amenaient chacun à vouloir perfectionner notre connaissance pratique des groupes. Nous avons donc imaginé de diriger ensemble des groupes de parents d'enfants très perturbés, voire psychotiques.

Le dernier groupe ainsi constitué a duré trois ans et nous a induits à réfléchir sur le rôle qui nous a été imparti. Au début, nous pensions trouver à deux plus de confort et de sécurité dans la relation avec le groupe et permettre ensuite une discussion théorique à partir d'une expérience vécue en commun.

Il faut avouer aussi que nous avions pensé que nous offririons ainsi des occasions de défusionnement aux deux types de transfert du groupe, maternel en lui proposant un support féminin, paternel en lui proposant un support masculin. C'était évidemment une naïveté comparable à celle des thérapeutes débutants qui croient que le sexe du thérapeute induit électivement tel ou tel type de transfert.

En fait, nous compliquions tout avec cinq ou six types de transferts possibles : le type œdipien croisé, œdipien inverse, transfert sur les images refusionnées, etc.

A la réalité, nous devons dire que les patients nous ont immédiatement voulus comme un couple et même nous ont définitivement instaurés dans cette situation. Puis ils en vinrent à penser que nous étions le seul vrai couple du groupe, ou en tout cas le seul réussi. Ils nous ont donc contraints à penser aussi en termes de couple.

Oui, mais qu'est-ce que ce couple ? Un couple fait d'un homme et d'une femme, non mariés, ne portant donc pas le même nom, qui se vouvoient comme dans le XVIe et dont les participants partent chacun de leur côté le travail accompli ?

Nous avons été amenés à réfléchir à ce que pouvait bien être ce couple qu'ils prétendaient que nous étions, le plaisir qu'ils voulaient bien nous reconnaître dans notre activité, puisqu'ils s'entêtaient à faire de nous un couple heureux, fût-il le seul à l'être, aux capacités de sublimation exemplaires. Nous nous sommes sentis l'objet des projections des participants qui avaient sans doute de bonnes raisons pour le faire, puisqu'ils étaient, eux, mariés «en forme de couple» mais «parents d'enfants malades». Ce sont leurs interrogations entêtées, les manifestations de leurs projections, auxquelles il nous fallut bien nous prêter, qui ont mis ce travail en forme.

Ainsi nous avons retrouvé pour notre couple ce que Bion dit de sa personne, accusée d'être toujours le leader, bien que le leader véritable, dans un groupe, soit toujours à naître.

De même que cet auteur se dit contraint par la demande pressante à «faire du groupe», de même nous nous sommes trouvés contraints par la demande, et sous peine de décevoir gravement, à «faire du couple». On peut bien entendu se demander si nous n'avions pas, avec les patients, un symptôme névrotique commun qui, en l'occurrence, aurait infléchi notre contre-transfert, celui qu'on peut prêter à tous les couples, même mariés : croire qu'il est possible de rencontrer un jour un couple heureux.

Tout cela suffit-il à rendre un groupe thérapeutique ? Cette question théorique est la plus importante. Nous tâcherons d'y répondre au cours de ce travail.

Dire que notre groupe a bien évolué et que tous les participants ont, semble-t-il, été très améliorés, n'est peut-être pas répondre de façon scientifique, car bien des processus ont pu nous échapper et il a pu guérir malgré nous. On peut aussi apporter la constatation clinique qui vous est offerte ici et qui montre que le couple de thérapeutes, après la fin de ce groupe, persiste à travailler ensemble avec plaisir, y compris à la préparation du présent article.

Devant l'absence quasi absolue de travaux sur ce point[1], nous avons été d'autant plus intéressés par le travail de M. Basquin, P. Dubuisson, D. Lajeunesse et G. Testemale-Monod (1969-1970) : *Réflexions sur le couple thérapeutique en psychodrame.* Ces collègues semblent s'être trouvés confrontés à des problèmes analogues aux nôtres. C'est ainsi que nous sommes en accord avec eux sur nombre de leurs points de vue. Néanmoins, la

1. A la date de la rédaction de ce travail (N.D.E.)

position qu'ils soutiennent nous paraît faire une trop grande place à ce que serait «la réalité d'un couple» par rapport au fantasme de couple, car au sens psychanalytique strict, un couple de psychanalystes ne peut se concevoir. Les sphinx ont-ils besoin d'être deux ou sont-ils «accouplés» ? C'est une réflexion comparable qui nous conduit à penser que nous sommes en meilleure position analytique, puisque uniquement situés dans le fantasme, que les couples ayant une réalité (par exemple, mariés). Cet élément de réalité interdit ou bloque sans doute l'émergence de processus que nous avons pu voir s'exprimer plus clairement et plus librement.

Nous nous sommes sentis, en accord avec ces auteurs, le lieu des projections du fantasme commun à propos du couple et à propos de la scène primitive. Nous utilisons, comme ces auteurs, leurs réflexions sur les facteurs affectifs dans le partage du plaisir d'ordre scoptophilique et épistémologique, et nous essayons, comme eux, d'éviter les satisfactions qui seraient trop exclusivement narcissiques.

Néanmoins, nos techniques sont différentes, puisqu'ils parlent, quant à eux, d'un psychodrame qui prend en charge plusieurs patients en visant la thérapeutique individuelle, alors que nous visons la thérapeutique d'un groupe dans son ensemble par la dynamique de groupe.

Nous avons bien noté que ces auteurs font après la séance une étude critique mutuelle du contre-transfert de chacun des thérapeutes, sur les plans tant conscient qu'inconscient. Il apparaît, par exemple, que la coïncidence des contre-attitudes conscientes des deux thérapeutes peut faire croire à une certaine véracité de ce qui les induit, par exemple : le malade trouvé ennuyeux par les deux thérapeutes qui, dès lors, risquent de rationaliser les éléments de cette caractéristique.

Néanmoins, nous n'avons jamais, quant à nous, appliqué la technique si rigoureuse d'élucidation après la séance des éléments contre-transférentiels inconscients, élucidation qui se ferait entre les thérapeutes eux-mêmes : «Cette élucidation est facilitée par la situation de couple placé constamment dans la situation de contrôleur et de contrôlé.» Pour ces auteurs cette élucidation critique «réinstaure le dialogue que le psychothérapeute n'a pas eu avec son propre analyste».

Nous avons également préféré faire confiance aux qualités d'*insight* que chaque thérapeute peut avoir sur la personnalité et sur les interventions de son partenaire, sans vouloir à tout prix les exprimer. Cela nous paraissait le rapport plus exact entre le contrôleur et son contrôlé, et nous a du reste permis de ne jamais hésiter dans la séance à remodeler nos interventions avec une grande liberté et sans doute avec complémentarité, en fonction de la tonalité de la compréhension de l'autre.

Autant le commentaire des contre-attitudes de l'un par l'autre nous paraît amical et anodin, autant l'analyse de la dynamique inconsciente du contre-transfert introduirait, nous semble-t-il, une complicité qui n'exclut pas le sadisme, ce qu'aucun couple ne peut se permettre, surtout s'il veut être heureux et libre.

Nous avons eu de la chance, car le groupe que nous dirigions était particulièrement doué dans ses qualités d'*insight* et de réflexion. Il a retrouvé les principales élaborations théoriques désormais classiques et auxquelles nous nous sommes de ce fait reportés une nouvelle fois. Ainsi en est-il de leur interrogation permanente sur leur plaisir, sur notre plaisir de fonctionnement, notions mises en relief par le travail de S. Lebovici, R. Diatkine et E. Kestemberg (1958) dans *Bilan de dix ans de thérapeutique par le psychodrame chez l'enfant et l'adolescent.*

De même, ils ont démontré, comme l'avait écrit C. Emde-Boas (1962) dans son article *La thérapie intensive de groupe avec des couples mariés*, que toutes les angoisses prégénitales sont peut-être plus facilement abordées dans un groupe en raison de l'accroissement de l'hédonisme dans le jeu de la relation et, ici sans doute, grâce au fait qu'un couple de référence est offert d'emblée.

Ainsi, notre groupe souffrit rarement du silence, de l'ennui, de l'agressivité stérile, mais trouva le plus souvent un plaisir de fonctionnement partagé, malgré les moments de crainte et les problèmes parfois dramatiques vécus en commun.

Nous pourrons montrer plus loin comment la problématique de l'angoisse de castration et la résurgence de conflits vécus sur un mode prégénital dans les couples furent reportés sur notre couple fantasmatique, et sans doute aidés dans leur dépassement par la dynamique de l'identification spéculaire.

Comme dans les travaux d'Ezriel, il a paru, peu à peu, qu'en fait *le seul vrai couple* dans cette thérapeutique était celui constitué, d'une part, *par le groupe des parents*, d'autre part, *par le groupe des thérapeutes*. C'est à partir de ce couple que se sont structurés les modes défensifs par rapport à l'angoisse de castration et que les patients ont pu aborder toutes les formes de régression dans leurs expressions prégénitales.

Ainsi ne s'agit-il pas tant de «couples en groupe» que d'un «couple : thérapeutes-groupe de patients». Cette constatation qu'ils firent rejoint celle d'Ezriel pour qui le «vrai couple» c'est toujours le couple analytique patient-analyste.

2. COUPLES ET COUPLAGES

On pourrait considérer que notre formule infléchit d'emblée de façon trop particulière les processus dynamiques puisque nous proposons d'entrée de jeu un couple. Néanmoins, il nous paraît difficile de tomber dans la simplification qui consisterait à faire une analogie avec le concept de «couplage» décrit et étudié par Bion (1965), sous le prétexte que nous parlons ici de couples.

Pour Bion, dans le couplage il y a apparition d'un lien entre deux membres du groupe (le reste et le leader formant la position de troisième) ou entre le leader et un participant (le reste du groupe étant en position de troisième).

Nous avons dû constater que notre présence à tous deux, au milieu de couples déjà constitués, rend les phénomènes plus complexes, le couple n'étant qu'une des formes possibles de couplage, mais sans doute la plus fructueuse et la plus riche pour l'étude fantasmatique et pour celle des aménagements défensifs.

Sans reprendre la dynamique décrite par Bion à l'origine même du couplage (réponse par un lien libidinal subitement noué à une tension du groupe ou à l'intervention qui la sous-tend), nous pouvons citer certaines éventualités :

– le couple légal : mari femme,
– le couplage d'un individu avec un autre individu du groupe,
– le couplage d'un individu avec le ou la thérapeute,
– le couplage des deux thérapeutes,
– le couplage groupe-un thérapeute,
– le couplage groupe-couple de thérapeutes.

On voit que, dans chaque cas, il y a un tiers exclu et c'est pourquoi la situation la plus fructueuse sur le plan dynamique mais aussi la plus angoissante sera *le couplage individuel incestueux avec l'un des thérapeutes*, et le couplage le plus élationnel parce que fusionnel sera *le couplage groupe-couple de thérapeutes*. Certaines de nos interprétations viseront à montrer l'utilisation défensive de l'un par l'autre.

Il n'est donc pas possible de nier que la présence de deux thérapeutes de sexe différent face à des couples de parents, n'induit pas une sorte de forcing ni une sorte de propagande pour la notion de couple. Mais tout est dans l'utilisation qu'on en fait et elle peut être salutaire pour un abord efficace des mécanismes défensifs.

On aura constaté sans doute que nos patients ont ainsi retrouvé la notion du troisième personnage devant le couple, notion développée par C. Luquet-Parat (1969) dans son rapport *l'Organisation œdipienne du stade génital*. Elle y a montré comment les enfants d'un couple se trouvent toujours dans la situation du troisième, de l'autre, par rapport au système de la double relation hétéro et homosexuelle dans laquelle s'établissent les couples.

Dans notre expérience, c'est le groupe qui s'est trouvé le plus souvent en troisième devant les deux thérapeutes. Cette situation apparemment banale fut pour eux une révélation et nous l'utilisons à des fins thérapeutiques. Ainsi, au fur et à mesure qu'un couple réel progresse et fonctionne mieux, ses sublimations lui permettent une identification à notre propre position et ce sont les autres participants qui restent en troisième position.

Certes, tout ce qui se passe dans notre groupe se retrouve dans tout autre groupe et par notre technique nous faisons ce que font tous les leaders de groupes. Mais il nous a paru que nous avions l'avantage d'une autre ouverture.

Bien que nous exprimant toujours en «termes de groupe», nous avons pu également parler en «termes de couple» (avec toutes les éventualités que ce terme recouvre) et même formuler une interprétation par rapport à un œdipe transférentiel direct.

Nous avons tous deux appris peu à peu certaines subtilités qui permettent de ne pas quitter les rigoureuses interprétations en termes de groupe, tout en tenant compte, puisqu'ils nous perçoivent comme tels, d'une possibilité supplémentaire exprimée en termes œdipiens, de formuler ces mêmes interprétations par rapport aux couples.

Une constance dans la dynamique curative a été exprimée à maintes reprises par les éléments du groupe qui cherchaient à comprendre leurs progrès. La fréquence des formulations selon lesquelles ils nous désignaient tous deux comme *eux* nous a amenés à conceptualiser un principe par référence à une idée souvent développée par S. Lebovici dans le processus thérapeutique des groupes. On sait qu'il réserve une grande part à «l'identification réductrice» ou «réduction à l'on», c'est-à-dire à l'assomption par le groupe d'un fantasme de groupe qui a valeur d'idéal du Moi.

Nous pensons, après ce que nous venons de dire, qu'il y a chez ce groupe, tel que nous le décrivons, identification réductrice à «eux» ; identification qui vient constamment offrir un contrepoint à la réduction à «l'on». La prise de conscience de cet autre mode identificatoire peut devenir un élément dépressif, si «eux» paraissent un idéal trop lointain, inaccessible. Au contraire elle peut constituer un mouvement progrédient, une source de bien-être, si «eux» sont plus proches.

Il y a donc un passage continuel progrédient ou régrédient entre trois possibilités dans la relation avec l'idéal :

- idéal du Moi personnel,
- identification réductrice à «eux»,
- identification réductrice à «l'on».

On trouve là, diversement impliquée, la restauration du narcissisme de nos patients. Narcissisme qui avait subi la plus grande hémorragie sur un point précis : leur couple était mauvais puisque générateur d'un enfant très perturbé.

D'autre part, cette référence à la réduction à «eux» leur a permis peut-être d'éviter de se constituer en un groupe revendiquant de parents d'enfants inadaptés, immobilisés dans ce pseudo-équilibre névrotique et très contents de l'être.

I. REMARQUES PRÉALABLES SUR LES PARTICULARITÉS DE NOTRE EXPÉRIENCE

Nos recherches sur la notion de couple en psychothérapie de groupe procèdent de deux types de réflexions :

1) Nous dirigeons, depuis trois ans, un groupe thérapeutique de parents d'enfants gravement atteints (psychotiques, névrosés graves, prédélinquants, etc.). Nous avons constaté que ce groupe, constitué de douze parents (six couples), était remarquablement stable, tout d'abord dans sa fréquentation, car il y a très peu d'absences et elles sont toujours motivées par des raisons majeures. Cette solidité du groupe nous a permis de faire dans de bonnes conditions le travail de groupe : suivre le transfert de groupe et expliciter les fantasmes communs des groupes comme il est habituel dans toute technique thérapeutique de groupe d'inspiration psychanalytique.

Notre couple de thérapeutes a acquis en commun une certaine expérience en matière de conduite de groupes de parents. En effet, c'est le quatrième groupe qui fonctionne ainsi et que nous dirigeons ensemble. Le dernier est celui qui a eu le plus d'homogénéité et le plus de durée. Il est aussi celui qui explicite le plus directement et le plus intelligemment son activité fantasmatique.

2) D'autre part, nous menons une expérience parallèle, qui n'est pas étrangère à ce que nous allons dire. En effet, nous dirigeons ensemble un séminaire de contrôle de psychothérapie de groupe de parents. Pour cette deuxième année, commencée en octobre,

les participants sont plus nombreux et certainement d'un bon niveau, tant sur le plan psychanalytique que sur celui de la compréhension du groupe. Nous avons donc, là aussi, une expérience de couple contrôlant un séminaire de groupes dirigés par un couple de thérapeutes. Y participent tous ceux qui dirigent en couples des groupes de couples de parents. Dans le groupe constitué par ce séminaire, se structurèrent des phénomènes de groupe et de transfert qui nous situèrent comme un couple de contrôleurs. Les participants débutaient dans le travail de groupe et se trouvaient de ce fait dans une position de très grande avidité. Deux directeurs de groupes (homme et femme) relataient l'expérience de direction d'un groupe de parents dont les enfants sont soignés dans un hôpital de jour. Au départ, ils n'avaient aucune expérience de la conduite de ces groupes, autre qu'une connaissance purement intuitive et sans références théoriques. Il y eut certainement, au cours des séances de notre contrôle, un mécanisme d'identification à nous comme couple de contrôleurs et comme couple de thérapeutes.

Rétrospectivement nous avons pu prendre conscience de la plus grande cohésion et de la plus grande assiduité dans le groupe qu'ils dirigeaient, à mesure non seulement qu'ils prenaient confiance l'un dans l'autre, mais aussi à mesure qu'ils pensaient et exprimaient comme telle une cohésion dans le fonctionnement et les échanges de notre couple de contrôleurs et de thérapeutes.

Comme nous l'avions expérimenté pour nous-mêmes, il apparut que ces deux contrôlés purent alors se laisser aller à fonctionner en tant que couple de directeurs et à interpréter de la manière la plus efficace. Ils se situèrent bientôt comme couple de thérapeutes et non plus comme deux individus juxtaposés devant des parents. C'est en partie grâce à eux que nous avons pu mieux comprendre le sens et le rôle de notre couple. Naturellement l'identification spéculaire jouait dans les deux sens.

Comme nous l'avons noté plus haut, nous avions cru, jusqu'à ce moment, qu'on pouvait interpréter les images proposées par le couple de thérapeutes comme celles d'un couple faux : c'est-à-dire d'un homme et d'une femme se proposant comme image paternelle et maternelle sans porter le même nom, sans être mariés entre eux et sans donner d'éléments de réalité à une sexualité commune.

Cette façon d'interpréter avait l'inconvénient certain d'établir une distance infranchissable entre les thérapeutes et les couples du groupe. Le couple des thérapeutes était présenté comme inatteignable et trop intangible, justement parce qu'il n'avait pas de vie sexuelle, pas d'enfant commun. Il échappait de ce fait à la problématique de la castration et à ses conséquences, l'insatisfaction ou la culpabilité sexuelle et les mauvais enfants engendrés. Vouloir se poser comme couple parfait dans son intégrité établit une distance telle avec les couples réels du groupe, qu'elle induit une attitude dépressive. Ce serait aussi placer les couples dans une impasse paradoxale. En effet, ils ne peuvent quand même pas renoncer au mariage, à leurs relations sexuelles et à leurs enfants pour tenter de se rapprocher des images identificatoires. Ce serait pratiquement leur imposer la communauté cathare ou le couple mystique comme idéal du groupe !

L'évolution de nos contrôlés fit apparaître que, bien entendu, le groupe percevait la nature des échanges au niveau du couple de thérapeutes, et que c'est dans cette perception que se situait la valeur dynamique du fonctionnement.

Comment définir ce fonctionnement ? Comment est-il perçu ? Et comment induit-il ou structure-t-il d'une manière particulière la dynamique du groupe ?

LA NOTION DE COUPLE EN PSYCHOTHÉRAPIE DE GROUPE

Le lendemain même du jour du contrôle où nous nous posions ces questions, notre groupe de parents s'interrogea de la même manière, car nous étions évidemment très proches les uns des autres, et fournit des explications. D'après lui, dans notre groupe, il était entendu depuis longtemps que les enfants n'étaient que les symptômes proposés, les écrans, les prétextes, leurs difficultés ne faisant qu'en masquer d'autres qui permettaient de remonter au niveau des parents eux-mêmes.

Il paraissait entendu aussi que le problème individuel de chacun ne pouvait être abordé dans le groupe – par définition même – que de façon insatisfaisante, et seule demeurait possible la recherche d'élucidation de la question fondamentale : qu'est-ce qu'un couple ?

Un élément particulier alimentait alors leurs fantasmes : l'imminence du divorce des époux A... M. et Mme A..., depuis de longs mois, font état dans le groupe de leurs graves difficultés conjugales. Notamment, M. ... a eu maintes fois l'occasion d'expliquer et de justifier son éclectisme par rapport à la fidélité conjugale, en même temps qu'il laisse deviner à tous, des affects contre-œdipiens très érotisés à l'égard de ses filles. M. A..., par exemple, dit souvent qu'il pense qu'un couple peut relâcher ses liens et qu'il n'y a pas de raison de maintenir contre l'évidence une fidélité et une attitude qui évoluent depuis le moment du serment du mariage. Néanmoins, il affirmera pendant longtemps qu'il ne tient pas à se séparer définitivement de sa femme ni de ses enfants et, en particulier, d'une de ses filles. Il propose qu'il puisse y avoir des périodes de retrouvailles et d'autres où chacun reprendrait sa liberté sans séparation définitive.

La question : qu'est-ce qu'un couple ? trouvait donc toute son acuité dans le cas des époux A..., qui bouleversait l'auditoire.

Les différents couples de parents, pris dans leurs ambivalences, restaient perplexes, explicitant seulement des aspects très partiels. Rapidement, certains mirent en avant la notion que ce sont les relations sexuelles qui fondent le couple.

Nous avons exprimé ce fantasme commun prévalent dans le groupe à ce moment, mais ce qui caractérise notre propre évolution, c'est de l'avoir reporté au niveau d'une relation transférentielle : c'est-à-dire que le groupe tenait à nous situer dans les rôles d'un couple tout en s'interrogeant constamment sur la nature même de notre couple, sur ce qui le maintenait dans sa durée, dans son existence, par un fonctionnement créant une source de plaisir et dans lequel ils tenaient un rôle.

Mais alors, si notre couple se maintient par le plaisir qu'il trouve, quel est ce plaisir ? Il va sans dire que nous n'avons pas à faire état de nos rationalisations personnelles sur ce sujet qui prendraient rapidement valeur d'exhibition, mais que nous avons à toujours nous placer comme le lieu de leurs projections fantasmatiques et des réponses que les parents croient pouvoir donner à leur interrogation anxieuse.

Une notation clinique illustrera ce point de notre relation avec le groupe.

Au cours d'une séance qui avait été d'abord très animée, s'installe ensuite un silence. Or, à un moment, chacun de nous deux formule une interprétation, au même moment, dans les mêmes mots et comme à l'unisson.

Cette coïncidence, qui ne va pas sans nous étonner nous-mêmes, aura des répercussions assez remarquables dans le groupe qui en conservera longtemps la «marque». Leur ambivalence sera faite de sentiments de crainte devant cet unisson, mais aussi de satisfaction pour tous les aspects positifs que cette preuve leur permet d'espérer...

L'un des hommes du groupe tentera alors de faire l'analyse de notre couple à partir de ce qu'il a ressenti comme un lapsus du couple. Il l'exprime dans les termes du plaisir de fonctionnement et il montre, dans la relation transférentielle, une situation très dépressive par rapport à son idéal du Moi. En effet, en contraste avec notre unisson, force lui est de constater, dit-il, que, chez lui, son propre couple ne fonctionne pas ou, en tout cas, ne lui procure pas de plaisir.

M. B... se décrit souvent comme irrémédiablement castré (c'est le terme qu'il emploie depuis ses lectures). Il pense donc qu'un couple doit pouvoir assumer ou dépasser la castration, alors que, dans son couple, chacun des conjoints ne fait que réclamer de l'autre la castration.

Comment pourrait-il trouver du plaisir dans son couple irrémédiablement raté, puisqu'il est châtré et puisque sa femme est inférieure à toutes les autres femmes, et, notamment, à «la femme» qui seule lui a paru digne d'amour ?

Il raconte alors longuement, mais en bénéficiant d'une attention soutenue de tout le groupe, son amour de jeunesse, amour incestueux pour sa sœur, amour qui n'a jamais pu s'accomplir, mais qui est toujours présent dans son esprit, bien que sa sœur soit devenue schizophrène, puis déportée et finalement se soit suicidée.

Rapidement, l'auditoire remarque que sa déclaration sur sa relation avec sa sœur apparaît comme un écran qui masque son désir incestueux à l'égard de la mère et ses difficultés dans les relations œdipiennes.

On lui fait également remarquer qu'il ne prononce jamais le nom de son père.

Plusieurs interprétations sont possibles :

La première que nous formulerons, sera transférentielle en montrant que M. B... a fait état, en fait, de ce qui se passe entre le groupe d'une part et le couple de thérapeutes d'autre part.

C'est en fait une façon pudique d'exprimer le désir nostalgique du groupe d'accomplir l'inceste avec le thérapeute. De même qu'il parle du désir pour sa sœur, de même il parle de leurs sentiments pour l'un et l'autre des participants du groupe. Mais en fait, c'est toujours par rapport à la relation groupe-thérapeutes que se situent les patients.

Réfléchissant au plaisir manifeste que prend le groupe à fonctionner en même temps que nous, M. B... dit alors spontanément qu'il vient de réaliser qu'ici, dans le groupe, sa femme n'est ni plus ni moins qu'une sœur. Ce groupe ne peut être que le lieu d'échanges sublimés, en dépit de la force et de la qualité de ce qui s'y échange.

Un autre éclairage sur notre couple apparaît. Il se situerait à un niveau de plaisir sublimé, donc supérieur au leur. Il fonctionnerait dans le domaine de la compréhension mutuelle du plaisir intellectuel et du profit reçu de ce que l'autre peut dire. Il trouverait aussi du plaisir dans le maniement d'une même technique qui permet de comprendre les choses au même moment et dans la même intensité. C'est le même M. B... qui exprime cela, et tout le groupe le suit sans qu'il soit nécessaire d'expliciter toutes les analogies qui s'imposent avec les plaisirs de type sexuel.

Il apparaît alors que le désir profond du groupe, c'est de nous conférer un statut hors d'atteinte de la castration ou, plus précisément, de se convaincre que nous avons dépassé l'angoisse de castration, et cela grâce au groupe.

Ils édictent les conditions minima pour qu'un couple de thérapeutes soit thérapeutique. Il faut que chacun des deux accepte le fonctionnement, donc le phallus de l'autre, et cela sans se sentir châtré, même si l'autre fait valoir son phallus. Mieux même, il faut que le couple ait un phallus en commun. Ce souhait sera démontré par la dérision qu'ils essaient de mettre dans différentes formules où ils dénigrent le système de la compréhension psychanalytique, sa rigidité, sa systématique.

Ce phallus commun, qu'ils admirent et qu'ils craignent, fondement même d'un couple thérapeutique, eux ne le possèdent pas.

Nous ne redirons pas ici tous les éléments de l'ambivalence par rapport au phallus du psychanalyste, à son pouvoir et à son savoir. Nous avons simplement rapporté les notations particulières induites par le fait qu'ils ont dû s'interroger sur les aménagements que le couple doit consentir pour la possession commune du phallus et le dépassement de l'angoisse de castration.

Répétons-le, cela est capital dans leur situation de couples et de parents, donc dans la finalité de leur groupe.

Notre activité de contrôleurs nous a permis maintes fois de constater que le couple de thérapeutes de groupes doit offrir un minimum de cohésion et d'entente pour ne pas devenir très rapidement une caricature de ce qui se passe dans les couples réels, caricature d'autant plus dramatique qu'il n'y a pas d'autre lieu de plaisir pour la compenser.

Il faut, comme nous l'ont bien exprimé nos patients, que chacun des éléments du couple puisse disposer à tout moment, sans l'accaparer seul, ou en commun, du phallus du couple. Car c'est la «seule façon» de leur offrir un couple suffisamment solide pour qu'ils puissent l'attaquer. C'est avec cette garantie qu'ils ont pu se permettre le plaisir de se livrer à des attaques par la dérision de notre connaissance psychanalytique pour vérifier la permanence de notre couple et de sa force commune et se donner ainsi la possibilité de participer à notre puissance phallique.

II. COMPRÉHENSION PSYCHANALYTIQUE DE L'ÉVOLUTION DE LA DYNAMIQUE DE NOTRE GROUPE

Jusqu'à présent, dans toute notre première partie, nous avons parlé de la théorie du groupe et de ses particularités en fonction de la présence du couple de thérapeutes. Mais il est bien évident qu'il a fonctionné comme tous les groupes et que notre mode de compréhension fut psychanalytique. A ce titre, nous étudierons plus particulièrement la structuration du conflit œdipien et les modalités selon lesquelles elle se présenta en fonction de paramètres particuliers à notre groupe :

a) La constitution même du groupe par des couples rassemblés.
b) Sa finalité : ce sont des parents d'enfants gravement atteints qui veulent être aidés.
c) La présence de deux leaders : un homme et une femme.

Nous rapportons une séquence qui se situe après celle où M. B... a confessé ses désirs incestueux sur la personne de sa sœur, et après une autre séquence où le groupe a dénié sa structure œdipienne et ses propres références à la problématique œdipienne dans l'enfance des individus.

M. C..., qui veut toujours se présenter comme assez farfelu, mais de bon sens, va faire pourtant preuve de ses qualités d'*insight* habituelles.

Il trouve que la thérapeute prend un air tragique et, quand on lui demande de préciser cet air tragique, il dit : «Je ne sais pas... un rôle de tragédienne... par exemple celui de Jocaste !»

Certes, M. C... fait là un lapsus en ce sens qu'il exprime sa perception profonde, mais en même temps il fait un pas trop grand en avant et il angoisse le groupe qui se récrie et qui ne veut pas reconnaître encore le rôle mortifère qu'il risque d'attribuer à la thérapeute.

Il faut remarquer que la séance dite «de Jocaste» vient après le récit de M. B... sur l'inceste frère et sœur, sa valeur de souvenir-écran et de déplacement de l'inceste.

On reconnaît là un mouvement de défense fréquent contre les angoisses archaïques qui s'instaurent d'emblée dans un groupe, défense œdipienne dramatisée mais finalement de niveau plus supportable que celles relatives au morcellement.

M. C... avec son *insight* incisif semble dénoncer ce refuge dans l'Œdipe et renvoyer le groupe à l'anxiété «psychotique» déclenchée par le morcellement et la partialisation de l'objet :

Jocaste est la tragique mère archaïque, mortifère et contenant le père partialisé.

Avant de poursuivre, voyons maintenant une séance qui suit le mouvement ci-dessus décrit.

1. SÉQUENCE CLINIQUE

Avant le début d'une séance, la thérapeute rapporte à son équipier qu'elle est allée au théâtre dans la semaine et qu'elle croit avoir rencontré dans le hall M. et Mme D... et entendu dans son dos un fou rire.

La séance commence. On cherche ce qu'il y a de nouveau dans la semaine et, à tout hasard, Mme D... lance : «Rien... sauf que nous sommes allés au théâtre avec Mme Decobert.»

Cette phrase n'est pas relevée par le groupe qui parle de tout autre chose et, notamment, du film que trois couples sont allés voir ensemble.

Après un moment, le thérapeute signale que personne n'a relevé la remarque pourtant importante de Mme D... Le groupe ne semble pas trouver là d'intérêt et parle à bâtons rompus. Le thérapeute interprète comme un processus défensif de tout le groupe ce qui vient de se passer. Le groupe se lance alors courageusement dans l'interprétation de ce mode défensif. M. D... alors donne des détails. Ils sont allés tous deux au théâtre voir la pièce d'Anouilh, *Cher Antoine*. Ils ont vu la thérapeute attendre quelqu'un dans le hall. Le thérapeute fait remarquer que Mme D... en avait dit plus puisqu'elle avait formulé ainsi : «Nous sommes allés au théâtre "avec" Mme Decobert». Mme D... dit que c'était un lapsus, mais reconnaît sa valeur.

Tout le groupe interroge M. et Mme D... pour savoir si le thérapeute était là. M. D... dit que force lui a été de reconnaître qu'il n'était pas là. Ils se sont même cachés derrière une rampe pour observer qui viendrait et ce n'était pas lui. D'autres demandent si c'était une femme, un homme, quelqu'un comme un mari, etc. C'était un homme ; mais en tout cas M. D... avoue qu'ils ont été pliés en deux par un fou rire nerveux à l'idée que ce n'était pas le Dr Soulé. Jamais ils n'auraient pu imaginer autrefois éprouver un tel sentiment et une telle sensation pour un fait apparemment si banal. M. D... essaye de définir ce qu'il a ressenti. C'est «comme lorsqu'on rit quand quelqu'un glisse sur une peau de banane et se casse la figure». Tout le monde est bien d'accord que c'est bien finalement le thérapeute qui a glissé sur la peau de banane. Tous rient, sauf Mme D... qui explique : «Je ne sais jamais dans un premier temps si les choses qui arrivent sont bonnes ou mauvaises, si elles sont tant pis ou si elles sont tant mieux.» Le thérapeute fait remarquer que le rire collectif tend à démontrer qu'ils le prennent comme «tant mieux pour eux».

2. ANALYSE

Ce matériel montre les deux courants contraires de l'ambivalence du groupe par rapport à notre couple :

1) Le désir permanent de nous maintenir ensemble, de nous unir, de nous perpétuer en tant que couple fondé : par exemple, tout le groupe pense que nécessairement le thérapeute viendra au théâtre rejoindre la thérapeute. Ils ont du reste tenu à la dénoncer et à mettre tout de suite le thérapeute au courant de l'infidélité.

2) Mais dans un autre mouvement tout aussi manifeste, ils s'identifient au troisième personnage qui veut séparer le couple, et donc par lequel ils assument une part de leur agression œdipienne qu'ils explicitent pour la première fois dans le cadre précis des fantaisies du groupe.

A ce moment, le groupe ne se maintient plus à un niveau prégénital, avec le fantasme de morcellement tel qu'il était exprimé sous la forme d'une relation duelle avec Jocaste, mais amorce au contraire un rapproché plus grand avec un personnage maternel. Il se situe sur un niveau œdipien génitalisé en assumant son agressivité œdipienne.

Par contraste avec la séance dite «de Jocaste» cette séance dite «du théâtre» semble démontrer au groupe qu'on peut aller à la comédie avec la mère, à condition que cela se limite au hall d'entrée, tandis que la salle de théâtre elle-même renvoie à la scène primitive dans le corps de la mère.

La thérapeute paraît donc se situer à ce moment à un niveau de vie féminine plus quotidienne. Jusqu'alors, elle est sur un piédestal en reine de tragédie : Jocaste, au-delà de la castration, mortifère et inatteignable par le groupe. Maintenant, nous descendons de la tragédie grecque à la comédie de boulevard. On peut rire du personnage paternel bafoué, dans la mesure même où il demeure. Mais, parallèlement, voici que les deux protagonistes risquent à nouveau d'être soumis à la problématique de la castration.

Cela pourrait expliquer la réticence de tout le groupe à entendre la réflexion de Mme D... : «Nous sommes allés au théâtre avec Mme Decobert.»

Nous sommes bien conscients que la réalité de nos deux personnages de sexe différent ne donne pas de fantasmes, et même qu'elle ne sollicite pas un transfert biparti. Néanmoins, nous pensons avoir montré que notre réalité facilite l'extériorisation ou la projection des fantasmes et des images parentales, puisque nous semblons nous offrir pour cela. D'où certains modes défensifs qui explicitent bien cela quand ils se moquent en disant de nous ou de participants à d'autres groupes fonctionnant dans le même Centre : «Papa, maman, les cousins, etc.»

La problématique de l'angoisse de castration, celle du transfert, des relations triangulaires avec les deux imagos, trouvent ici, grâce à notre présence à tous deux, une certaine facilitation des interprétations du matériel fourni, et surtout donnent une qualité irrécusable au vécu œdipien.

Au fond, ils passent par deux étapes : une première avec un couple qui paraît être la réalité ; une seconde où ils sont reportés à leurs propres projections imagoïques de l'explicitation du transfert commun.

Il y a peut-être une différence avec les groupes conduits par un seul leader, où la relation triangulaire doit être explicitée d'une façon moins éclatante, selon le schéma : thérapeute-groupe-moins un membre du groupe jouant le rôle du troisième.

Néanmoins, la culpabilité demeure et devient perceptible.

A la séance suivante, M. C... est absent. Son absence donne lieu à un type bien particulier d'associations.

Le groupe parle longuement du suicide des adolescents, à propos du suicide par le feu de deux étudiants à Lille. Mme C... interrompt cet exposé pour dire tout à coup : «Mon mari s'excuse mais, ayant beaucoup de travail, il ne pourra sans doute pas venir ce soir.» Le groupe risque alors une plaisanterie en demandant «s'il s'est suicidé», témoignant ainsi du déplacement vers un membre du groupe de l'agressivité latente à l'égard du thérapeute-homme.

Dans une séquence assez dépressive, une partie de la séance est consacrée aux causes du suicide des jeunes. Plusieurs précisent leurs propres positions et font état de leurs idées de suicide maintenant ou autrefois. M. E... en a toujours eu envie et maintenant encore il le ferait volontiers. M. B..., pour ne pas être en reste, profère sur un mode tragique, que ce serait une solution à toutes ses difficultés et, notamment, la fin de la nostalgie qu'il a exprimée dans la séance dite «de l'inceste avec la sœur».

A propos des petites vacances proches, les participants se posent des questions sur leurs projets. «Il faut que les femmes prennent des vacances seules, en dehors de leurs foyers. C'est le vrai repos, mais il y a le gardiennage des enfants. On pourrait faire une garderie commune de tous les enfants des parents du groupe.»

Mais comment pourraient-ils se connaître, s'occuper mutuellement ? Ils constatent qu'ils avaient l'impression que tous ces enfants seraient contents d'être entre eux. Mais au nom de quoi ?

Le thérapeute pose alors la question directement : «Qu'est-ce que tous ces enfants ont en commun ?»

Beaucoup s'exclament en chœur : «leurs grands-parents» et tout le monde de rire, sauf M. E... Or, il est généralement prompt à comprendre ce genre d'allusion aux personnes des thérapeutes. C'est seulement après un long moment qu'il s'écrie en s'adressant à nous : «Mais les grands-parents, ce sont vous deux, vous n'avez pas l'air de le comprendre.» Tout le groupe doit lui assurer que tout le monde a bien compris depuis longtemps. M. E... n'en croit rien et s'assure auprès de chacun qu'il avait effectivement perçu, dès le début, ce qu'il vient seulement de réaliser. Ce fait est significatif dans la mesure où M. E... fait habituellement les interprétations à notre place et fait preuve de la qualité de son *insight.* On peut penser qu'il donne la preuve qu'il bute sur le véritable fantasme œdipien dès qu'il ne le manipule plus à sa guise sur un mode intellectuel et défensif. Il a du reste depuis sauté par-dessus les processus d'identification, en passant à l'acte, puisqu'il a tenté déjà, depuis quelque temps, de conduire des groupes à l'extérieur.

Nous rapportons maintenant une notation clinique sur «les

facéties de M. C...», qui illustre les manifestations œdipiennes dans le groupe.

On se souvient que M. C... avait pris une avance sur le groupe en dénonçant l'aspect tragique et mortifère de Jocaste, mère phallique, au-delà de la mère œdipienne et que ce mouvemant avait conduit le groupe vers son désir de tuer la mère archaïque pour accéder à un véritable Œdipe génitalisé – l'épisode de *Ce cher Antoine.*

Comme le thérapeute entre avec quelques secondes de retard dans le bureau où se tient le groupe, M. C... s'assied ostensiblement dans le fauteuil réservé au leader. Il maintient, sous forme de facétie, son geste de rester dans ce fauteuil puis, finalement, le cède. Il rit et finalement tout le groupe rit beaucoup. La conversation s'engage alors sur la description de ce bureau. M. C... donne de nombreuses appréciations sur les gravures, l'armoire, moitié amusé, moitié critique et dépréciatif, mais en même temps très attentif et très chaleureux. M. E... remarque qu'on est en train de décrire quasiment une chambre : la chambre des parents.

M. B... associe et rapporte qu'il vient de vivre une expérience capitale dans la vie d'un homme, qui s'est passée au cours de ces quinze derniers jours.

En effet – fait à ne pas négliger, une séance a été supprimée à l'occasion du Mardi gras – M. B... est allé dans son pays à l'occasion de la mort de sa mère. Il exprime sa souffrance devant la disparition d'un être qui était pourtant très loin et à qui il ne trouvait plus rien à dire depuis longtemps.

M. F... avait d'emblée cité la phrase de Camus dans *l'Étranger*, où quelqu'un est accusé d'avoir ri à l'enterrement de sa mère. Il dira pour sa défense : «Nous n'avions plus rien à nous dire.»

M. B... l'attaque vivement en affirmant que c'est une bêtise car son expérience vécue contredit cela. «On peut avoir grandi et quitté la mère de l'enfance, la disparition physique de la mère ravive quand même une série dramatique de sentiments.»

L'interprétation du thérapeute tente d'expliciter les souhaits de mort qui font prendre conscience de l'éventuelle mort des thérapeutes. La thérapeute rapproche ce que vient de rapporter M. B... sur la mort de sa mère et le fait que tout le groupe a imaginé depuis quelque temps qu'il pouvait se constituer un groupe ailleurs, sans eux, les thérapeutes pouvant peut-être les gêner et être la cause du fait qu'ils n'aient plus rien à dire.

Remarquons que si dans les thérapeutiques de groupe la dispersion du groupe peut signifier «mort du leader» ou sa déchéance, c'est néanmoins façon symbolique de parler et cela fait appel à la reviviscence transférentielle d'un vécu historique.

Comme dans l'analyse individuelle la fin du traitement peut signifier la mort de l'analyste, et aussi de la même manière.

Mais dans notre groupe, dont nous avons précisé les modalités, décider de la fin du groupe signifie bien : séparation ou mort du couple : notre couple n'est fonctionnel et ne trouve son plaisir *que* dans la direction du groupe.

Les participants découvrent donc avec acuité qu'ils sont pris dans l'ambivalence : séparer le couple - maintenir le couple, et peuvent ainsi réaliser une identification beaucoup plus sensible à ce que vivent leurs enfants, face à leur couple libidinal.

On doit se méfier, grâce à une compréhension portée cette fois symétriquement vers les éléments du contre-transfert des thérapeutes, qu'il n'y ait chez eux trop grand désir de prolonger la vie du groupe pour maintenir le plaisir des thérapeutes.

3. NOTATION CLINIQUE SUR L'ÉMERGENCE DU FANTASME DE MORT DU GROUPE

A la séance suivante, un couple est absent, ce qui relance le thème de la mort du groupe. On attribue au thérapeute la responsabilité d'avoir prononcé le terme de «mort». Le groupe se dit donc déchargé de sa culpabilité. Néanmoins, à la suite de M. F..., de nombreuses rationalisations tentent de justifier une fin éventuelle du groupe. On peut alors montrer que toutes ces rationalisations masquent mal l'angoisse particulière qui a été ravivée par trois phénomènes :

a) Une séparation pendant quinze jours (séance supprimée où plusieurs d'entre eux étaient absents pour Mardi gras).
b) Le récit de la mort de la mère de M. B...
c) L'interprétation du thérapeute sur le désir de mort des thérapeutes et de fin du groupe.

Le silence s'installe et l'angoisse s'accroît.

M. B... pense que la tension ne sera résolue que si la thérapeute parle pour donner autorisation et pardon. Il prend conscience de son souhait de mort à l'égard du père. Il exprime le fantasme prévalent de l'ensemble du groupe, sur un mode d'échec, comme la nostalgie de l'inceste impossible, comme l'autopunition de son désir, et comme la punition par la mère. Celle-ci s'étant refusée, rien ne vaut plus la peine. C'est ce qui semble se passer pour le groupe par rapport à la thérapeute.

Elle parle alors et commente de la façon suivante : «Quoi qu'il arrive, il faut que la mère survive, sauve le groupe afin que l'éventualité de l'inceste demeure.» Une telle position peut prolonger longtemps l'attente d'un groupe.

M. B..., qui n'avait pas intégré, on s'en souvient, les premières interprétations, découvre ici :

– pourquoi il n'avait pas parlé de son père ;
– pourquoi l'inceste avec la sœur masque l'inceste avec la mère ;
– pourquoi il dit que sa femme ici est sa sœur.

Il vient de percevoir que la réconciliation avec sa femme passe par le fantasme de l'inceste avec la thérapeute.

Cela peut être repris dans l'explication d'un fantasme de groupe, car M. et Mme A... avaient exprimé eux aussi, à propos de leurs dissensions conjugales, que, séparés, il pourraient venir dans le groupe comme frère et sœur.

M. E... s'étonne que M. B..., à la séance précédente, ait fait un tel appel à la thérapeute.

Le groupe apporte de nombreuses références biographiques, selon lesquelles l'un ou l'autre a cultivé des relations duelles avec l'un des parents, notamment la mère. Cette relation duelle, les laissant seuls face au personnage maternel, a été source de beaucoup d'angoisses.

L'avantage pour eux, ici, est de se trouver face au couple des thérapeutes qui restructure leur Œdipe. Tout passe par la relation triangulaire, même s'il y a une relation avec le leader et le thérapeute prononce : «Malgré son silence, Mme Decobert comprend tout.» Cette terminologie les frappe et sera reprise souvent.

Mme D... fait alors une déclaration : elle trouve qu'on fait trop bon marché du personnage du leader et qu'on parle trop légèrement de la mort du père. Elle ne veut pas qu'on le tue et la semaine qui s'est écoulée a vu se résoudre une part de son angoisse infantile à propos de ses relations avec son père. Elle avait toujours dit et cru que, malade, il ne s'était pas beaucoup occupé d'elle et qu'elle en avait peu tenu compte. Depuis qu'on parle de la mort du leader, elle retrouve l'intensité de ses sentiments œdipiens positifs et sa souffrance.

Plusieurs vont donner leurs propres références. Puis le groupe entier semble faire un appel direct à la thérapeute pour qu'elle soit sa complice, qu'elle «balance» le leader afin que les membres restent seuls avec elle, rétablie dans son omnipotence et son pouvoir castrateur.

La phrase : «malgré son silence elle sait tout», les angoisse, mais aussi les captive comme si le leader avait reconnu par là qu'elle en savait plus que lui et que c'était elle qui détenait le dernier mot.

On peut voir également dans ce mouvement la possibilité pour le groupe de s'identifier à la mère castratrice dans la perspective de l'œdipification en s'autorisant avec elle à cette castration sadique-anale du père, que Mme D... ressent si douloureusement.

III. QUELQUES MODES DE SORTIE DES AMBIVALENCES

Nous avons tenté de montrer comment le groupe, tandis qu'il se débat dans les diverses modalités de l'angoisse de castration, que ce soit sur des modes archaïques prégénitaux ou sur des modes plus génitalisés, réaffirme constamment son idéal projeté sur le couple de thérapeutes qui doit, lui, échapper à l'angoisse de castration pour permettre au groupe de survivre.

Progressivement se dessineront certains mécanismes de sublimation dont nous allons donner quelques descriptions en fonction de leurs relations avec la notion de couple.

1. LA NOTION D'ADOPTION PAR UN COUPLE DE THÉRAPEUTES

Cette notion nous est apparue au cours du Séminaire de contrôle. Dans un groupe, dont certaines séances furent rapportées, constitué de parents adoptifs et de couples de parents par le sang, les participants montrèrent qu'ils vivaient leur participation à ce groupe comme le désir de se faire adopter par les directeurs du groupe. Or, le groupe en question était assez labile, avec de nombreuses absences. Mais les parents adoptifs furent les plus fidèles. Ils se sont donc trouvés, à deux reprises, seuls avec les thérapeutes, à l'aise et désirant manifester leur constance. Ils démontrèrent qu'ils pouvaient comprendre certaines choses que les autres ne pouvaient percevoir ou alors qu'ils auraient ressenties avec trop d'angoisse et un risque de fuite. La notion qui apparut, en effet, fut celle de voleurs d'enfants. Une des mères de famille – par le sang – avait peur que sa fille ne soit raptée par quelqu'un : les parents adoptifs furent tout à fait d'accord pour dire qu'il y avait des voleurs et des voleuses d'enfants. Car inconsciemment ils percevaient bien que c'était eux qui pouvaient être considérés comme tels.

Cependant ils développèrent devant les thérapeutes les caractéristiques originales de leur situation : les parents adoptifs qu'ils sont ne peuvent pas se plaindre des imperfections de leurs enfants, puisqu'ils les ont désirés et les ont voulus et volés pour lutter contre l'angoisse de castration. De même, les leaders ne sauraient se plaindre puisqu'ils ont également souhaité les participants du groupe et sont donc bien contraints de les supporter tels qu'ils sont. Les parents adoptifs qui viennent régulièrement le font sans aucune crainte, sûrs d'être obligatoirement acceptés.

Dans notre propre groupe, les participants se posent constamment la question de savoir pour quelles raisons nous assumons la continuité du groupe, pourquoi nous les supportons et les acceptons. Ils échafaudent de multiples raisons pour savoir où est notre plaisir.

Mais les parents adoptifs, eux, dans l'autre groupe, ont perçu que la seule façon pour un couple de leaders de groupe de sublimer leur désir d'enfants, c'est d'être dans la situation d'adoptants, en l'occurrence d'accepter et de faire progresser les patients envoyés par différents autres médecins.

2. LE VOYEURISME

Voici maintenant un autre exemple parmi toutes les structurations particulières que la présence d'un couple de thérapeutes semble induire ou structurer de façon révélatrice dans un groupe. On peut y étudier comment des personnes peuvent mieux comprendre, grâce à leur expérience vécue dans le groupe, certaines notions, telle par exemple celle du *voyeurisme des enfants à l'égard du couple et de ses activités.*

Il est bien évident que les placer devant deux adultes de sexes différents et en fonction de leaders, peut apparaître comme une sorte d'exhibition et les met inévitablement dans la situation du tiers voyeur. On peut évidemment retourner la proposition, puisqu'ils sont eux-mêmes des couples racontant leur vie, et que nous sommes nous aussi en position de voyeurisme.

De toute manière, comme nous l'avons indiqué plus haut, ce sont eux qui nous ont mis immédiatement dans une relation de couple et qui nous y ont maintenus, sans doute en raison de leurs pulsions voyeuristes et en raison d'un retournement de la situation puisqu'ils étaient «vus».

Une seule modalité de voyeurisme semble exclue et en tout cas protégée, puisqu'il s'agit d'un groupe fermé et «toutes portes closes», c'est celle de l'apparition d'un voyeur étranger au groupe, venant regarder le couple que forment d'une part le groupe, et d'autre part les leaders.

Une des preuves de la protection qu'ils recherchent contre ce voyeurisme est l'expérience plusieurs fois renouvelée du refus de contacts avec d'autres groupes de parents : dans le bureau voisin, à la même heure, fonctionne un autre groupe de parents avec un autre couple de thérapeutes. Parfois des éclats de voix ou de rires nous parviennent, qui intéressent modérément nos patients. Ce qui se passe dans l'autre pièce, c'est-à-dire dans le couple groupe-leaders, ne les passionne pas et ils englobent l'ensemble du groupe voisin sous le terme : «les cousins». Cela montre deux choses : que pour eux tout passe par l'Œdipe mais par rapport à leurs imagos parentales projetées sur deux leaders ; et qu'ils ont retrouvé quelques-uns des aspects des lois régissant les structures élémentaires de la parenté.

3. LA SCÈNE PRIMITIVE

La séquence suivante illustre sans qu'il soit besoin d'en faire l'exégèse les points habituels rencontrés dans toute analyse, mais induits et structurés ici par le dynamisme du groupe et par la présence d'un couple de thérapeutes. Paraît au mois de mars 1970 le livre *la Connaissance de l'enfant par la psychanalyse*, avec sur la couverture nos deux noms. Fort heureusement pour leur éthique et leurs notions du couple, le nom des hommes Lebovici et Soulé est en caractères plus grands et plus gros que celui des femmes, Noël et Decobert. Ils en sont rassurés. Toutes les formes de l'ambivalence devant la scène primitive se trouvent réactivées : la curiosité, la peur, la question de savoir qui est castré, qui possède le phallus, qui le prend, qui le garde, qui le détruit, etc. Toutes les anciennes terreurs se réactivent, et nous renvoient aux fantasmes relatifs à la partialisation inévitable de l'objet, à la connaissance impossible du corps maternel, à l'anxiété et aux mécanismes de la position schizo-paranoïde.

Ils apprennent la parution de ce livre par M. E... qui a lu la critique dans *Le Monde* et d'autre part par M. B... qui a vu le livre à la devanture d'un libraire. Dans un premier temps, ils sont très intéressés par l'idée qu'ils ont enfin pu apercevoir une des fonctions de notre couple. En effet ils posent de très nombreuses questions à M. E... et à M. B... Ce dernier explique qu'il a lu très attentivement la table des matières, et qu'il a même regardé la liste des livres que Soulé a écrits ; deux ou trois autres sont écrits en collaboration avec d'autres femmes. Il fait la plaisanterie de dire que Soulé trompe Mme Decobert et il y a un émoustillage général de tous les participants à l'idée d'apercevoir une activité du couple, ainsi tout à coup à découvert et surpris. Ils annoncent : «On sait maintenant ce qu'ils font quand ils sont seuls, ils écrivent des livres.» Leur attitude devient plus infantile, régressive, comme celle d'enfants qui auraient surpris quelque chose et qui en ricaneraient.

Les participants, à ce moment, témoignent d'une vive curiosité, exprimée par certains qui affirment vouloir lire ce livre : qu'y a-t-il dedans ? de quoi parle-t-on ? La question est bientôt posée de savoir si on parle d'eux et s'il est question de l'expérience de ce groupe. Ils constatent que, finalement, aucun ne lit ce livre, mais que chacun fournit de très nombreuses rationalisations pour expliquer pourquoi il ne l'a pas lu. Par exemple son prix : il faudrait que nous leur consentions des tarifs particuliers, qu'on le leur prête, ils prétendent qu'ils vont l'acheter en commun et se le prêter mutuellement ; «Ce livre devient l'enfant que nous avons fait ensemble.» A M. C... qui arrive en retard, les autres résument le début de la séance en lui disant qu'ils viennent de se faire réprimander parce qu'ils n'ont pas lu le livre. En fait, effectivement, le thérapeute leur a fait remarquer que depuis le temps qu'ils affirmaient leur curiosité, en réalité aucun ne l'avait acheté, ni n'avait osé le lire. Mme C... se lance alors dans une association assez remarquable : ce livre lui est passé par les mains car elle est bibliothécaire d'une association, et elle lui a mis décemment «une couverture». A la remarque qu'elle aurait pu le lire, elle répond qu'elle a lu quelques pages au hasard. Ce que nous venons de dire, et la semonce que nous aurions faite, lui rappellent l'époque où elle enseignait et où l'inspectrice voulait à tout prix qu'on fasse lire aux enfants un livre qu'elle-même avait écrit ; quand on lui demande le titre de ce livre, elle annonce alors : *Zizi et Panpan*. Dans le premier temps ce titre merveilleux ne fait pas du tout rire l'auditoire, qui ne réalise la valeur de l'association qu'ultérieurement, lorsque nous ne pouvons pas nous empêcher de sourire devant une démonstration que nous n'aurions pas pu inventer. Alors des attaques sont lancées avec des formulations telles que : est-ce que c'est un vocabulaire compréhensible ? un langage à notre portée ? Ils se présentent tantôt humblement narquois, ne pouvant pas comprendre, et tantôt ouvertement agressifs, en faisant des critiques sur l'hermétisme psychanalytique et psychologique en général. Puis ils ont tout à coup la crainte angoissante que leurs attaques répétées et notamment leurs agressions moqueuses ne parviennent à réaliser leurs fantasmes d'agression du couple. Nous pourrions nous en défendre en protégeant notre activité, c'est-à-dire en nous séparant d'eux et en les abandonnant. Ils se font alors très gentils : on devrait faire une lecture du livre en commun ici. Le mouvement de refusion en groupe réapparaît immédiatement quand ils disent qu'ils vont finalement tous acheter le livre pour le lire en vacances, à moins que certains ne l'achètent et ne le prêtent aux autres dès qu'ils l'auront fini, ce qui permettrait au groupe de coexister ou de persister durant notre absence.

On peut rapporter, à titre illustratif également et comme preuve de leurs qualités d'association libre, deux épisodes contemporains de l'analyse de leurs aménagements par rapport au fantasme de scène primitive.

M. B... nous fait parvenir une lettre (une lettre... à défaut d'un livre !) pour nous expliquer ses doléances et ses récriminations sur le comportement de sa femme, qui risquent de les conduire au divorce. Tous les deux montrent aussi au groupe qu'ils préfèrent que ce soit leur couple qui soit détruit et séparé plutôt que le nôtre. Tout le groupe du reste s'intéresse alors à les apaiser et les resouder.

M. et Mme A... ne nous diront pas à ce moment-là, mais seulement dans un temps ultérieur, qu'ils se sont, eux, séparés, pour vivre chacun de son côté tout en maintenant des liens avec les enfants car ils sentent que le groupe n'aurait pas toléré leur transgression constante des lois.

La dépression éprouvée par les enfants lorsqu'ils se perçoivent comme totalement désinvestis par les parents pendant que ceux-ci ont une activité sexuelle, ne manquera pas d'apparaître dans toute cette séquence que nous rapportons, dite «séquence de la parution du livre». A plusieurs reprises, est exprimée, comme une protection contre cette crainte, la certitude que nous leur avons fait une place dans notre livre et notamment ils sont sûrs que nous faisons état de l'expérience que nous vivons actuellement avec eux.

Autre attitude dépressive : lorsqu'ils comparent le résultat de leur activité sexuelle, leurs enfants imparfaits et dévalorisants, et le résultat de nos propres activités, un livre important dont on parle dans les journaux.

C'est M.E... qui l'exprimera pour le groupe, mais cette constatation renvoie le groupe et le renvoie à deux registres :

a) Il supporte mal que nous ayons fait paraître un livre, alors qu'il n'a pas terminé sa propre thèse qui est l'objet de ses soins depuis plusieurs années.

b) Ils ont un enfant prépsychotique et ne se sont jamais résolus à en avoir d'autres.

4. GROUPE FINI ET GROUPE INTERMINABLE

Nous pourrions donner encore d'autres exemples mais nous

espérons avoir montré que, dans un groupe de parents, dont la fonction est tout indiquée, tout le travail que nous avons rapporté, du vécu du groupe face à notre couple, a permis de se référer avec une plus grande aisance au vécu des enfants face au propre couple de parents, et à la compréhension des aménagements plus ou moins réussis et plus ou moins conflictuels que ces enfants sont contraints d'élaborer.

Est-ce que la structure particulière de notre groupe met en évidence de façon illustrative les phénomènes qui caractérisent la fin d'un groupe ?

Il ne peut être question ici de reprendre tout l'abord théorique de ce problème. Par exemple, on pourrait reprendre, dans une paraphrase trait pour trait, un paragraphe qui s'intitulerait «Groupe fini, et groupe interminable». Nous retrouverions, comme dans une analyse individuelle, que :

– jamais un groupe n'abolira l'angoisse de castration ;
– jamais un groupe n'abolira l'évidence que l'appariement aux thérapeutes le met dans une position féminine dangereuse.

On peut simplement rapporter quelques notations. Par exemple:

1) On sait qu'on peut fixer un terme à un groupe et que cela peut susciter une évolution fructueuse. Mais, dans notre cas, lorsque nous l'avons fait, cela a pris pour eux une signification bien plus précise : nous allions refabriquer un autre groupe, ou bien nous allions écrire un autre travail : celui-ci.

Donc là encore nous avons été structurés par le fantasme du groupe qui désirait tellement qu'on le retrouve dans le frère puîné, résultat de nos activités.

2) Un danger nous est apparu tout à coup, dans le fait que nous étions satisfaits du fonctionnement durablement heureux de notre groupe, que les mois passaient, que personne ne manquait et que la fin était toujours repoussée aux calendes.

Certes c'était la problématique de la mort des thérapeutes qui était en cause, comme nous l'avons dit déjà plus haut. Mais la structure de notre groupe nous a permis de prendre conscience qu'en fait ces couples attendaient patiemment la mort du thérapeute mâle pour rester seuls avec la thérapeute femme et réaliser le couple incestueux : groupe-thérapeute femme. C'est l'interprétation donnée du reste par la thérapeute femme qui a permis à certains ou plutôt à certaines de se récrier et de refuser la mort du père. Lorsqu'ils furent débusqués de cette position de compromis, ils se mirent alors à élaborer les processus de sublimation qui s'exprimèrent ou se réalisèrent de façons diverses : organisation d'une psychanalyse personnelle pour certains, exercice d'un métier paramédical pour d'autres (orthophonie, psychomotricité, etc.), diversification des intérêts intellectuels ou culturels, demande de reprise de thérapie pour un autre...[1]

La caricature malheureuse fut donnée par M. et Mme G... qui, refusant toujours de reconnaître les affects, attendent qu'un autre groupe renaisse dont ils feront inlassablement partie.

Il nous semble, en tout cas, que presque tous les couples partirent avec la notion que le couple était toujours «à venir», mais qu'ils avaient failli une fois au moins dans leur vie en rencontrer un.

1. Intérêts renouvelés pour les activités réelles ou fantasmatiques de leurs enfants. Il va sans dire que tous les enfants de ces couples étaient depuis longtemps très améliorés.

Bibliographie

ABRAHAM K.
1924 – «Esquisse d'une histoire du développement de la libido basée sur la psychanalyse des troubles mentaux», in *Œuvres Complètes*, Tome II, Paris, Payot (1966).

ABRAHAM N.
1972 – Introduction à HERMANN I., *L'instinct filial*, Paris, Denoël.

ABRAHAM N. (avec la collaboration de TOROK M.)
1978 – *L'écorce et le noyau*, Paris, Aubier Flammarion.

ANZIEU D.
1970 – Éléments d'une théorie de l'interprétation, *Revue Française de Psychanalyse*, XXXIV, *5-6*, 3-67.
1972 – Le moniteur et sa fonction interprétante, *in* ANZIEU D., BÉJARANO A., *et* al : *Le travail psychanalytique dans les groupes*, tome 1 : Cadre et Processus, Paris, Dunod, nvlle éd. 1982.
1974 – Le Moi-Peau, *Nouvelle Revue de Psychanalyse, 9*, 195-208.
1975 – *Le groupe et l'inconscient*, Paris, Dunod.
1976 – L'enveloppe sonore du soi, *Nouvelle Revue de Psychanalyse, 13*, 161-179.
1981 – Quelques précurseurs du Moi-Peau chez Freud, *Revue Française de Psychanalyse*, XLV, *5*, 1163-1186.
1982 – Et le couple fut..., *Dialogue*, *77*, 99-100.

ANZIEU D., BÉJARANO A., KAËS R., MISSENARD A., PONTALIS J.B.
1972 – *Le travail psychanalytique dans les groupes*, Paris, Dunod, nvlle éd. 1975 et 1982.

ANZIEU D., MARTIN J.-Y.
1969 – *La dynamique des groupes restreints*, Paris, P.U.F.

ASSOUN P.-L.
1976 – *Freud, la philosophie et les philosophes*, Paris, P.U.F.

AULAGNIER P.
1979 – *Les destins du plaisir*, Paris, P.U.F. (Voir CASTORIADIS-AULAGNIER.).

BACHELARD G.
1969 – Préface à BUBER M., *Je et Tu*, Paris, Aubier-Montaigne (1981).

BALINT M.
1965 – *Amour primaire et technique psychanalytique*, Paris, Payot (1972).
1968 – *Le défaut fondamental*, Paris, Payot (1971).

BANNISTER K. et coll.
1955 – *Problèmes du mariage*, Paris, P.U.F. (1959).

BARANDE R.
1963 – Essai métapsychologique sur le silence, *Revue Française de Psychanalyse*, XXVII, *1*, 53-98.
1975 – *La naissance exorcisée*, Paris, Denoël.

BARANDE I, BARANDE R.
1983 – «Antinomies du concept de perversion et épigenèse de l'appétit d'excitation (notre duplicité d'être inachevé)», *Revue française de Psychanalyse*, 47, *1*, 143-282.

BASQUIN M., DUBUISSON P., LAJEUNESSE B., TESTEMÂLE-MONOD G.
1969-1970 – Réflexions sur le couple thérapeutique en psychodrame, *Bulletin de Psychologie*, XXIII, *285*, 775-778.

BÉJARANO A.
1972 – Résistance et transfert dans les groupes, *in* : ANZIEU D, BÉJARANO A., et *al.* : *Le travail psychanalytique dans les groupes, op. cit.*

BERENSTEIN I.
1975 – Notas sobre la noción de sujeto en psicoanálisis, *Revista de Psicoanálisis*, XXXII.
1976 – *Familia y Enfermedad mental*, Buenos Aires, Paidos.
1981 – *Psicoanálisis de la estructura familiar*, Buenos Aires, Paidos.

BERENSTEIN I., PUGET J.
1982 – De l'engagement amoureux au reproche, *Dialogue*, *77*, 35-46 (repris dans cet ouvrage, chap. 3).

BICK E.
1968 – L'expérience de la peau dans les relations objectales précoces, *International Journal of Psycho-Analysis*, *49*, 484-486.

BION W.-R.
1959 – Attaques contre les liens, *Nouvelle Revue de Psychanalyse*, 1982, *25*, 285-298.
1961 – Recherches sur les petits groupes, Paris, P.U.F. (1965).
1962 – *Learning from Experience*, Londres, P. Heineman.
1962 – Théorie de la pensée, *Revue Française de Psychanalyse*, 1964, XXVIII, *1*, 75-84.

1965 – *Transformations*, Londres, P. Heineman.
1966 – Catastrophic change, *Scientific Bulletin of the British Psychoanalytical Society, 5.*
1967 – The imaginary Twin, *in* BION W.-R., *Second Thought*, Londres, P. Heineman.

BLAIN M.-F.
1983 – Pourquoi les thérapeutes de couple, *Le journal des psychologues, 9*, 26-27.

BLEGER L., BLEGER J.
1959 – Grupo familiar : psicología y psicopatología, *in* GRINBERG L., LANGER M., RODRIGUÉ E., *El grupo psicológico*, Buenos Aires, Nova.

BLEGER J.
1966 – Psycho-Analysis of the psycho-Analytic frame, *International Journal of Psycho Analysis, 48*, 511-519, Traduction française *in* KAËS R. et *al.* : *Crise, rupture et dépassement*, Paris, Dunod, 1979.
1980 – El grupo como institución y el grupo en las instituciones, *Temas de psicología social*, 85-104.

BOSZORMENYI-NAGY I. et coll.
1965 – *Psychothérapies familiales*, Paris, P.U.F. (1980).
1973 – *Invisible Loyalties*, New York, Harper and Row.

BRAUNSCHWEIG D., DIATKINE R., KESTEMBERG E., LEBOVICI S.
1968 – A propos des méthodes de formation en groupe, *la Psychiatrie de l'enfant*, XI, *1*, 71-180.

BRAZELTON T.-B., CRAMER B., KREISLER L., SCHAPPI R., SOULÉ M.
1982 – *La dynamique du nourrisson*, Paris, E.S.F.

BUBER M.
1923 – *Je et Tu*, Paris, Aubier-Montaigne (1981).

CAHEN R.
1979 – Le couple, lieu du narcissisme et du Soi, *Cahiers de psychologie Jungienne, 22*, 70-89.

CAILLOT J.-P., DECHERF G.
1982 – Vivre ensemble nous tue, nous séparer est mortel, *Dialogue*, 78, 98-103.
1983 – *Thérapie familiale psychanalytique et paradoxalité*, Paris, Clancier-Guénaud.

CASTORIADIS-AULAGNIER P.
1975 – *La violence de l'interprétation: Du pictogramme à l'énoncé*, Paris, P.U.F.

CHASSEGUET-SMIRGEL J.
1973 – Essai sur l'Idéal du Moi. Contribution à l'étude de «la maladie d'idéalité», *Revue Française de Psychanalyse, 5-6*, 735-929.

CLAUDEL P.
1968 – *Journal*, Paris, Gallimard.

COHEN A.
1968 – *Belle du Seigneur*, Paris, Gallimard.

COLIN M.
1980 – «L'imbroglio sado-masochique», *Dialogue, 68*, 3-29.

COLIN M. et coll.
1982 – *Essais de typologie à partir de 100 histoires de couples reçus en consultation conjugale*, Paris, AFCCC.

COOPER D.
1967 – *Psychiatrie et anti-psychiatrie*, Paris, Seuil (1970).

COSNIER J.
1970 – A propos des investissements narcissiques et objectaux dans la cure analytique, *Revue Française de Psychanalyse*, Paris, P.U.F., XXXIV, *4*, 575-600.

D... J.-M.
1983 – «Le Nombre des familles de trois enfants a augmenté en France», *Le Monde*, 1er février.

DAVID C.
1971 – *L'état amoureux*, Paris, Payot.

DIDEROT D.
«Supplément au voyage de Bougainville», *Oeuvres*, Paris, Gallimard (1951), Vol. I, 963-1002.

DICKS H.-V.
1967 – *Marital tensions. Clinical studies towards a psychological theory of interaction*, New York, Basic Books.

EBTINGER R., BOLZINGER A.
1978 – Crises, incertitudes et paradoxes de l'adolescence, *Revue de Neuro-Psychiatrie infantile, 26*, (10-11), 539-557.

EIGUER A.
1972 – Transferencia y contra-transferencia institucional, *Acta psiquiatrica y psicológica de América Latina*, XVIII, *1*, 43-49.
1978 – La prise en charge de familles dans un hôpital de jour, *L'Information psychiatrique*, XVIX, *9*, 953-960.
1979 – *Sur la perversion narcissique*, repris in *Dialogue, 81*, 60-70.
1980*a* – «Thérapie familiale et hôpital de jour», *Dialogue, 67*, 37-48.
1980*b* – Méthodologie de l'interprétation en thérapie familiale d'inspiration psychanalytique, *Psychiatries, 40*, 13-26.
1980*c* – Croyance et narcissisme dans la relation perverse, *Études psychothérapiques*, XII, *42*, 271-278.
1981*a* – L'impact de l'adolescence d'un enfant sur la famille, *Dialogue, 72*, 45-52.

1981*b* – Guide de l'entretien clinique avec la famille, *L'information psychiatrique*, *57*, 837-850.
1981*c* – Le transfert dans la thérapie familiale d'inspiration psychanalytique, *Psychiatrie française*, XII, n° spécial *3*, 57-65.
1982*a* – Considérations sur la famille du psychotique. Relation d'objet narcissique et vie fantasmatique groupale, *Psychologie française*, XXVII, *1*, 8-20.
1982*b* – La thérapie familiale comme processus transférentiel. Transfert, contre transfert et «névrose-psychose» de transfert, *Dialogue*, *75*, 63-83.
1982*c* – L'action thérapeutique de l'hôpital de jour, *Psychologie médicale*, XIV, *1*, 83-87.
1982*d* – Lorsque les changements des mœurs et des valeurs sociales questionnent le thérapeute, *Dialogue*, *76*, 30-45.
1982*e* – Place actuelle de la psychothérapie des états maniaco-dépressifs, *Psychiatrie française*, XIV, *3*, 67-73.
1982*f* – Les organisateurs inconscients de la famille. Ce que la thérapie familiale nous apprend sur son organisation. *Cahiers critiques de la thérapie familiale*, *4-5*, 33-48.
1982*g* – Falstaff et le Prince Henry, ou l'homosexualité initiatique, *Études psychothérapiques*, XIV, *4*, 281-289.
1983*a* – La construction de la temporalité par le groupe familial, *Bulletin de Psychologie* (à paraître).
1983*b* – La théorie groupaliste des liens intra-familiaux, *Bulletin de Psychologie* (à paraître).
1983*c* – *Un divan pour la famille*, Paris, le Centurion, coll. «Païdos».

EIGUER-LITOVSKY D., EIGUER A.
1974 – Introduction à la théorie des groupes de Pichon-Rivière, *Bulletin de Psychologie*, numéro spécial sur les groupes, 45-60.

EIGUER A., LITOVSKY D.
1981 – Contribution psychanalytique à la théorie et à la pratique de la psychothérapie familiale, *in* A. RUFFIOT et coll. : *La Thérapie familiale psychanalytique*, Paris, Dunod.

EZRIEL H.
1960 – Le rôle du transfert dans le traitement psychanalytique de groupe, *in* SCHNEIDER P. et coll. : *Pratique de la psychothérapie de groupe*, II, Paris, P.U.F.

FAIN M.
1982 – Biphasisme et après-coup, *in* GUILLAUMIN J. et coll. : *Quinze études psychanalytiques sur le temps*, Toulouse, Privat, 103-124.

FERENCZI S.
1924 – *Thalassa, ou les origines de la vie sexuelle*, Paris, Payot (1962).

FERREIRA A.
1966 – Les mythes familiaux *in* WATZLAWICK P., WEAKLAND P., *Sur l'interaction*, Paris, Seuil (1981).

FRANCE A.
1949 – *Mannequin d'osier*, Paris, Calmann Lévy.

FREUD S.
1895 – Esquisse d'une psychologie scientifique, *in La naissance de la psychanalyse*, Paris, P.U.F. (1956).
1900 – *L'interprétation des rêves*, Paris, P.U.F. (1967).
1897-1902 – *La naissance de la psychanalyse. Lettres à W. FLIESS.* Paris, P.U.F. (1956).
1905 – *Trois essais sur la théorie de la sexualité*, Paris, Gallimard (1962).
1908 – La morale sexuelle civilisée et la maladie nerveuse des temps modernes, *in la Vie sexuelle*, Paris, P.U.F. (1969).
1908 – Théories sexuelles infantiles, *in la Vie sexuelle*, Paris, P.U.F. (1968).
1909 – Le roman familial des névrosés, *in Névrose, psychose et perversion*, Paris, P.U.F. (1973).
1910 – Un type particulier de choix d'objet chez l'homme, *in la Vie sexuelle*, Paris, P.U.F. (1969).
1912 – Sur le plus général des rabaissements de la vie amoureuse, *in la Vie sexuelle*, Paris, P.U.F. (1969).
1912 – *Totem et tabou*, Paris, Payot (1977).
1913 – Le thème des trois coffrets, *in Essais de psychanalyse*, Paris, Payot (1963).
1914 – Pour introduire le narcissisme, *in la Vie sexuelle*, Paris (1973).
1915 – Observations sur l'amour de transfert, *in la Technique psychanalytique*, Paris, P.U.F. (1967).
1915 – Pulsions et destin des pulsions, *in Metapsychologie*, Paris, Gallimard (1968).
1918 – Le tabou de la virginité, *in la Vie sexuelle*, Paris, P.U.F. (1969).
1919 – L'inquiétante étrangeté, *in Essais de psychanalyse appliquée*, Paris, Gallimard (1953).
1920 – Au delà du principe de plaisir, *in Essais de Psychanalyse*, Paris, Payot (1981).
1921 – Psychologie collective et analyse du moi, *in Essais de psychanalyse*, Paris, Payot (1981).
1923 – Le moi et le ça, *in Essais de psychanalyse*, Paris, Payot (1981).
1929 – *Malaise dans la civilisation*, Paris, P.U.F. (1971).
1932 – La féminité, *in Nouvelles conférences sur la Psychanalyse*, Paris, Gallimard (1936).
1938 – *Abrégé de psychanalyse*, Paris, P.U.F. (1951).

FOULKES S.-H., ANTHONY E.-J.
1957 – *Psychothérapie de groupe, Approche psychanalytique*, Paris, Édition de l'Épi (1969).

GEAR M.-C., LIENDO E.
1972 – *Séméiologie psychanalytique*, Paris, Minuit (1974).
1973 – Psychanalyse, sémiologie et communication familiale, *in* RUFFIOT A. et coll. : *la Thérapie familiale psychanalytique*, Paris, Dunod (1981)
1976 – *L'action psychanalytique*, Paris, Minuit (1979).

GEAR M.-C., HILL M., LIENDO E.
1981 – *Working through narcissism*, New York, J. Aronson.

GIRAUDOUX J.
1943 – *Sodome et Gomorrhe*, Paris, Gallimard.

GLICK I., KESSLER D.
1974 – *Marital and family therapy*, New York, Grune and Stratton.

GRANJON E.
1982 – Violence et fantasmes en thérapie familiale psychanalytique, *Dialogue*, *78*, 24-32.
1983 – Rêves et transfert en thérapie familiale psychanalytique, *Bulletin de Psychologie* (à paraître).

GREEN A.
1972 – *Le discours vivant*, Paris, P.U.F.
1979 – Le silence du psychanalyste, *Topique*, *23*, 5-25.

GREIMAS A.-J.
1966 – *Sémantique structurale*, Paris, Larousse.

GRIMAL P.
1976 – *Dictionnaire de la mythologie grecque et romaine*, Paris, P.U.F.

GRINBERG L. et coll.
1973 – *Introduction aux idées psychanalytiques de Bion*, Paris, Dunod.

GUENKINE M., BENEDICK L.
1981 – «Psychothérapie de couple, aujourd'hui», *Psychothérapies*, I, *2*, 103-107.

GUILLAUMIN J.
1979 – Pour une méthodologie générale des recherches sur les crises, *in* KAËS R. et coll., *Crise, rupture et dépassement*, Paris, Dunod, 220-254.
1979 – *Le rêve et le Moi*, Paris, P.U.F.
1982 – La blessure des origines, *Nouvelle Revue de Psychanalyse*, *26*, 217-234.

GURMAN A., RICE D.
1975 – *Couples in conflict*, New York, J. Aronson.

GUTTON P., BIRRAUX A.
1982 – «Ils virent qu'ils étaient nus». Différence et complémentarité des sexes à l'adolescence, *Psychanalyse à l'Université*, *7*, 28-39.

GUYOTAT J. et coll.
1980 – *Mort, naissance et filiation*, Paris, Masson.

HALEY J.
1963 – *Strategies in psychotherapy*, New York, Grune and Stratton.
1978 – *Nouvelles stratégies en psychothérapie*, Paris, Delarge (1979).

HERMANN I.
1943 – *L'instinct filial*, Paris, Denoël (1972).

JACKSON D.
1970 – Étude de la famille, *in* WATZLAWICK P., WEAKLAND J., *Sur l'interaction*, Paris, Seuil (1981).

JACOB F.
1981 – *Le jeu des possibles. Essai sur la diversité du vivant*, Paris, Fayard.

JENTEL L.-M.
1983 – «Dénatalité : la cause taboue», *Le Monde*, 27 août.

KAËS R.
1974*a* – *Processus groupal et représentations sociales. Études psychanalytiques sur les groupes de formation*. Thèse de Doctorat d'État. Université de Paris X.
1974*b* – Le corps, l'espace et le groupe large. *Bulletin de Psychologie*, numéro spécial sur les groupes : psychologie sociale clinique et psychanalyse, 123-132.
1976 – *L'appareil psychique groupal. Constructions du groupe*, Paris, Dunod.
1979*a* – Trois repères théoriques pour le travail psychanalytique groupal : l'étayage multiple, l'appareil psychique groupal, la transitionnalité, *Perspectives Psychiatriques, 71*, 145-157.
1979*b* – Introduction à l'analyse transitionnelle, *in* KAËS R., MISSENARD A., *et al. : Crise, rupture et dépassement*, Paris, Dunod.
1980 – *L'idéologie, études psychanalytiques. Mentalité de l'idéal et esprit de corps*, Paris, Dunod.
1982 – L'intertransfert et l'interprétation dans le travail psychanalytique groupal, *in* KAËS R. et coll., *le Travail psychanalytique dans les groupes*, tome 2 : *les Voies de l'élaboration*, Paris, Dunod.

KESTEMBERG J., DECOBERT S.
1964 – Approche psychanalytique pour la compréhension de la dynamique des groupes thérapeutiques, *Revue Française de Psychanalyse, 3*, 393-417.

KESTEMBERG E.
1978 – La relation fétichiste à l'objet, *Revue française de Psychanalyse*, XVII, *2*, 195-214.

KLEIN M.
1940 – Le deuil et ses rapports avec les états maniaco-dépressifs, *in Essais de psychanalyse*, Paris, Payot (1967).

1952 – Notes sur quelques mécanismes schizoïdes, *in* KLEIN M. et coll. : *Développements de la psychanalyse*, Paris, P.U.F. (1966).

LACAN J.
1958 – «Les Formations de l'inconscient», *Bulletin de psychologie*, 12, *4*, 250-256.
1966 – *Écrits*. Paris, Seuil.

LAGACHE D.
1957 – Fascination de la conscience par le Moi, *la Psychanalyse, 3*, 33-45.

LAPLANCHE J., PONTALIS J.-B.
1967 – *Vocabulaire de la psychanalyse*, Paris, P.U.F.

LEBOVICI S.
1960 – Psychothérapies de groupe, *Encyclopédie*, 37-817, A I O.
1962 – La dynamique de groupe, *Psychiatrie de l'Enfant*, V, 1.
1983 – *Le nourrisson, la mère et le psychanalyste*, Paris, Le Centurion.

LEBOVICI S., DIATKINE R., KESTEMBERG E.
1958 – Bilan de dix ans de thérapeutique par le psychodrame chez l'enfant et l'adolescent, *Psychiatrie de l'enfant, 1*, 63-179.

LEBOVICI S., DIATKINE R., ARFOUILLOUX J.-C.
1969 – A propos de la psychothérapie familiale, *La psychiatrie de l'enfant*, XII, *2*, 447-536.

LEDERER N.,.JACKSON D.
1968 – *The mirages of marriage*, New York, Norton.

LE GUEN C.
1981 – «Quand je me méfie de ma mémoire» (Essai pour en finir avec les théories de l'inscription), *Revue française de psychanalyse*, XLV, *5*, 1111-1141.

LEMAIRE J.-G.
1971 – *Les thérapies du couple*, Paris, Payot.
1979 – *Le couple, se vie, sa mort*, Paris, Payot.
1980 – Introduction aux thérapies familiales, *Dialogue, 66*, 3-28.
1981 – Réflexions méthodologiques sur les thérapies de couple, *Dialogue, 71*, 2-24.
1982*a* – Thérapie familiale - thérapie de couple. Convergences, divergences, *Dialogue, 75*, 27-40.
1982*b* – «Fantasme et mise en acte dans les thérapies familiales d'inspiration psychanalytique», *2ème Colloque sur la thérapie familiale*, Institut des Psychologues cliniciens. Université de Paris VII.

LEMAIRE J.-G. (avec la collaboration de LEMAIRE-ARNAUD E.)
1966 – *Les conflits conjugaux*, Paris, E.S.F.

LEMAIRE-ARNAUD E.
1980 – A propos d'une technique nouvelle , le génogramme, *Dialogue, 70*, 33-46.

LÉVI-STRAUSS C.
1958 – *Anthropologie structurale*, Paris, Plon.
1967 – *Les structures élémentaires de la parenté*, La Haye - Paris, Monton et Cie, Nouvelle édition.
1973 – *Anthropologie structurale deux*, Paris, Plon.
1979 – La famille, *in Claude Levi Strauss*, Paris, Gallimard, 93-134.

LEVY M.-L.
1983 – «La Baisse de la nuptialité», *Population et sociétés*, 170.

LIBERMAN D.
1960 – *Linguistica, interaccion comunicativa y proceso psicoanalitico*, Buenos-Aires, Nueva Vision.

LUQUET-PARAT C.
1969 – *L'organisation œdipienne du stade génital*, Paris, Éditions de l'Épi.

MC DOUGALL J.
1973 – L'idéal hermaphrodite et ses avatars, *Nouvelle Revue de Psychanalyse*, 7, 263-275.

MAJOR R.
1980 – The voice behind the mirror, *International Review of Psychoanalysis*, 7, 159.

MARRONCLE J.
1980 – *Couples au fil des jours*, Paris, Centurion.

MARTI R.
1980 – *Le conseil conjugal*, Paris, E.S.F.

MELTZER D. et coll.
1975 – *Explorations dans le monde de l'autisme*, Paris, Payot (1981).

M'UZAN M. de
1974 – S.J.E.M., *Nouvelle Revue de Psychanalyse*, 9, 23-32.
1976 – Contre transfert et système paradoxal, *Revue Française de Psychanalyse*, XL, 3, 575-590.

NACHIN C.
1982 – Dépressions et maladies de deuil, *Annales médico-psychologiques*, 2, 193-205.

PASCHE F.
1964 – L'anti-narcissisme, *in A partir de Freud*, Paris, Payot (1969).

PASINI W.
1982 – Thérapeutiques sexologiques et leurs applications en psychiatrie et en médecine psychosomatique, *Encyclopédie médico-chirurgicale -Psychiatrie*, 37820, A10.

PAUL N., PAUL B.
1975 – *A marital puzzle*, New York, Norton.

PICHON-RIVIÈRE E.
1971 – *Del psicoanálisis a la psiquiatría social*, Buenos-Aires, Galerna.

PIRANDELLO L.
1967 – *I giganti della montagna*, Marta Alba.

PONTALIS J.-B.
1963 – Le petit groupe comme objet, *in Après Freud*, Paris, Gallimard, (1968).

PUGET J.
1982 – Psicoterapía de pareja, *in* PUGET J. et coll. : *El grupo y sus configuraciones*, Buenos Aires, El Editor.

RACINE J.
Phèdre, Œuvres complètes, I, Paris, Gallimard (Éditions de la Pléiade).

ROBERT J.
1976 – *Dictionnaire alphabétique et analogique de la langue Française*, Paris, Soc. Nouv. Littré.

ROUGEMONT D. de
1956 – *L'amour et l'Occident*, Paris, Plon.

RUCQUOY F.
1976 – *La consultation conjugale*, Bruxelles, Mardaga.

RUFFIOT A.
1979 – La thérapie familiale analytique ; technique et théorie, *Perspectives psychiatriques, 71*, 121-144.
1980 – Fonction mythopoïetique de la famille, *Dialogue, 70*, 3-19.
1981*a* – Le groupe-famille en analyse. L'appareil psychique familial, *in* RUFFIOT A., EIGUER A. et coll. : *la Thérapie familiale psychanalytique*, Paris, Dunod.
1981*b* – Appareil psychique familial et appareil psychique individuel. Hypothèse pour une onto-éco-genèse, *Dialogue, 72*, 31-43.
1981*c* – Le pouvoir absolu : l'imago des parents combinés ou l'anti-scène primitive, *Dialogue, 73*, 71-83.
1982*a* – La thérapie familiale. Pourquoi ? Pour qui ? *Dialogue, 75*, 7-15.
1982*b* – Le holding onirique familial (la conception batesonienne du rêve. La fonction onirique en thérapie familiale psychanalytique), *in* G. MARUANI, P. WATZLAWICK et coll. : *l'Interaction en médecine et en psychiatrie*, Paris, Génitif, Eres.
1983 – La thérapie familiale psychanalytique : un traitement efficace du terrain psychotique, *Bulletin de Psychologie*, numéro spécial «clinique VI» (à paraître).

SARTRE J.-P.
1936-1963 – *La transcendance de l'Ego*, Paris, Vrin (1978).

SATIR V.
1970 – *Thérapie du couple et de la famille : thérapie familiale*, Paris, Éd. de l'Épi.

SATIR V., LIENDO E.
1980 – A propos d'une thérapie de couple, *Dialogue, 79*, 49-60.

SCHOPENHAUER A.
1890 – *Métaphysique de l'amour. Métaphysique de la mort*, Paris, Union Générale d'Éditions (1964).

SELVINI-PALAZZOLLI M. et coll.
1975 – *Paradoxe et contre paradoxe*. Paris, E.S.F. (1978).

SPITZ R.
1965 – *De la naissance à la parole*, Paris, P.U.F. (1979).

STIERLIN H. et coll.
1977 – *Le premier entretien familial : théorie, pratique, exemples*. Paris, Delarge (1979).

TAGORE R.
1949 – *L'offrande lyrique suivi de La corbeille de fruits*, Paris, Gallimard.

TERUEL G.
1965 – «New tendencies in diagnosis and treatment of marital conflict», Conférence de l'Association britannique de psychologie, *in* BERENSTEIN I. et coll. : *Psicoterapia de pareja y de grupo familiar con orientacion psicoanalitica*, Buenos Aires, Galerna, 1970, 183-215.

VAN EMDE-BOAS C.
1962 – Thérapie intensive de groupe avec les couples mariés, *Revue Française de psychanalyse, 4*, 447-466.

VILLAC M.
1983 – «Les Structures familiales se transforment profondément», *Économie et statistiques*, n° 152, 39-53.

WATZLAWICK P., BEAVIN J., JACKSON D.
1967 – *Une logique de la communication*, Paris, Seuil (1974).

WILLI J.
1975 – *La relation de couple. Le concept de collusion*, Paris, Delachaux-Niestle (1982).

WINNICOTT D.-W.
1958 – La première année de la vie, *Revue Française de Psychanalyse*, 1962, XXVI, *4*, 477-490.
1965 – *De la pédiatrie à la psychanalyse*, Paris, Payot (1969).
1971 – Le corps et le self, *Nouvelle Revue de Psychanalyse, 3*, 37-48.
1971 – *Jeu et réalité*, Paris, Gallimard (1975).

Index *

* Afin de mettre en valeur les concepts les plus originaux, les mots courants du vocabulaire psychanalytique, tels que libido, Œdipe, désir, inconscient..., ne figurent pas dans cet index.

D

E

F

G

H

I

S

T

U

V

W

Z

Dépôt légal : janvier 1984
Imprimerie Dumas, 42000 Saint-Étienne
n° d'imprimeur : 26 501
Achevé d'imprimer en janvier 1984

Extraits de notre catalogue

Mélanie Klein. Premières découvertes, premier système (1919-1932)

par J.-M. PETOT

L'ouvrage nous fait assister à l'apparition de la vocation psychanalytique de Mélanie Klein : c'est la tentative qu'elle fait en 1919 d'élever son plus jeune fils d'après les principes de la psychanalyse, à laquelle elle vient de s'initier auprès de Ferenczi. Très vite le projet éducatif s'approfondit et prend une dimension psychothérapique. Il montre à travers quelles expériences cliniques s'est effectuée la découverte de la technique du jeu et son application à la psychanalyse des enfants.

384 pages, 15,5 × 24. Broché. Collection « Psychismes ».

Mélanie Klein. Le moi et le bon objet (1932-1960)

par J.-M. PETOT

C'est après 1932 que M. Klein a développé ses conceptions les plus originales, dont la richesse et la fécondité ne peuvent être comparées qu'à celles de l'œuvre de S. Freud lui-même. Mais parce qu'elle n'a cessé de réformer ses idées à mesure qu'elle les confrontait aux réalités cliniques, elle déconcerte et on l'a souvent crue obscure. Établir ce qu'elle a vraiment dit, quand, comment et pourquoi elle l'a énoncé, tel est le but du présent ouvrage.

320 pages, 15,5 × 24. Broché. Collection « Psychismes ».

Entendre la musique. Sémantique psychologique de la musique (tome 1)

par M. IMBERTY

A l'aide des techniques expérimentales dont dispose la psychologie scientifique, ce livre, le premier de deux ouvrages consacrés à la sémantique musicale, montre que la musique présente tous les caractères des productions de l'activité représentative de l'homme. Si les significations induites sont variées et variables, les processus mentaux qui les engendrent apparaissent constants et se retrouvent dans d'autres domaines de la création artistique. Entendre la musique, c'est donc décrypter un sens étroitement lié aux intentions créatrices.

256 pages, 15,5 × 24. Broché. Collection « Psychismes ».

Les écritures du temps. Sémantique psychologique de la musique (tome 2)

par M. IMBERTY

Ce livre démontre que le style musical témoigne des attitudes inconscientes de l'homme face à l'irréversibilité du temps, du vieillissement et de la mort, attitudes réfractées à travers l'imagination créatrice d'un artiste de génie. L'approche psychanalytique du style musical est certes une entreprise novatrice, mais elle inaugure aussi un point de vue original : le style est en effet considéré autant dans la réalité perçue par l'auditeur qu'à travers ce qu'en livre la partition écrite. Cette double analyse permet à Michel Imberty de définir les styles musicaux comme ces écritures du temps qui donnent à l'homme l'illusion de pouvoir échapper à son destin.

290 pages, 15,5 × 24. Broché. Collection « Psychismes ».

La famille. Du groupe à la cellule

par Y. CASTELLAN

Yvonne Castellan étudie la famille conjugale, groupe originel, selon trois axes. Dans une perspective qui est celle de la psychologie des comportements, la famille est tout d'abord considérée comme « le champ de conduites observables du dehors ». La cellule familiale est aussi un champ d'articulation de personnalités qui élaborent de nombreux phénomènes inconscients, accessibles surtout à l'investigation clinique.

Le groupe familial présente enfin la particularité de contenir des sous-ensembles stables (la fratrie des enfants, le couple des parents...) et de rencontrer à l'extérieur de lui-même, d'autres groupes également « forts et stabilisés » (l'école bien sûr, le groupe professionnel...).

L'approche de cette double cohésion constitue le troisième volet d'une importante synthèse des travaux sur la famille.

216 pages, 15,5 × 24. Broché. Collection « Psychismes »

L'appareil psychique groupal. Constructions du groupe

par R. KAËS

L'hypothèse centrale qui sous-tend cet ouvrage est que les groupes humains sont des constructions qui ne peuvent s'élaborer en réalité sociale qu'en s'alliant à des formations psychiques originales : les organisateurs internes de la groupalité possèdent des propriétés à produire et à régir certains processus de groupe. Il en résulte que la personnalité est une groupologie, du moins dans certaines de ses structures, et que le groupe est une construction tributaire des organisateurs psychiques.

288 pages, 15,5 × 24. Broché. Collection « Psychismes »

La relaxation : son approche psychanalytique

par M. SAPIR, F. REVERCHON, J.C. PREVOST, C. CANET-PALAYSI, R. PHILIBERT, A. CORNIER, S. COHEN-LEON, P. FEDIDA

Le Docteur Sapir, dont les travaux sur les groupes de Balint font autorité, a dirigé la rédaction de cet ouvrage à laquelle ont participé ses proches collaborateurs qui sont tous, ou presque, à la fois psychanalystes et relaxateurs.
Né de leur considérable expérience et de leur souci de réflexion théorique, c'est le premier exposé clair, cohérent et probant de ce qu'est la relaxation quand on lui donne un sens psychanalytique.

224 pages, 15,5 × 24. Broché. Collection « Inconscient et culture »

Crise, rupture et dépassement. Analyse transitionnelle en psychanalyse individuelle et groupale

par R. KAËS, A. MISSENARD, R. KASPI, D. ANZIEU, J. GUILLAUMIN et J. BLEGER

L'objet de cet ouvrage est d'analyser les processus intra-subjectifs, interpersonnels et groupaux mis en jeu par l'expérience d'une rupture dans la continuité de soi. C'est aussi d'établir quel cadre théorique et méthodologique et quel dispositif technique sont aptes à instituer certaines fonctions susceptibles à leur tour d'enclencher un *travail de la rupture*.
Les exemples analysés vont des traitements de certains états de déficit narcissique, de dépression, de défaut fondamental, jusqu'aux réactions des travailleurs immigrés au changement de culture en passant par la névrose traumatique chez l'aviateur, la crise d'adolescence ou celle du génie créateur.

304 pages, 15,5 × 24. Broché. Collection « Inconscient et culture »